Johann Wolfgang von Goethe

Goethes Tagebücher für die Jahre 1817 bis 1818

Johann Wolfgang von Goethe

Goethes Tagebücher für die Jahre 1817 bis 1818

ISBN/EAN: 9783742890641

Hergestellt in Europa, USA, Kanada, Australien, Japan

Cover: Foto ©ninafisch / pixelio.de

Manufactured and distributed by brebook publishing software (www.brebook.com)

Johann Wolfgang von Goethe

Goethes Tagebücher für die Jahre 1817 bis 1818

Verzeichniß
der
von der Weimarischen Goethe-Ausgabe
bis Ende des Jahres 1894 erschienenen Bände.

		Preis der kleinen Ausgabe, broschirt.	Preis f. Mitgl. der Goethe-Ges.
I. Abth. Werke im engern Sinne.			
1. Band.	Gedichte 1. Theil	ℳ 3,80	3,20
2. Band.	Gedichte 2. Theil	„ 2,80	2,40
3. Band.	Gedichte 3. Theil	„ 3,50	3,00
4. Band.	Gedichte 4. Theil	„ 3,00	2,50
5. Band. 1. Abth.	Gedichte 5. Theil 1. Abth.	„ 2,50	2,00
5. Band. 2. Abth.	Unter der Presse.		
6. Band.	West-östlicher Divan	„ 3,80	3,20
7. Band.	Noten und Abhandlungen zum West-östlichen Divan	„ 2,60	2,20
8. Band.	Götz von Berlichingen. Egmont	„ 2,80	2,40
9. Band.	Laune des Verliebten. Mitschuldige. Geschwister. Wette. Romeo u. Julia. Mahomet. Tancred	„ 4,00	3,30
10. Band.	Iphigenie auf Tauris. Nausikaa. Tasso. Die natürliche Tochter	„ 3,40	2,80
11. Band.	Elpenor. Clavigo. Stella. Claudine. Erwin und Elmire. Bruchstücke	„ 3,50	3,00
12. Band.	Singspiele und Opernfragmente	„ 3,20	2,70
13. Band. 1. Abth.	Paläophron. Vorspiele. Was wir bringen. Theaterreden. Götz von Berlichingen (Bühnenbearbeitung)	„ 2,80	2,30
14. Band.	Faust 1. Theil	„ 2,50	2,00
15. Band. 1. Abth.	Faust 2. Theil (Text)	„ 2,70	2,20
15. Band. 2. Abth.	Faust 2. Theil (Lesarten)	„ 2,00	1,60
16. Band.	Puppenspiel. Fastnachtsspiel. Gedichte. Maskenzüge. Epimenides	„ 4,50	3,70
17. Band.	Triumph der Empfindsamkeit. Vögel. Groß-Cophta. Bürgergeneral	„ 3,00	2,50
20. Band.	Wahlverwandtschaften	„ 3,20	2,70
24. Band.	Wilhelm Meisters Wanderjahre. 1. Theil	„ 3,—	2,40
26. Band.	Dichtung und Wahrheit 1. Theil	„ 3,00	2,60
27. Band.	Dichtung und Wahrheit 2. Theil	„ 3,00	2,60
28. Band.	Dichtung und Wahrheit 3. Theil	„ 2,80	2,40
29. Band.	Dichtung und Wahrheit 4. Theil	„ 2,00	1,70
35. Band.	Tag- und Jahres-Hefte 1. Theil	„ 2,50	2,00
36. Band.	Tag- und Jahres-Hefte 2. Theil	„ 3,50	3,00
43. Band.	Benvenuto Cellini 1. Theil	„ 3,25	2,70
44. Band.	Benvenuto Cellini 2. Theil	„ 3,40	2,80
46. Band.	Winckelmann. Philipp Hackert	„ 3,20	2,70

		Preis der kleinen Ausgabe, broschirt.	Preis f. Mitgl. der Goethe-Ges.

II. Abth. Naturwissenschaftliche Schriften.

1. Band.	Zur Farbenlehre. Didaktischer Theil. . . .	ℳ 4,40	3,80
2. Band.	Zur Farbenlehre. Polemischer Theil. . . .	„ 3,40	3,00
3. Band.	Zur Farbenlehre. Historischer Theil I . . .	„ 4,25	3,75
4. Band.	Zur Farbenlehre. Historischer Theil II . . .	„ 6,30	5,50
6. Band.	Morphologie 1. Theil	„ 4,60	4,00
7. Band.	Morphologie 2. Theil	„ 3,80	3,40
8. Band.	Morphologie 3. Theil	„ 4,00	3,50
9. Band.	Mineralogie und Geologie 1. Theil	„ 4,20	3,70
10. Band.	Mineralogie und Geologie 2. Theil	„ 3,00	2,60
11. Band.	Zur Naturwissenschaft. Allgem. Naturlehre 1. Th.	„ 4,00	3,60
12. Band.	Unter der Presse.		

III. Abth. Goethes Tagebücher.

1. Band.	Die Jahre 1775—1787	ℳ 3,80	3,40
2. Band.	Die Jahre 1790—1800	„ 3,70	3,30
3. Band.	Die Jahre 1801—1808	„ 4,60	4,00
4. Band.	Die Jahre 1809—1812	„ 4,40	3,80
5. Band.	Die Jahre 1813—1816	„ 4,00	3,60
6. Band.	Die Jahre 1817—1818	„ 3,40	3,00
7. Band.	Unter der Presse.		

IV. Abth. Goethes Briefe.

1. Band.	Die Jahre 1764—1771	ℳ 3,00	2,60
2. Band.	Die Jahre 1771—1775	„ 3,50	3,00
3. Band.	Die Jahre 1775—1778	„ 3,50	3,00
4. Band.	Die Jahre 1779—1780	„ 4,00	3,50
5. Band.	Die Jahre 1780—1782	„ 4,00	3,60
6. Band.	Die Jahre 1782—1784	„ 5,00	4,40
7. Band.	Die Jahre 1785—1786	„ 5,00	4,40
8. Band.	Die Jahre 1786—1788	„ 4,50	4,00
9. Band.	Die Jahre 1788—1792	„ 4,20	3,60
10. Band.	Die Jahre 1792—1795	„ 4,50	4,00
11. Band.	Das Jahr 1796	„ 3,60	3,20
12. Band.	Das Jahr 1797	„ 4,80	4,25
13. Band.	Das Jahr 1798	„ 4,50	4,00
14. Band.	Das Jahr 1799	„ 3,00	2,60
15. Band.	Die Jahre 1800—1801	„ 4,—	3,40
16. Band.	Die Jahre 1802—1803	„ 5,20	4,50
17. Band.	Unter der Presse.		

Prospecte mit Angabe der Bezugsbedingungen sind durch alle Buchhandlungen zu beziehen.

Weimar, 1. December 1894.

Die Verlagshandlung von Hermann Böhlau.

Goethes Werke

Herausgegeben

im

Auftrage der Großherzogin Sophie von Sachsen

III. Abtheilung
6. Band

Weimar
Hermann Böhlau
1894.

Goethes Tagebücher

6. Band

1817 — 1818

Weimar

Hermann Böhlau

1894.

Inhalt.

	Seite
1817	1
1818	154

Agenda 1817	279
Lesarten	283
Berichtigungen	322
Anhang. Nachtrag zu III, 2, 314	323

1817.

Januar.

1. Visiten angenommen. Die beiden Berliner Bilder aufgehangen. Meine Werke durch August an Serenissimum. Mittag für uns. Geschichte von gestern Abend recapitulirt. Hofr. Meyer. Canzler von Müller. 4. Bogen von Rhein und Mayn in der Revision.

2. Billets und Briefe: An Frommann, an von Knebel, an Färber adressirt. An Frege, Ankündigung der angekommenen 3000 Thlr. An Zelter nach Berlin. — Gegenvisiten besorgt. Nachricht und Rechnung von Conta. Phantasie als 4. Grundkraft des geistigen Wesens. Gemälde von Hummel und Bury. Kupferstiche von Gmelin aus Rom. Meyer zu Mittag. Ausstellung gewechselt und besprochen. Ingurd. Der Taubstumme. Ingurd.

3. Allerley expedirt und geordnet. Über Kants Philosophie: Sendung an die Erbgroßherzogin K. H. Billet von derselben. Geheftet. Genast wegen der Stuttgarter Berechnung. Sendung

der 400 Thlr. von J. K. H. der Frau Großfürstin, für das paralaktische Instrument. Diese 400 Thlr. dem Oberaufsichtlichen Hauptcassirer Cammer-Accessist Weber, bis zu weiterer Verordnung, zu einstweiliger Aufbewahrung übergeben. Mittag für uns. Der Schutzgeist. Beschluß von Ingurd. Abends Rehbein. Serbische Lieder. Preßfreyheit u. d. g.

4. Acten geordnet und in die Registrande eingetragen. Miscellen in's 2. Rhein und Mahn=Heft. Rath Vulpius von Jena retour. Badeinspector Schütz. Derselbe zu Mittag. Verschiedenes besprochen. Abends: Les Amours de Barras.

5. Einiges geordnet. Um 10 Uhr zu Serenissimo. Mittags die beyden Fräulein Pogwisch. Nach Tische für mich. Abends Coudray.

6. Allerley expedirt. An Herrn von Schreibers (mit Inlage von Serenissimo). — Miscellen zu Rhein und Mahn. Briefe und geheftet. Geh. Hofrath Kirms. Lebensgeschichte Steiners von Winterthur. Mittag für uns. Kam der Abdruck der Gedichte an. Hofr. Meyer. St. Rochus ausgemahlt. Das Intermezzo.

7. Briefe concipirt und geheftet. An Frommann mit den 5. Revisions=Bogen. Miscellen durchgedacht. Demlle Meyer: Pflicht um Pflicht. Mittag für uns. Austheilung der Rollen. Abends Sueton gelesen.

8. Les Amours de Barras an Serenissimam zurück.
Brief an Erffa wegen Schreibern. Schreibers
Attestat. Spazieren gefahren. Mittag für uns.
Hofr. Meyer. Rehbein. Pflicht um Pflicht. Der
grade Weg der beste.
9. Neapolitanische Reise vorgenommen. Suetons
August. Kupferstecher Müller. Bild des Großher=
zogs. Spazieren gefahren. Belvedere. Pflanzen=
häuser. Mittag für uns. Abends Hofr. Meyer.
Homers Odyssee. Äußere und innere Verhält=
nisse. Hofball. — Brief an von Erffa zu Wern=
burg bey Pösneck. (Durch Schreibern besorgt.)
10. Sicilianische Reise. Madonna von Dresden an=
gekommen, dieselbe in Rahmen gefaßt. Mittag
für uns. Morgenblatt. Allgemeine Zeitung pp.
Abends: Coudray, die römischen Münzen ange=
sehen. Abends später mit dem Cammerrath.
11. Italiänische Reise revidirt. In den vordern ge=
heizten Zimmern Ordnung gemacht und Kupfer=
stiche eingelegt. Den Flügel gestimmt. Mittag
der Badeinspector. Musik. Sebastian Bach.
Hofr. Meyer wegen Recension der Kupferstiche.
Die Entführung.
12. Einiges geheftet. Vorbereitungen zur Musik.
Dejeuner und Musik. Die beyden Fräulein von
Pogwisch. Nachmittag Hofr. Meyer wegen der
Kupferstiche. Abends derselbe. Homer. Später=
hin für mich das griechische Original.

13. Italiänische Reise. Brief von Seebeck mit Notizen wegen der Majolika. Brief von Schlosser mit Notizen vom Senckenbergischen Stifte. 6. Revisions=Bogen von Rhein und Mayn. Zur Großherzogin Königl. Hoheit. Mittag allein. Vorkommnisse des Morgens überdacht. Wurde der Fußboden des großen Zimmers angestrichen. Houels Sicilien. Er mischt sich in alles.

14. Briefe u. d. g. Brief an Seebeck in Nürnberg. (Abschluß des Majolika=Handels.) — Sendung von München. Aufenthalt in Neapel. Mittags allein. August von Berka zurück. Um 4 Uhr Dlle Meyer Leseprobe. Homer. Aufenthalt zu Neapel.

15. Manches geheftet und rubricirt. Gegenüberstehendes: Brief an Frommann, 6. Revisionsbogen retour. Brief an Bergrath Lenz, Communicirtes remittirt. (Beides durch Färber besorgt.) — Herr Staatsminister von Humboldt. Spazieren gefahren. Mittag für mich. Heidelberger Jahrbücher. Recension von Niebuhrs Römischer Geschichte von Schlegel. Abends Herrn und Frau von Humboldt bey Frau von Wolzogen gesehen. Hofr. Meyer und August. Depesche von Göttingen.

16. Italiänische Reise. ½ 11 Uhr Herr Minister von Humboldt bis gegen 1 Uhr. Mittags allein.

Spazieren gefahren. Italiänische Reise. Coudray. Mein Sohn von Hof.

17. Etwas zur Schilderung von Neapel. Hafis Gedichte von Hammer. Der Gesellschafter von Gubitz 1. Woche. Spazieren gefahren an's Webicht. Mittag allein. Vorbereitung auf den Abend. Abends Staatsminister von Humboldt. Jetzt Politica. Die Damen, Vorlesung des Divans.

18. Mit John mancherley expedirt. Briefe, siehe Montag. Mittag Badeinspector Schütz. Händelsche Fugen gespielt. Staatsminister von Humboldt. Achill, italiänische Oper.

19. Ober=Aufsichts=Expeditionen und Acten. An Färber. Zeddel und Verordnungen. An Frommann den 7. Revisionsbogen ret. An Jarick (Stud. jur.) in Breslau. — Rhein und Mahn=Heft, 2. Stück. Fräulein Ulrike von Pogwisch um Abschied zu nehmen. Spazieren gefahren nach Belvedere. Mit Serenissimo in die Glashäuser. Zurück. Mittag Hofr. Meyer. Crise. Um 4 Uhr Rehbein. Abends mit Meyer. August auf den Resourceball.

20. Nebenstehendes: Carl Steiner, Winterthur. Rath Schlosser, Frankfurt. Quittung. Rittner, Dresden. 4 Lbr. Dr. Seebeck, Nürnberg. Alter Atlas. — Anmerkungen zum 2. Rhein und Main=Heft ajustirt. Notizen wegen dem jungen

Naturforscher Thienemann. Papiere deßhalb von Serenissimo. Spazieren gefahren. Mittag mit meinem Sohn. Acten geheftet. Manches in Ordnung gebracht. ½6 Uhr der Erbgroßherzog. Hofmedicus Rehbein. Blieb derselbe.

21. Anmerkungen zum 2. Rhein und Mayn=Heft ajustirt. Prof. Sturm und Dr. Thienemann. Rath Vulpius, Aufträge wegen Jena. Spazieren gefahren. Mittag für mich. Die morgentlichen Beschäftigungen fortgesetzt. Exhibita von Jena. Prof. Renner wegen seiner Anstalt. Für mich.

22. Oberaufsichtliche Geschäfte. Verschiedenes in Privatgeschäften. Die Miscellen zum Rhein und Mayn=Heft redigirt. Mittag für mich. Mit August. Rehbein, mit solchem über C. F. Wolf und Meckels Übersetzung. Das Leben ein Traum. Meine Gedichte. — An Frommann 7. Revisionsbogen retour. Manuscript, die Anmerkungen und Belege. An Färbern nach Jena.

23. Allerley häusliche Einrichtungen. Rhein und Mayn=Heft. Nach Berka. Mit dem Inspector Schütz im Badehäuschen. Mancherley Verhältnisse der Gegend und des Bades. Mittag mit dem Cammerrath. Hofr. Meyer. Züricher Beyträge 9. Heft. Brewsters 4. Buch 4. Capitel.

24. Miscellen zum 2. Rhein und Mayn=Heft. Dahin Gehöriges geordnet. In den vordern Zimmern. Daselbst mit August zu Mittag. Entoptische

Farben. Von Serenissimo Gödekes Relation von den Österreichischen und Bayerischen Salzwerken nebst Zeichnung. Den ganzen Abend damit zugebracht und Leonhard und Lenz nachgeschlagen. — Brief an C. F. Schortmann in Saalfeld.

25. Oberaufsichtliches und anderes. Rehbein. Genast. Agricola de re metallica. In den vordern Zimmern. Mittag mit August. Nach Tische Tennstädter Teich Phänomen. Die Quälgeister. — Langer Kasten an die Churprinzessin von Hessen nach Cassel (die Berliner Gemälde enthaltend). Brief an Frommann (die Anmerkungen zum 2. Rhein und Mayn=Heft). Brief an Prof. Hummel nach Berlin (Anzeige des Abgangs seiner Gemälde nach Cassel).

26. Hofgärtner Wagner von Jena. Miscellen zum Rhein und Mayn=Heft. Die Kinder der Frau von Heygendorf. Ankunft des Cölner Blumenstücks. Mit Hofr. Meyer in den vordern Zimmern. Fuhr spazieren. Mittag Hofr. Meyer. Verhandlung über den Werth der aufgehängten Kupferstiche. Über Kunst mit Hofr. Meyer. August bis spät am Hofe.

27. Zu dem Rhein und Mayn=Heft Miscellen. Brief an Haffner nach Berlin. Spazieren gegangen. Darauf gefahren. Mittag für uns. Hofr. Meyer. Brief von Seebeck, von Schadow. Sendung vo

Leipzig (Meine Werke.) Oberbaudirector Coudray. Blieben Abends zusammmen.

28. Nebenstehendes u. a. m.: Brief an Seebeck mit einer Assignation auf 170 Thlr. Sächs. für die Majolika. Brief an Kappelmann Buchbindermeister mit einer Assignation auf 12 Rthlr. 8 Gr. Sächs. für den Einband meiner Werke. Brief an Frege in Leipzig (Notiz von beiden Assignationen). Brief an Lenz (Rücksendung einiger mitgetheilten Briefe). — 2. Rhein und Mayn=Heft. Brief von Herrn von Preen. In den vorderen Zimmern aufgeräumt. Spazieren gefahren. Hofr. Meyer zu Tische. Kupferstiche. Herr von Münchow, wegen Anbau an die Sternwarte u. d. g. Abends für mich: Hirts Mythologisches Wörterbuch. Später mein Sohn.

29. Briefe u. d. g. Blücher'sche Statue dictirt. Einiges andere zum Rhein und Mayn=Heft. Theater=Angelegenheiten. Spazieren gefahren. Mittag für uns. Hofr. Meyer. Abends: Welcher ist der Bräutigam.

30. Geburtstag der Großherzogin. Vorbereitung auf mein Erscheinen bey Hofe: die Belehnung des Fürsten von Turn und Taxis als Erb=Land=Postmeister betreffend. ³/₄ auf 1 Uhr nach Hof. Beleihungs=Akt. Zwischenzeit. Tafel. Kurze Zeit nach Hause. Abermals an Hof. Ball. Souper woran jedoch keinen Antheil genommen. — Carl

Haffner, Stud. Med. nach Berlin. Director Schadow nach Berlin. Brief mit meinen Werken an die Großherzogin.

31. Gastrollen betreffend. Geh. Hofr. Kirms. Hofschauspieler Oels. Communication mit Serenissimo. Mittag für uns. Herr Lieutenant von Schiller, ein Theaterstück bringend. Herbelots Bibliothèque orientale.

Februar.

1. Stadelmann trat seinen Dienst an. Stanze zu den morgenden Bilder=Scenen. Schauspieler Graff und Haide. Mittag der Badeinspector. Nach Tische mit August. Abends der Schutzgeist.

2. Des Erbgroßherzogs Geburtstag. Verschiedene Beschäftigungen, bezüglich an die Tableaux. Brintz von Berberich. ½12 Uhr mit meinem Sohn bey Hof. Eröffnung des Landtags. Nach Hause gefahren. ¾ auf 3 zur Tafel. Nach Hause. ¾ auf 7 zu den Tableaux. — Brief an den Erbgroßherzog mit meinen Werken.

3. Entwürfe zur neuen Theatereinrichtung. Rehbein. Brief und Aufsatz von Boisserée. Spazieren gefahren. War der Pferde=Transport für den Großherzog angekommen. Mittag für uns. Hofr. Meyer. Abends der Bergsturz.

4. Briefe und Acten geordnet. Erlaß an Münchow den Pelzerischen Garten betreffend. Theaterschneider.

Spazieren gefahren nach Belvedere. Mittag für mich, späterhin mein Sohn. Abends allein. Tennecters Heilmethode der Pferdekrankheiten.

5. In Theater = Angelegenheiten gearbeitet. Der 9. Revisionsbogen. Mit Fräulein Ottilie von Pogwisch spazieren gefahren. Mittag dieselbe zu Tisch. Portefeuille der Römischen Schule. Hofr. Meyer. Nachrichten von Berlin. Abends für mich. Zeitig zu Bette.

6. Vortrag zur Einführung des Cammerraths bey der Theater=Intendanz. Verordnungen deßhalb concipirt und mundirt. Vorstellung meines Sohnes in der Session der Intendanz. Mittag für uns. Die Geschäfte durchgesprochen. Hofr. Meyer. Canzler Müller. Mit August. Hofr. Meyer bis spät. Rhein und Mayn=Heft. Frank= furter und Berliner Angelegenheiten.

7. Theatersachen. Tabellen über die aufzuführen= den Stücke und Athalia. Geh. Hofrath Kirms. Theaterschneider und Beuther. Mittag für uns. Verschiedenes von Serenissimo. Bibliotheksbuch vorzüglich Kupfer. Authographa geordnet. Mol= lers Hefte betrachtet. Realcatalog Poetischer Theil. Mein Sohn krank.

8. Nebenstehendes: Brief an Dr. Sulpiz Bois= serée nach Heidelberg. Dlle Servière mit Abbildungen von St. Rochus zu Bingen. Brief an Zelter (wegen dem jungen Teichmann).

An Frommann den 9. Bogen von Rhein und Mayn retour. — Theater-Angelegenheiten. Oels. Genast. Theaterschneider. August befand sich nicht wohl. Berliner Kunst-Einrichtungen. Mittag mit meinem Sohn. Canzler von Müller. Hofr. Meyer. Brief von Gagern vorgelesen. Landtagsgeschichten. Mit den neuen Ländern übernommene Schulden. Recension der neuen Kupferstiche. Achilles, Italiänische Oper. Nordlicht beobachtet.

9. Recension des Müllerschen Kupferstichs in das 2. Rhein und Mayn-Heft. Mein Sohn wieder besser. Schreibern an Hofr. Meyer empfohlen. Genast. Theaterschneider. Rehbein. Rollenvertheilung auf Mahomet. Mittag Hofr. Meyer. Den Schutzgeist abgekürzt. Abends Hofr. Meyer: Beredung wegen der Berliner Anträge.

10. Schutzgeist abgekürzt. Miscellen zum 2. Rhein und Mayn-Heft. Kupferstecher Müller wegen Kupfer und Umschlag dazu. Souffleur Rötsch, wegen dem Schutzgeist und Mahomet. Glückliche Ankunft der Majolika von Nürnberg. Dieselbe ausgepackt. Mittag Fräulein Ottilie. Betrachtung der Majolika. Abkürzung des Schutzgeistes fortgesetzt. Hofr. Meyer die Majolika betrachtet. Die unterbrochene Whistparthie und der gerade Weg der beste. — Brief an Helmine Chézy, geb. Freyin Klencke zu Berlin (übersetztes

Calderon'sches Schauspiel remittirt). Brief an Dr. Seebeck in Nürnberg (Vorläufige Meldung der glücklichen Ankunft der Majolika).

11. Briefe: An Cotta wegen des 14. Bandes. Beschreibung des Nordlichts. An Seebeck und von Derschau (Majolika betreffend). Brief an Rabe in Breslau. Herr Beuther. Die Rollen zu Mahomet präsentirt. Madame Beuther um 11 Uhr. Mittag für uns. Majolika näher untersucht. Redaction des Schutzgeistes. Den ganzen Abend damit beschäftigt. — Brief an Färbern, autorisirte Rechnungen remittirend.

12. Allerley Expeditionen: Brief an Herrn Frommann (den 10. Revisionsbogen von Rhein und Mayn retour). Brief an Major von Knebel. Brief an Färbern (das falsche Exemplar der Jenaischen Allgemeinen Literaturzeitung retour). NB. Vorstehendes alles an Färbern adressirt. — Theatralia. Holdermann als Phanor. Mittag für uns. Hofrath Meyer. Abschrift der Redaction des Schutzgeists. Fernere Redaction. Westindier. Brief von Frau von Beaulieu.

13. Rollen des Clavigo vertheilt. Lustspiel die Verwechslung von Hensel gelesen. Der Schutzgeist redigirt. Von 10—12 Uhr Leseprobe von Mahomet. Mittag für uns. Redaction des Schutzgeistes, damit bis in die Nacht beschäftigt. Ab-

schrift desselben durch John die ganze Nacht
hindurch. — Brief an Dr. Seebeck in Nürn=
berg. Brief an Major von Derschau, Nürn=
berg (glückliche Ankunft der Majolika u. b. g.
meldend).
14. Acten geheftet und geordnet. Fernere Vorarbeit
vom Schutzgeist. Tasche von Leder bestellt. An=
deres das Theater betreffend. Fellenbergischer
Gehülfe, Lippe aus Braunschweig, kehrt nach
Hofwyl zurück. Umständliche Beschreibung der
Gegend, der Anstalt u. s. w. Mit Hofr. Meyer
spazieren gefahren. Derselbe zu Mittag. Baals
Panier für Athalia. Am Schutzgeist fortgefahren.
Abends Probe von Athalia. — Brief an Dr.
Cotta in Stuttgardt. Brief an Canzleyrath
Vogel allhier (Bezahlung des Nürnbergischen
Atlas betreffend).
15. Miscellen zum 2. Rhein und Mahn=Heft. Theater=
besorgungen. Hof=Medicus Rehbein über Lippe,
Fellenberg und die Reise. Herr Holdermann
wegen des Paniers. Geh. Hofr. Kirms. Fortge=
fahren an den currenten Geschäften. Mittag
Badeinspector. Campbell Reisen in Süd=Afrika.
Abends John; am Schutzgeist gearbeitet. Käth=
chen von Heilbronn. Campbells Reisen. —
Manuscript a—n incl. an Frommann zum
2. Rhein und Mahn=Heft. Major von Knebel
mit dem Verzeichniß der Majolika.

16. Geburtstag der Erbgroßherzogin. Meine Werke derselben verehrt. Stromeyers Krankheit: Retardation der Athalia. Besuch des Großherzogs und von Lindenau. Prinz Georg von Hessen, Cammerherr von Vitzthum. Mittag für uns. Die Drillinge zur morgenden Vorstellung bestimmt. Redaction des Schutzgeists und Collationirung der Rollen durch John. Bis in die Nacht damit fortgefahren. — Schreiben an J. Kaiserl. Hoheit von meinen Werken begleitet.
17. Theater-Angelegenheiten. Anfang des Baues. Entschuldigung wegen der verspäteten Oper Athalia zu Höchstdero Geburtsfest. Rollen-Austheilung zum 24. Februar. Überlegung wegen Sonnabend. Mittag Fräulein von Pogwisch. Johler wegen des Schranks. Redaction des Schutzgeistes. Canzler von Müller. Hofrath Meyer. Staatsminister von Voigt. Hofrath Meyer blieb zu Tische. Späterhin Schutzgeist.
18. Schreiben an Serenissimum wegen Jena. Veränderung der Rollen des Schutzgeistes. Mittag Badeinspector. Nach Tische Musik. Veränderung der Rollen fortgefahren. Um 4 Uhr Mahomet. Hauptprobe. Mit August. Campbell.
19. Theater-Angelegenheiten. Briefe u. b. g. Der Cammerrath ging heute zum erstenmal aus. Um 11 Uhr in's Theater wegen Mahomet und den 24. Februar von Werner. General von Bencken-

dorf und Canzler von Müller. Mittag Fräu=
lein Ottilie. Schiffbruchs=Geschichte. Der Schrank
zur Majolika aufgerichtet. Am Schutzgeist fort=
gefahren. Mahomet. — Brief an Major von
Knebel. Paquet an Färbern (6 Exempl.
meiner Gedichte einzubinden und Maaß zu einem
Bilderrahmen).

20. Theatralia. Am Schutzgeist ausgebessert. Um
11 Uhr Probe vom 24. Februar mit Dlle Engels
und Durand. Mittag Fräulein Ottilie. Am
Schutzgeist fortgefahren. Hofr. Meyer; Zeitungen.
Morgenblatt gelesen. Geschichte eines neuent=
standenen Vulcans auf Sumbava.

21. Redaction des Schutzgeistes. Überlegung der ersten
Decoration dazu. Leseprobe mit den 4 Haupt=
figuren aus dem Schutzgeist. Bekanntmachung
des Ganzen. Mittag für uns. Abends: Coudray
und Rehbein über das Theater. Rochusfest. Ver=
schiedene Kunstwerke vorgezeigt.

22. Theatralia. Miscellen zum 2. Rhein und Mahn=
Heft. Revision des Schutzgeistes 4. Akt. Die vier
Hauptrollen bis zu Ende der dritten Aktes revi=
dirt abgesendet. Mit Dlle Meyer den Vetter
aus Bremen. Mittag Fräulein Ottilie. Das
große Kupfer=Portefeuille. Canzler von Müller.
Die Schweizerfamilie. Campbell Reise in Afrika.

23. Miscellen in's 2. Rhein und Mahn=Heft. Thea=
tralia nach allen Seiten hin vorbereitet und durch=

gebacht. Im Theater wegen der Decoration zum 24. Februar. Bey den Prinzessinnen zur Tafel. Um 4 Uhr in die Probe vom 24. Februar. Gegen 6 Uhr nach Hause. Abend allein. Rhein und Mayn=Heft letztes Manuscript. Campbell Reise nach dem Cap. — Brief an Frommann. Brief an Färber. Autorisirte Rechnungen remittirt. Gentianen verlangt. Brief an Zelter. Theater=Neuigkeiten und wegen dem jungen Teichmann.

24. Verschiedene Theatralia. Promemoria die De= corationen und Aufführung der Zauberflöte be= treffend u. d. g. Votum wegen der Opern=Regie und anderes. Abschrift des Schutzgeistes fortge= fahren. Mittag Hofrath Meyer. Versteinerte Blätter. Redaction des Schutzgeistes. Canzler von Müller. Fernere Redaction des Schutz= geistes. Vorstellung vom 24. Februar und dem Geständniß. — Brief an Cotta, inliegend: die guten Weiber.

25. Theater=Geschäfte. Am Schutzgeist fortgefahren. ½ 11: Der 3. Akt zu vier. Mittag für uns. Majolika zum Theil aufgestellt. Schutzgeist fort= gefahren. Dr. Reades Farbentheorie. Zachs Corre= spondenz mit Lindenau. Tischbeins Brief und Zeichenwerk. Von Schlosser über Staatsver= fassung.

26. Theater=Sachen (Anfrage an den Capellmeister).

Fortgesetztes Einreihen der Majolika. Erlaß an Baurechnungs-Revisor Klein wegen dem Anbau an die Sternwarte und Veterinärschule. Redaction des Schutzgeists. Mittag Fräulein von Pogwisch. Auf Veranlassung Einsiedlischer Erzählungen verschiedenes aus alten Weimarischen Zeiten. Abends: Der Strohmann und der Vetter aus Bremen.

27. Schutzgeists Redaction mundirt. ½11 Uhr Leseprobe zu Sechs vom Schutzgeist der zwei letzten Akte bey mir. Oels neuaufzuführende Stücke vorgeschlagen. Beredung wegen Decorationen im Schutzgeist mit Beuther und Holdermann. Billigung Serenissimi des Vorschlags wegen der Opern-Regie. Theater-Session und Resultate. Mittag für uns. Corunda. Trauerspiel Semiramis. Billigung des Billets Serenissimi in Regie-Angelegenheit. Erstes Exemplar des Schutzgeistes zum Buchbinder. Coudray. Schloßflügel. Chaussee-Bau. Theater. Sendung von Schadow. — Abgesendetes: Erlasse an Klein (vid. gestern). Mit den dazugehörigen Acten an Münchow gesendet.

28. Über neue Regie der Oper und des Ganzen überhaupt. Einleitung wegen der Decorationen. Rollen des Schutzgeistes collationirt. Mittag für uns. Staatsminister von Voigt. Bancroft on Permanent colours. Kotzebuischer Almanach von 1816. Die Beraubten. Paduanische Münzen.

März.

1. Verschiedene Theatralia. Regisseur Oels. 6 Exemplare meiner Gedichte von Jena. 2. Exemplar des Schutzgeists vom Buchbinder. Beyden Exemplaren das Fehlende hinzugefügt. Capellmeister Müller. Mittag Badeinspector. Zeichnung an Dlle Joh. Canzler von Müller. Abends der Hausdoctor und die Nacht im Walde. — Verschiedenes nach Jena an Färber.
2. Über Opern=Regie. Im Garten. Kupferstecher Müller. Die Bestohlenen redigirt. Über die Theater=Einrichtung im Ganzen gelesen und gedacht. Mittag Fräulein von Pogwisch. Capellmeister Müller. Über von Componisten längst beobachtete Gesetze und nunmehrige Begründung derselben. Abends am Rothmantel redigirt. — An Fromman mit Manuscript zum Rhein und Mayn.
3. Allerley Theatralia. Mundum wegen der Opern=Regie. Geh. Hofrath Kirms. Abschrift der Bestohlenen. Einrichtung der Regie. Nach Belvedere. Mit Serenissimo in den Gewächshäusern. Mittag Fräulein Ottilie. 5 Uhr Hofr. Meyer. Barths Brief und Kupfer. Diener zweier Herrn. Großmama. Mit August. Sendung von Darnstedt.
4. Regie=Constitution. Treuterischer Kaufcontract. Die Beraubten durch John. Genast jun. Unzel-

mann. Mittag Fräulein Pogwisch und Hofr. Meyer. Im fertigen Manuscript der Beraubten die Lücken ausgefüllt. Abends Hofrath Meyer. — An Director Schadow nach Berlin die Ankunft der Medaillen gemeldet.

5. Allerley Theatralia. Vorbereitung zur morgenden Session. Geheftet und geordnet. Regisseur Oels verschiedene Angelegenheiten. Derselbe persönlich. Exemplar Schutzgeist an denselben. Mittag Fräulein von Pogwisch und Capellmeister Müller. Kupfer gesehen. Abends die deutschen Kleinstädter.

6. Einige Theatralia. Empfehlungsschreiben für Dr. Rehbein. Oels und beyde Genast. Bey Serenissimo die Holz-Harmonika. Bey Frau von Stein. Spazieren. Mittag Fräulein Pogwisch. Die Bestohlenen. Probe vom Schutzgeist von 4 Uhr — 9½.

7. Observanda zur Aufführung des Schutzgeistes. Geh. Hofrath Kirms. Oels. Prof. Mylius. Dr. Osann. Hauptm. Thompson. Mittag Fräulein von Pogwisch. Barthii Monumentum Pacis. 4 Uhr Hauptprobe vom Schutzgeist. Nees von Esenbeck: Cryptogamen. — Brief an W. Tischbein nach Eutin.

8. Theatralia und anderes. Rath Vulpius: Binden der rohen Bibliotheksbücher. Mittag Fräulein Pogwisch, Rehbein, Badeinspector. Händel'sche und Bach'sche Compositionen vorgetragen. Canz-

ler von Müller und Coudray. Der Schutzgeist. — Bergrath Voigt nach Jena (Stein retour). Schauspieldirector Steinau in Bamberg.

9. Mancherley Theatralia. Verschiedene Briefe: Herrn Dr. Rehbein auf seiner Reise mitgegebene Empfehlungsschreiben. An Dr. S. Boisserée in Heidelberg. An Geh. Cabinetsrath Schleiermacher in Darmstadt. An Prof. Usteri in Zürich. Brief an Herrn von Schreibers nach Wien. Brief an Prof. Zelter nach Berlin. — Beuther, Harmonika-Spieler Buschmann. Regisseur Oels. Rehbein empfahl sich, heute abreisend. Nach Belvedere gefahren. Mittag für uns. Unterhaltung über häusliche Angelegenheiten. Isis. Die Bestohlenen.

10. Theatralia. Briefe u. d. g. Herrn Prof. Zelter nach Berlin (inliegend ein Lied). — Portraitmahler Müller. Oels: Veränderung des Mittwochsstücks. Den Schutzgeist nochmals einiger Abkürzung willen durchgesehen. Mittag für uns. Fräulein Ottilie. Hofr. Meyer. Eröffnung der Winterthurer Sendung. Mehr Glück als Verstand und der Citherschläger. Theatralia durchgedacht.

11. Vielerley Theatralia. Beuther: Decoration der Schweizerfamilie. Acten geheftet. Instructionen für Regisseurs u. d. g. Kam der 12. Revisionsbogen von Jena. Die neusten Expeditionen an

Geh. Hofrath Kirms. Spazieren gefahren mit Fräulein Ottilie. Mittag dieselbe zu Tisch. Abends: die Bestohlenen und den Rothmantel redigirt. — Brief an Frommann mit 1 Blatt Manuscript.

12. Allerley expedirt. Von Jena Zwiebeln u. d. g. Briefe und Theatralia. Mittag für uns. Lortzings Bild von der Großherzogin behalten. Hofrath Meyer. Würtembergische Verfassungs-Urkunde. Pflicht um Pflicht und der arme Poet.

13. Gensd'arme im Garten. Vorbereitung zur Session. Lortzing, wegen seinem Bild; mit Jfflands Portrait. Session worin mein Sohn. Nach Belvedere, daselbst Serenissimus. Mittag Cammerrath Hercher. Im Garten. Portraits einrangirt. Oberbaudirector Coudray. Miscellen-Portefeuille durchgesehen. Canzler von Müller. Coudray blieb. — Brief an Barth nach Breslau. Brief an Schadow in Berlin mit 5½ Louisd'or beschwert.

14. Erlasse an Capellmeister Müller, Oels und Stromeyer, das neue Reglement betreffend. Im Garten. Herr Lortzing wegen den Bestohlenen. Revision des 12. Bogens. Mittag Fräulein Pogwisch. Probe von Athalia. Abends für mich nochmals durchgegangen.

15. Erlasse und Instructionen an Capellmeister Müller, Oels, Stromeyer vollends beendigt und

revidirt. Geheftet und rubricirt. Den schönen Morgen meistens im Garten. Dlle Meyer. Mittag der Badeinspector. Musik und Bau=überlegungen. Athalia.

16. Schluß=Redaction der Bestohlenen. Rötsch und John Collationirung der Rollen. Vielerley Theatralia. Kupferstecher Müller ein Bild von seinem Sohne. Im Garten. Mittag für uns. Canzler von Müller über die Publica. Zeich=nung der Gräfin von Egloffstein. Abends für mich. Die Bestohlenen und den Rothmantel durchgedacht. — Paquet an Färbern, darin: 1) Bestellung von 2 Bilderrahmen u. d. g. 2) an Frommann 12. Correctur=Bogen retour. 3) an Major von Knebel plattdeutsche Gedichte.

17. Die nächsten Agenda verzeichnet. Theatralia. Rötsch. Im Garten. Brief von Rochlitz. Rhein und Mayn von Jena. Mittag für uns. Hof=rath Meyer. Des redigirten Schutzgeistes 2. Vor=stellung. Einige Bemerkungen während der Auf=führung.

18. Erlaß an Dr. Vulpius, Sammlung der Anti=quitäten betreffend. Schluß des 2. Rhein und Mayn=Hefts. Agenda nachgetragen. Im Garten. Mittag Fräulein von Pogwisch. Eduard Genast Musik. Abends für mich. Varia. — Letzten halben Bogen Manuscript zum 2. Rhein und Mayn=Heft an Frommann.

1817. März.

19. Erlasse in Intendanz= und Oberaufsichtlichen Angelegenheiten. Verschiedene Theatralia. Briefe concipirt. Im Garten. Holdermann. Genast. Fräulein Ottilie. Im Garten die Cornushecke angelegt. Mittag Fräulein von Pogwisch. Um 11 Uhr die Comtesses Egloffstein und Canzler von Müller und Frau, Fräulein Ottilie. Hofr. Meyer. Athalia. Welckers Sappho. — Erlaß an Kühn wegen diesjähriger Benutzung des Gartenflecks an der Veterinärschule durch Bibliotheksschreiber Färber und Schröter.

20. Am 3. Rhein und Mayn=Heft gearbeitet. Vorbereitungen zur heutigen Session. Mittag für uns. Welckers Sappho. Überlegungen wegen der Reise. Hofr. Meyer.

21. Von hier an ist ein besonderes Heft als Tagebuch geführt worden.

Gegen 8 Uhr von Weimar weggefahren. Gelinde Kälte, umwölkter Himmel, wenige Schneeflocken. Von Kötschau zu Fuße bis an die abhängende Straße. Versteinerungen. Steinkerne. In's Paradies, zu Otteny, eine neue Elektrisirmaschine zu sehen, nach Tharand bestimmt. Zu Tische allein. Sammlung von Corundum aus England. Auf's Museum. Russische Mineralien. Zu Major von Knebel. Englische Gedichte, besonders der Wolkenbote. Abends zu Hause.

22. Geschäftsregistratur von gestern. Auf den Hein=
richsberg, die Heil=Anstalt betrachtet. Im bota=
nischen Garten. Zu Döbereiner. Auf's astrono=
mische Observatorium, das Pelzerische Garten=
fleck besehen. Zu Major von Knebel. Nach
Hause. Der Wolkenbote von Kalidasa. Zum
bessern Verständniß Asiatic Researches Vol VI.
Besuch von Münchow. Mittag für mich. Spa=
zieren gegangen. Abends bey Bergrath Voigt. Die
obengenannten Bücher fortgelesen.

23. Geschäfte von gestern notirt. Treppe an Schil=
lers Gartenhaus besorgt. Repositorien neben
dem neuen Auditorium. Bergrath Döbereiner
fuhr mit mir bis Winzerle, Gespräch über die
neusten Chemica. Angewandte Chemie, entop=
tische Farben. Mittag bey Frommanns mit Sei=
densticker, von Münchow, Gries, Marezoll d. j.
Daselbst bis 4 Uhr. Nach Hause. Baudirector
Coudray, der von einer Tour, von Bürgel, Dorn=
burg pp. zurück kam, wegen Chaussirung oder
sonstiger Verbesserung der Wege. Mit demselben
zu Major von Knebel. Abends bey mir. Vor=
zeit, Feldzug in die Champagne.

24. Tagebuch, gestrige Ausrichtungen registrirt. Mit
Coudray in die Bibliothek. Berathung wegen
des Pfeilers, mit Coudray die übrigen Museen
durchgegangen. Geistlicher von Gleina.
Mit Coudray zu Döbereiner, zu Münchow.

Visiten bey Ziegesar, bey Köthe. Zu Hause. Bey Knebels zu Mittag. Abschied von Coudray, Expedition des Kutschers nach Weimar. Bertram Tragödie Engl. Bey Dlle Seidler. — An Cammerjunker von Goethe, Entoptischen Apparat verlangt.

25.   Schönster Tag.
Färber auf der Bibliothek, wegen der Handwerksleute zur Aufsicht. Wissenschaftliches, Oberaufsichtliches. Spazieren, erst allein, dann mit Frommann, Knebel begrüßt. Mittags für mich. Spazieren bis zur Rasenmühle. Bey Knebel, in dessen Garten ich heute früh Luden, Köthe und Peucer gefunden hatte. Abends zu Hause. Ordnen und Vorbereitung mancher Dinge.

26.   Umwölkt aber schön.
Eröffnung des von Weimar gekommenen Kastens. Expedition der Theaterangelegenheit: Theatralia durch Seidler nach Weimar gesendet. — Die bisherigen Exhibita und Expeditionen geordnet. Acten geheftet. Kamen die beiden Genaste. Im Museum, Bibliothek. Der Balken wurde in die Höhe geschraubt. Bey Major von Knebel. Bey Voigts zu Mittage, Linnés Portrait. Lobdaer Jahrmarkt, Negociation wegen Fischen. Abends der Wolkenbote. Brief und Medaille von Boisserée. Überlegung was zunächst zu thun.

27. Bedeckter Himmel mit Regen.
Brief an Herrn von Luck. Billet an Sturm und von Münchow. Thusnelda an Knebel. Baurevisor Klein wegen der Sternwarte, auch der Veterinär-Schule; Professor Gülbenapfel, Geh. Hofrath Stark. In's Museum, die Herren Lohswell und Thorndike aus Boston, eingeführt vom Geh. Hofrath Eichstädt, empfohlen von Eichhorn. Zu Major von Knebel, daselbst gespeist. (Helles Wetter.) Nach Tische Professor Löbel. Nach Hause. Expedition nach Weimar: Kästchen mit Pflanzen an Fräulein Pogwisch. Canzlar Müller, Schreiben von Schorll. Brief an Major von Luck nach Münster. Ein Packet Fische. — Frühe Frommann, wegen dem Schluß vom Rhein und Mahn-Heft und dem Beginnen der Morphologie. Das Injectionskästchen an Professor Renner übergeben.
(Schnee-Gestöber.)
Abends bei Frommann, Frau Hofrath Martin, Regierungsrath Müller von Weimar.

28. Beschäftigung abzusenden wie neben steht: Genast. Liederband. Assign. 32 fl. Auftrag Mspte. Vitzthum Brief versprochen. eingeschloßen an August. Demselben Aufträge. Kräuter. Briefe Vitzthum, Uwaroff. Br. an Meyer. Aufträge. — Döbereiner Entoptica. Pr. Zigesar. Löwenzahnkur bestellt. Arbeit fortgefahren. Letz-

ter halber Bogen an Fromm. Rhein und Mayn II.
Morphologie beachtet. Zu v. Hof Geh. L. R.
Mittag allein. Starcke d. j. Voigt d. j. Schön
das entoptische Phänomen zeigender Cubus. An=
maßung, Paralogismen der Zuschauer. Expe=
dition geschlossen. Zu Knebel. Bey Seidlers.
v. Hof u. Frau. Pr. Marezoll. v. Gerstenbergk.

29. Vorwort zur Morphologie. Indische Geographie.
Entoptische Farben. Hofraths Voigt Cubus,
Güldenapfels jenaischer Almanach, Artikel Bibli=
otheken. Belege zur Museumsrechnung, Schema
zum Aufsatz über die Thierarzneyschule. Aus=
gefahren, zu Pflug, neue Art Theekessel, den Weg
nach Weimar, zu Madame Bohn, zu Geh. Justiz=
rath Martin, bey Ziegesars, nach Hause. Mittag
allein. Nach Tische mein Sohn, weimarische
Geschäfte, häusliche und öffentliche. Abreise des=
selben. Überlegung der nächsten Arbeiten. Zu
Knebel, halb 9 Uhr nach Hause. Weimarische
Sendung. Vorwort corrigirt.

30. Vorbereitung der Sendung nach Weimar, Erlaß
an Prorector wegen des Herrn von Bünau
Gartenwohnung. Professor Voß von Heidelberg.
Zu Renner das Monstrum der doppelten Ziege
seciren zu sehen. Über die Brücke, am Geleits=
haus abgestiegen, wieder zurück, Bergrath Voigt
und Frau in Wagen genommen, gefahren bis
an die hohe Saale. Mittag bey Ziegesars mit

Köthes und Frommanns. Nach Hause. Wunder=
barer Fund von Versteinerungen an der alten
Löbstädter Straße durch Stadelmann und Barth;
hinausgefahren die Örtlichkeit zu untersuchen.
Zu Major von Knebel. Politica, Religiosa.
Nach Hause, die Versteinerungen gemustert und
Karte von Hindostan, Rennells Reise. — Expe=
dition nach Weimar: Jasmin und Bouquet an
Fräulein Ottilie. Aufträge an meinen
Sohn und Kräuter.

31. Nebenstehende Expeditionen nach Weimar: Die
Zahlung an Kabisius betreffend mit den Acten
und dem hiesigen Quartal=Extract. Votum,
wegen Separatcasse der Gewährschaft. Syste=
matisch geordneter Catalog der Edelsteinsamm=
lung. An meinen Sohn Privata. An Hof=
rath Meyer wegen des Zeicheninstituts. Des
Herrn Hofrath Jagemann wegen Sereniſ=
simi Portrait für das Ober=Appellationsgericht.
— Stammbuch an Madame Bohn. In das
Heim'sche Cabinet, Versteinerungen durchgesehen,
im obern Stock gleichfalls. Zu Hause. Ritt=
meister von Bünau, Wege=Inspector Götze, Graf
Henkel d. j. Präsident von Ziegesar. Billet
von Knebel wegen weimarischer Angelegenheiten.
Letzter halbe Bogen Rhein und Mahn No. zwei,
zur Revision. Belege zur Museums=Rechnung.
Mittag für mich. Heimischer Saal. Versteine=

rungen. Oben. Abends zu Geh. H.R. Starcke.
Mit Münchow und Schnaubert dem j. Allein.
Cloud-Messenger. Indische Geographie.

April.

1. Etat Veterinär=Schule, Belege der letzten Rech=
nungen durchgegangen und rangirt. Um 11 Uhr
zu Renner, in den botanischen Garten. Zu Major
von Knebel, daselbst gespeist mit den Gebrüdern
Voß aus Heidelberg und Rudolstadt. Professor
Bachmann. Spazieren gefahren, nach Hause.
Abends einige Stunden bey Voigt, Kants Critik
der teleologischen Urtheilskraft.

2. Vorbereitung der Sendung nach Weimar, Auf=
satz über die Erfordernisse bey der Zeichenschule,
Auftrag deshalb an Kräuter, nähere Unter=
suchung und Ordnung der Belege zur vorjährigen
Rechnung, weitere Bildung des Etats. Herr
Frommann wegen der Morphologie. Das bo=
tanische Museum eingerichtet. Besuch des Pro=
fessor Sturm mit den vier Wallersteinern; spa=
zieren gefahren nach Löbstädt. Mittag für mich.
Vorwort für den Inhalt. Zu Knebel. Geh.
Rath Schmidt von Hildburghausen. Kants Cri=
tik der Urtheilskraft, Thomas Campanella. Zu
Frommanns. Scheidler, ein junger Studirender,
von Berlin kommend. Große Sendung von
Weimar, das sämmtliche Verlangte; Brief von

Seebeck, Quittung von Derschau, Relation der Geschichte, wie die entoptischen Farben entdeckt worden.

3. Das gestern Angekommene durchgesehen und geordnet, Vorarbeit zum Etat fortgesetzt. Geschichte meines botanischen Studiums durchgedacht. Spazieren, bey Hofagent Weber, seine neue Gartenanlage besehn. Herrlicher Morgen, zum Neuthor hinaus, die Leutra hinauf, zum Engelgatter herein. Zu Hause, einiges nachgeholt. Thomas Campanella, Kants Critik der Urtheilskraft. Im botanischen Garten. Zu Renner, die Gedärme und das Gehirn des zweiköpfigen Schaafes. Herr von Schröder. Römischer geschnittener Stein. Altdeutsche Literatur. (Holzmarkt in Kößen.) Großer Gelderlöß für das hinabgeflößte Holz. Den bevorworteten Inhalt der Morphologie an Frommann. Mittag für mich. Im Bären Bestellung auf Morgen. Fortgesetzte Lectüre von früh. Spazieren zu Knebel. Umfang des Studiums orientalischer Literatur. Sendung ausgepackt und geordnet.

4. Vorjährige Rechnung in Bezug auf den neuen Etat geordnet, Rent=Amtmann Kühn deßhalb gesprochen. Professor Döbereiner, Versuche mit der Glaserhitzung. Spazieren. Umtausch der Gemälde. Vorbereitung zum Empfang der Gäste. Ankunft derselben gegen Eins. Zusammen gespeist. Mit

August Geschäftssachen besprochen. Für mich
spazieren. Zu Knebel, wo Professor Löbel war,
von seinen Ansichten, Glauben, Meinungen viel
erzählend. Wellers Erzählung.
5. Rechnungsbelege geordnet, an Timler und Nürn=
berger wegen des Schillerischen Gartenhauses.
Staatsrath Schultz physiologische Farbenerschei=
nung an Nebenstehende: Stark sen., Stark jun.,
Kieser, Löbel, Bachmann, Voigt jun., Renner.
Bergrath Voigt, wegen künftiger Specialrechnung
bey'm botanischen Garten; spazieren in's Paradies.
Zu Knebel. Verwirrung, die das große Wasser
bey'm Holzmarkt zu Kößen angerichtet. Porcellan=
Fabrikant von Saalfeld; bey Harras; Wunsch
wegen der Tapeten, Bemerkung wegen der Pfirsiche
an den Wänden. Vielleicht eben so viel als die
Wärme trägt der magere Stand zur Fruchtbarkeit
bey. Für mich zu Tische. Diesen Morgen ein neues
Phänomen entoptischer Farben abgespiegelt in der
Fensterscheibe. Kants Behauptung „Wie kann
jemals Erfahrung gegeben werden, die einer Idee
angemessen sein sollte? Denn darin besteht eben
das Eigenthümliche der letztern, daß ihr niemals
eine Erfahrung congruiren könne." Nach Tische
spazieren gefahren. Abends zu Major von Knebel.
6. Geschichte meines botanischen Studiums. Mor=
phologie erster Bogen. Professor Renner, Medi=
cinalrath Succow. In's Heym'sche Cabinet, die

Duplicität des thierischen Organismus zu betrachten. Mit Professor Renner gegen Löbstädt gefahren. Unterhaltung über Rußland, besonders russische Pferde, Hornvieh, Ansteckung der Löserdürre, Geschichte der 1717 sich weit verbreitenden Krankheit. Zu Major von Knebel. Medicinalrath Löbel zu Tische. Allerley Ökonomisches und Politisches. Nach Hause. Die morgende Beschäftigung fortgesetzt. Theater= und Studentengeschichte. Morgens war der Hofzahnarzt Angermann bey mir gewesen und hatte das Bild von Rochlitz überbracht, wo die Abbrücke jener Wincklerischen geschnittenen Steinsammlung beygepackt waren.

7. Botanisches zur Morphologie. Majolika von Knebel, Versteinerungen von den Kernbergen durch Stadelmann. Spazieren gefahren nach Burgau, bis an den Fuß von Lobeda. Betrachtung über die subjective Nachhülfe in den Wissenschaften. Naturgeschichte hülft sich durch die Causas finales, wodurch ihr kein Schade geschieht. Die Elementarchemie spricht ihre eigene Theorie aus und wird deßwegen immer objectiver, besonders da sie nun Maaß und Zahl den Uranfängen und ihren Verbindungen anpaßt. Die Physik dagegen ist am übelsten dran, die Mathematik fördert sie zwar, da diese aber bloß formell ist, so kann sie sich vor materiellen Irrthümern, nicht

schützen, ihre Hypothesen und Analogien sind ver=
steckte Anthropomorphismen, Gleichnißreden und
dergleichen. Dadurch glauben sie das Phänomen
auszusprechen, anstatt daß sie sich um die Bedin=
gungen bekümmern sollten, unter welchen es er=
scheint, da sie denn gar bald das Wahre mit
den Händen greifen könnten. — Conta mit einer
Schachtel Kupferlasur aus Chezi. Briefe vom
Staatsminister von Voigt. Zu Tische allein.
Den botanischen Aufsatz corrigirt. Zu Major
von Knebel. Abend bey Hofrath Voigt, wo von
Hoff und Frau und sonst mehrere Personen waren.

8. Mein botanisches Studium in's Reine dictirt.
Otteny wegen der Cubus und Gläser. Weg des=
selben auf den Wald, Bestellung deßhalb. Aus=
gefahren nach Löbstädt, verunglückter Versuch nach
Zwätzen. Zu Hause, Bedenken natürlicher Dinge.
Sowerby, Elucidation of Colours. Auf die Rose.
Gastmahl daselbst. Zu Hause. Zu Major von
Knebel. — Den Tag über, besonders gegen Abend
das Phänomen der entoptischen Farben sehr schön,
gewisse neue Bedingungen endeckt.

9. Botanischer Aufsatz durchgedacht und corrigirt.
Besuch von Legations=Rath Conta, Academica
besprochen. Auftrag an Otteny wegen der Glas=
tuben. Rentamtmann Kühn die Belege geordnet
übergeben. Mittag für mich. Allein nach Gösch=
witz gefahren, zurück. Zu Major von Knebel,

wo sich ein Anverwandter befand, Major Sela=
sinsky, der nach Coblenz beordert war. Nachricht
von Carl von Knebel, daß er nach Thüringen
versetzt werde. Nach Hause, englisches chemisches
Journal, betitelt Annals of Philosophy. Bald
zu Bette.

10. Botanischer Aufsatz. Englisches Journal. Neben=
stehende Expedition: Paquet an Kräuter, einge=
schlossen 1.) an Kirchner mit 10 Thlr. 16 Gr.
Sächs. 2.) an Rochlitz, Dank wegen des Bildes,
3.) an Staatsminister von Voigt. — Hof=
rath Fries. Thieranatomie, Glandula Thymus.
Kam Canzlar von Müller hin, mit ihm auf's
Cabinet, wo von Hoff nebst Frau, Stichling
und Conta waren. Mit Canzlar von Müller zu
Münchow. Nach Hause. Allein zu Tische. Der
Bibliotheksbau vollbracht, das Local gereinigt.
Mit Bergrath Döbereiner spazieren gefahren
nach Winzerla. Schneegestöber. Discours über
entoptische Farben und über Geologie, besonders
wie dieser letzten durch Stöchiometrie möchte bey=
zukommen seyn? Zu Major von Knebel. Mayn
und Rhein=Heft. Kam Canzlar von Müller.
Nach Hause. Doctor Lucä anatomische Unter=
suchung der Thymus Glandel.

11. Thymus Glandel, Geschichte meines botanischen
Studiums, Blumenbach comparirte Anatomie.
Canzlar von Müller, Inspector von Zwätzen.

1817. April.

Zu Renner. Fortsetzung der gestrigen Lection, Herz, Lunge, Luftröhre am Kalbe. Spazieren gegen Löbstädt. Zu Hause. Mittag allein. Expedition nach Weimar. Schöne Wolkenbewegungen, mitunter Schneegestöber. Nach Tische Badeinspector Schütz von Bercka, Professor Döbereiner mit geglühten Glasplatten. Mit Schütz nach Winzerla gefahren, bis auf die Höhe über die Triesnitz. Sodann zu Fuße bis über den Steinbrüchen bey Göschwitz, zu Fuße zurück auf Winzerla, hereingefahren. Zu Frommanns, wo Schütz auf dem neuen Flügel spielte, späterhin die alte Beschreibung von Jena. — Notanda. Von Cahla bis Donndorf sind 9 Mühlen, jedes Wehr zu 9 Ellen gerechnet, giebt 81 Fuß Fall, ohne den dazwischen unbenutzten. Gleichfalls sind von der Papiermühle an im Leutrathal 9 Mühlen, welches ebendenselben Fall gäbe.

12. Geschichte meines botanischen Studiums, Supplement der Notizen durch Eichstädt, Rupps Flora Jenensis. Inspector Schütz auf dem Museum. Mit demselben spazieren gefahren gegen Löbstädt. Zu Hause. Bey Ziegesars zu Tische mit von Hoff und Frau, und Frau von Schwarzenfels, Geh. Hofrath Stark und Frau, Seidlers. Zurück nach Hause, sodann zu Succow, von Hoffs, Schweitzer, Geh. Rath Schmidts, Bergrath Voigts. Nach Hause. Thomas Campanella revidirt. In-

spector Schütz, der den Abend bey Frommanns zugebracht hatte.

(Den ganzen Tag Schneegestöber.)

13. Thomas Campanella. Überlegung wegen der Aufnahme von Schülern in die freie Zeichenanstalt. Hofmechanicus Körner, seine Herüberkunft meldend; worauf der Vorschlag geschahe, das paralaktische Rohr und Zubehör in die zweite Etage des Schlosses zu bringen. Expedition wegen der Zeichenanstalt. Mit Nebenstehendem bis Mittag beschäftigt. Expedirt: 1.) wegen Kaufmanns Besoldung, 2.) wegen Vulpius Remuneration, 3.) wegen Annahme der Schüler. a. an Hofrath Meyer. b. an die Lehrer. c. Brief an Hofrath Meyer. d. Brief an Hofrath Jagemann. — Bey Major von Knebel, Doctor Löbel und Major Selasinsky, ingleichen Badeinspector Schütz. Nach Hause. Am Campanella corrigirt. Zu Frommanns, wo Bohns waren.

14. Botanische Confessionen, Geschichte der jenaischen Academie in diesem Fache. Depeschen von Weimar. Mittags für mich. Kam mein Sohn. Unterhaltung mit demselben. Zu Major von Knebel. Abends bey Voigts.

15. Nebenstehende Expeditionen: Serenissimo durch Jagemann, Acten Regie. An v. Voigt Brief. An den Sohn item. An Kräuter Aufträge. Aufträge durch die Boten. — Anstalt zum Trans=

port der astronomischen Instrumente in's Schloß. Hofrath Jagemann, Hofbildhauer Kaufmann, Hofmedicus Rehbein, vier Studenten von Göttingen, Doctor Osann. Mit Rehbein spazieren gefahren. Derselbe zu Tische. Ausführliche Erzählung seiner Reise, Schilderung von Hofwyl. Leibnizens Protogäa. Meyers Entwickelung der Polarität des Malus. Mit Rehbein zu Knebel. Daselbst bis acht Uhr. Für mich Considérations sur la Doctrine et l'Esprit de l'Eglise orthodoxe par Alex. de Stourdza, ein bedeutendes, wohlgeschriebenes Buch, das wundersam in dem Jahre der Reformation erscheint, das von einer Seite den Katholicismus angreift, wo er noch verwundbarer ist, als von der protestantischen Ansicht her. Diese behaupten, sie seyen zur Einfalt der ersten Kirche zurück gekehrt; die Griechen behaupten, sie seyen dabey verblieben, wodurch die Argumente der Katholiken, die Priorität und das Alterthum betreffend, wegfallen.

16. Die astronomischen Instrumente im Schlosse aufgestellt. Überlegung was nächstens zu fördern sey? Botanische Betrachtung. In's Schloß, die angelangten Instrumente zu sehen. Die von Stützerbach angekommenen Gläser wurden ausgepackt. Betrachtung des Bibliothekpfeilers, so wie der obern correspondirenden. Botanisches Museum. Von Münchow und Körner bey den

Instrumenten. In meiner Abwesenheit hatte mich Professor Hand mit dem Neugriechen besucht. Schöne Blumen in Erwiderung des Buchstabenräthsels. Bibliothèque universelle Janvier 1816. Döbereiner, Anleitung zu künstlichen Bädern und Heilwassern. Mittag allein. Nebenverzeichnete Expeditionen im Concept. Bergrath Voigt. Concepte fortgefahren. Rhein und Mayn-Heft 3, mundirt. Abends zu Knebel. Nachts die Sendung von Weimar durchgesehen.

17. Briefe und mannichfaltige Expeditionen. Professor Hand und der Neugrieche auf dem Museum. Zelters Briefe. Für mich allein zu Tische. Bergrath Voigt. Briefe. Professor Güldenapfel. Billete morgen umherzusenden. Jägers Mißbildung der Pflanzen. Bey Major von Knebel. Zweytes Rhein und Mayn-Heft. Sendung von Serenissimo durch einen Boten, österreichische Chromstufen.

18. Anfang des dritten Rhein und Mayn-Hefts zu revidiren. Nebenstehendes vollführt und besorgt: An Doctor Cotta nach Stuttgardt, 3 Bände Aus meinem Leben. An denselben wegen des vierzehenden Bandes. An Sulpiz Boisserée. An Secretair Kräuter. Aufträge und Nürnbergische Rechnung. — Bey Knebel zu Tische. Kam Serenissimus. Wurden die Museen betrachtet. Oberbaudirector Coudray mit mir zu

Hause. Überlegung des neuen Chaussee-Baus nach Weimar zu. Abends bey Serenissimo mit Ziegesar, Stark d. ä., Döbereiner, Voigt. NB. Früh hatte Homburg die neuen Präparate aufgestellt und ich solche mit Renner besehen.

19. Die Geschäfte im Ganzen überdacht. Zu Serenissimo. Geh. Hofrath Stark, Bergrath Voigt. Im botanischen Garten, auf den Heinrichsberg. Halb eilf Uhr fuhren Serenissimus weg. Nach Hause. Papiere und Acten geordnet. Zu Pflug, dessen Meßwaare zu sehen. Zu Madame Bohn. Über Klopstock, Knebel und andere ältere Männer. Nach Hause. Blumenbachs comparirte Anatomie. Für mich gespeist. Bergrath Voigt wegen seiner weimarischen Reise. Vorbereitung zu Färbers Absendung. Zu Knebel, wo ich Münchow fand. Über Bevölkerung nach großen Lücken in den Nationen. Nach Hause. Nebenstehende Expeditionen: Bibliotheksrechnung zur Revision an Kräuter. Kirst, wegen der Einquartierung des Vorder- und Hinterhauses. Färbers Instruction, Brief an den Kammerrath. — Waren die Boten von Weimar angekommen.

20. Bergr. Voigt und Färber fuhren nach Weimar. Ich überdachte sowohl Oberaufsichtliches als Eigenes. Letzteres besonders bezüglich auf Druckschriften. Rechnung der kleinen Ausgaben der VeterinairSchule. R. Amtm Kühn, bezügliches

auf das neu gefertigte Manual. v. Schiller.
Radirung von Castiglione. Dessen Studien und
Examen. Nach Winzerle. Rasenmüller. Zu
Knebel. Cryptogam geholt. Zu Tische allein.
Gegen Löbstedt. Zu BergRäthinn Voigt, zu
Frommanns. Bohns. Kieser. Gries.

21. Arbeitete für mich. Manuscript des 3. Mayn
und Rhein-Heftes an Frommann. Spazieren,
zu Körner, über die Leutra weg, herein zum
Engelgatter. Mittag allein. Den Verfolg botanischer Studien durchgedacht. Abends zu Knebel.
War Färber morgens zurück gekommen, mit be-
sorgtem Auftrag.

22. Betrachtung der Portefeuilles der vergleichenden
Anatomie und Botanik. Die nächsten Einrichtungen sowohl überhaupt, als der Veterinairschule
überdacht. Am botanischen Museum geordnet.
Bey'm Major von Knebel. War Frau von Bode
daselbst. Mittag für mich. Aufsatz zur Morphologie. Abends bey Bergrath Voigt. Serenissimus sandte die galvanischen Batterien. Nach
Tische war Canzlar von Müller gekommen. —
Nach Weimar: Geh. Rath von Voigt, Votum
wegen Kaufmann, verschiedene Geschäftssachen. An
meinen Sohn, Einladung auf den Donnerstag.

23. Schicksal des Manuscr. Zu Renner, Anat.
der Katze. Zu Knebel zu Tische. Mit Ziegesars.
Abends bey Frommanns.

24. Nach Kötschau gefahren, um mit meinem Sohn
zu conferiren. Mittag für mich. Die Fäden
des Geschäfts wieder aufgegriffen. Eléments de
la Grammaire de la Langue Romane par M.
Raynouard. Abends zu Herrn von Knebel. Preß=
freiheit und sonstige Politica des Tages.
25. Nebenbemerkte Expeditionen: Abgesendet. 1.) Mein
Bildniß von Bronze an Canzlar von Müller.
2.) An Bibliothekar Vulpius den Auftrag
zur Bezahlung des Nürnberger alten Atlas. 3.)
An Hofrath Meyer, Rhein und Mayn 2. Heft,
Zeicheninstitut, verschiedenes. 4.) An Kräuter
Aufträge. Sonst expedirt. Alle Papiere geheftet,
dem Rent=Amt 2 Quittungen, eine auf 600 Thlr.,
die andre auf 400 Thlr. autorisirt. Die Hert=
lischen Papier=Rechnungen autorisirt. — Pro=
fessor Fuchs wegen dem zinnernen Sarge. From=
mann um Abschied zu nehmen, der nach Leipzig
ging. Der Grieche Papadopulos nach Weimar
gehend. Überlegung wegen den vorsehenden Druck=
schriften. Mittag für mich. Nach Tische an
vorliegenden Geschäften fortgefahren. Manches
vorbereitet. Zu Major von Knebel.
26. Verfolg des botanischen Lebenslaufs. Neben=
stehende Expeditionen: Staatsminister von
Voigt, alte Kunstdenkmale, Catalogirung der
weimarischen Bibliotheks=Manuscripte. — Ge=
hinderte Spazierfahrt mit Döbereiner. Fahrt nach

Löbstädt. Das wildeste Graupelwetter. Mittag allein. Ordnung in allen Büchern, Papieren und Geschäften. Die zwey Bogen von Morphologie kamen an. Frommann ging nach Leipzig. Überlegung der Zugabe. Schema zu Priorität pp. Durchaus im Zimmer Ordnung gemacht. Abends Sendung von Weimar. Adrian Beiers Schriften über die Handwerker. Nachts starker Schnee. Gegen Morgen englische Bücher von Serenissimo.

27. In Beschäftigungen fortgefahren. Rentamtmann Kühn, das Schema der Rechnung überbringend, die Belege vorweisend. Doctor Pazig, dessen Lebenslauf, gegenwärtige Beschäftigung; über den anwesenden Griechen, Raynouard, Neugriechisch und Altgriechisch. Zwei Studirende, Müller und ....., Mecklenburger, mit dem Antrag zur Vorlesung. Aus der Druckerey Johann, die Revision abholend, über einiges Rechenschaft gebend. Bertholdin Tochter beklagt sich über böse Nach= und Schimpfreden der Philister. Einen Augenblick zu Knebel. Mit Professor Döbereiner spazieren gefahren. Über epoptische und entoptische Farben. Stöchiometrie. Zerlegung der Körper, ja der Metalle in Elemente. Mittag zu Hause. John Hunters Leben von Adams. Entwürfe und Abschriften von naturwissenschaftlichem Hefte. Abends zu Knebels. Franklins Leben. Vorzüge der Engländer, Gewandtheit im

Leben und Sprechen. Sicherheit persönlicher Gegenwart. Fortdauernde Tendenz zum Katholicismus.

28. Bearbeitung nebenstehender Absendung. Nach Weimar: An meinen Sohn den Wolkenboten, manches zur Nachricht und Desiderirtes. An Kräuter gleichfalls Desideria. An Kupferstecher Müller, wegen der Kupferplatte. — Meteore des litterarischen Himmels. Abschrift des Verfolgs zur Metamorphose. Herr Cammerpräsident von Schlotheim, besonders über Fossilien gesprochen. Zu Renner, Demonstration des Pferdegehirns. Nach Hause. Für mich zu Tische. John Hunters Leben, Krankheit und Ende. Früh ward auch geschrieben das zweite Schema von Priorität pp. Expedition fortgesetzt. Mit Schmied Rohrmann wegen des Blasebalgs. Herolds von Marburg Entwickelungsgeschichte der Schmetterlinge. Bey Frommanns, Madame Marezoll, von Bode, Herr von Münchow, Geh. Hofrath Stark.

29. Abschrift·Schicksal der Druckschrift. Brief an Seebeck. Promemoria wegen der Thierarzneyschule und Proclama. Herold von Marburg Schmetterlinge. Spazieren gefahren gegen Burgau. Mittag allein. Caspar Friedrich Wolf. Herold fortgesetzt. Bergrath Lenz angelangte Steinkohlen, und sonstige Briefe. Zu Knebel,

woselbst Hofrath Luden. Mit Franklins Leben und Charakter. Nach Hause. Zu Ziegesar, Geh. Hofrath Stark, Hofrath Schweitzer. Kunst und Alterthum 3. Heft 1. Bogen Revision. Überhaupt Betrachtung über die verschiedenen typographischen Grundsätze.

30. Vorarbeiten der Veterinair=Schule. Von Schiller. Zu Knebel, dort gespeist. Serenissimus kamen um 3 Uhr. Zu Tafel, waren die zwei Ziegesars, von Münchow, Voigt d. j. und Döbereiner. Nachher mit Coudray einen kleinen Gang. Bey Serenissimo kamen die mittägigen Professoren wieder. Galvanischer Glasapparat. Abends zu Tafel. Unterhaltung, meteorologische, botanische, chemische. Nachts Napoleons Confession.

Mai.

1. Früh zu Serenissimo. Derselbe mit Coudray nach Zwätzen. Napoleons Confession. Spazieren, zum Hofagent Weber. Zu Knebel. Gegen 3 Uhr zu Tafel. Die hintern Museen besehen. Mit Coudray und Voigt spazieren. Die Knospen der Castanienbäume waren aufgebrochen. Die hydraulischen Versuche durch Hofrath Voigt. Abends die Meyerische Theorie und Spiegelgeschichte von Malus. Abendessen, Döbereiner, die beiden Voigt, Lenz, welcher vorher die neuesten Mineralien vorgezeigt hatte.

2. Im botanischen Garten. Graf und Gräfinn Eb=
ling. Spazieren. Die Damen und Gefolg. Die
Museen besehn. Tafel. Das sämmtliche Ober=
apel.Gericht. Bey Ziegesars. Abfahrt. Abends
Colloquium.
3. Zu Serenissimo. Fuhr derselbe ab. Zu Knebel.
Mittag für mich. Magisches Werck. Nach Dra=
ckendorf. Sendung von Weimar. Diplom von
Brünn. v. Pflug Gonsalvo von Cordova.
4. Das Vorliegende weiter geführt. Während selt=
samer Wolkenerscheinung nach Löbstädt. Mit
Schiller bey Knebel zu Mittag. Abends bey
Frommanns.
5. Geschichte der Metamorphose der Pflanzen revibirt.
Revisionsbogen 4 zu derselbigen. Revisionsbogen
von Rhein und Mayn=Heft III. Die Phoca
für Renner angeschafft. Bey den Thieren im
Bären. Im botanischen Garten. Bey Rennern.
Bey Bohns. Mittag allein. Färber war zurück=
gekehrt. Nachricht von der gefährlichen Gesund=
heitslage des Staatsministers von Voigt. Zu
Knebel, wo sich die Ziegesarische Familie fand.
Spazieren gefahren gegen Wöllnitz. Zu Knebel
zurück, Abends daselbst geblieben.
6. Revision des vierten Bogens Morphologie, des
zweiten Rhein und Mayn. Manuscript zum
folgenden Morphologischen. Zu Renner, Section
der Phoca. Im botanischen Garten. Entoptische

Versuche. Zu Wesselhöft, Manuscripte übergeben.
Zu Münchow. Neueste Academica. Nach Hause.
Im Heimschen Cabinet einiges geordnet. Allein
gespeist. Brief an August durch Schiller. Be=
merkungen über C. F. Wolf. Knebels fuhren
in meinem Wagen spazieren. War ich Abends
daselbst. Nach Tische Einleitung zu Ruckstuhl. —
An Doctor Seebeck nach Nürnberg. Der
Rothmantel mit einigen Bestellungen an Kräu=
ter. Autorisirte Quittungen an Vulpius.
Zwey Rahmen an Hofrath Meyer. Alles
unter meiner Adresse abgesendet.

7. Früh Betrachtung über C. F. Wolf. Dessen
Abhandlung durch Meckel übersetzt. Auf das
Weinbergshäuschen. Im botanischen Garten.
Entoptische Versuche im Freien. Mittag für
mich. Spazieren gefahren. Zu Knebel. Zu
Hofrath Voigt. Kam der Großherzog. Den
Abend zugebracht, waren gegenwärtig Münchow,
Voigt d. j., Döbereiner, Stark d. j., Lindenau.

8. Weniges zur Morphologie. Bey Serenissimo.
Kam Rehbein und Stell. Mit ersterem zu Ren=
ner, im botanischen Garten. Spazieren gefahren.
Zu Tafel. Serenissimus nach Dornburg. Zu
Knebel. Abends Ständchen mit Fackeln.

9. Priorität pp. Der Großherzog in Zwätzen. Kam
die Hoheit, wir gingen nach Griesbachs Garten.
In's Schloß, daselbst gespeist. Nach Tafel die

Herrschaften auf den Napoleonsberg. Zu Knebel. In botanischen Garten. Mit Serenissimo. Obrist Lynker, dann Renner und von Schröder. Abends mit Lynker bei Serenissimo.

10. In den botanischen Garten. Zu Serenissimo. Thierarzneyschule. Zu Knebel. Im Schloßgärt= chen. Zu Tafel. Serenissimus fuhren ab. Zu Wilhelmi. Zu Hause. Zu Knebel.

11. Zeitig im botanischen Garten. Mit Voigt Unter= haltung über Academica, auch über den Unterricht der Prinzessinnen. Spazieren gefahren gegen Burgau. Zu Hause einiges geordnet. Bey den Prinzessinnen zu Tafel. Mit Mademoiselle Mar= tin spazieren gefahren den morgendlichen Weg. Gewitterregen. Zu Knebels. Daselbst zu Nachts.

12. Vorwort zur zweiten Abtheilung. Der Zimmer= mann wegen der Sternwarte. Geh. Legations= rath Conta. Geh. Cammerrath Stichling. Kam Madame Schopenhauer zu Frommanns. Mittag für mich. Die Staats=Canzley=Acten gelesen. Nach Tische zu Frommanns. Abends zu Knebel, über Morphologie und was dem anhängig. — An Herrn Cammerherrn von Preen nach Rostock.

13. Bekanntschaft mit Schiller bey Gelegenheit der Batschischen Gesellschaft. Bey Münchow, fuhr mit demselben spazieren, kam Hofrath Meyer. Mittags bey den jungen Herrschaften. Abends bey Bohns.

14. Mit Hofrath Meyer verschiedenes unsere Anstalt und den Hof betreffend. Kantischer Einfluß auf meine Denkweise und Studien. Andere Vorbereitung zu Geschäfts= und Drucksachen. Bey Knebels zu Mittag, Madame Schopenhauer, Hand, Meyer, kam späterhin Canzlar von Müller. Nachts Zeitung. Voigts neues Werk.

15. Brief an Esenbeck. Kam mein Sohn, Unterhaltung mit demselben. Eine Spazierfahrt gegen Winzerla. Große Hitze. Mittags zusammen, war das Gewitter nach Tische. Baudirector Coudray zeigte den neuen Plan zur Umgehung der Schnecke. Nach Abreise meines Sohns zu Knebel, Canzlar von Müller, Gräfin Egloffstein, Gräfin Beust. Blieb nach deren Entfernung bis Nachts.

16. Früh nebenstehende Expedienda. Abgesendet: Büttnersche Botanik zur Bibliothek. Erstes und zweites Heft Rhein und Mayn an Ruckstuhl. Serenissimo, Löbensteins Übersetzung von Löbels medicinischem Weingebrauch, Hundeshagen Brief. Canzlar von Müller, Manuscript von St. Helena, Vorstellung der Ziegenhayner. Staatsminister von Voigt, Nachricht vom magischen Manuscript. — Kam Kaiserl. Hoheit, um 12 Uhr fuhr sie fort. Bey den Prinzessinnen gespeist. Nach Tafel Unterhaltung mit ihnen. Herein. Nebenstehende Expedition vollendet. Baron von Stryk und Rehbein. Abends bey Frommanns.

17. Mit dem Frühsten die Stammbuchsblätter. Die nothwendigsten Expeditionen und Anordnungen durchgedacht. Bücher versendet. Briefe mundirt, gesiegelt. Ordnung eingeleitet. Rhein und Mayn, 3 Bog. Rev. Bey den Prinzessen. Zu Hause fortgefahren. Die Egloffsteinischen Stammbücher. Ging ich zu Knebel, von Münchow und Luden daselbst. Rentamtmann Kühn. Nachts Sendung von Weimar.

18. Früh nach Weimar. Im Hause einiges abgethan. Zum Großherzog. Die Blumengemälde gesehen. Elginische Marmore. Zur Großherzogin. Mecklenburgische Familie. Nach Belvedere. Die sämmtlichen Häuser. Neu aufgegangener fremder Saamen. Mittag Fräulein Ottilie. Im Garten. Dr. Rehbein, welcher zu Abend blieb. August später von der großen Cour.

19. Geordnet, besprochen, expedirt. Conta, Genast. Bey Frau von Stein. Bey Staatsminister von Voigt. Mittag Ottilie, Meyer, Rehbein. Nach Tische Geh. Hofrath Kirms. Sendung von Serenissimo. Noch manches arrangirt und verordnet. Zu dem Seelöwen auf das Stadthaus. Nach Jena. Unterwegs die zurückkehrenden Herrschaften. Erste Einrichtung. Entoptische Farben, Gedicht.

20. Entoptische Farben, Räthsel an Julien. Nebenstehende Expeditionen: Canzleirath Vogel.

Italiänische Reise 1. Band. Quittung. Englischer Schmirgel. Assignation von 100 Thlr. an Felix. Avisbrief an Frege. Bestellung an meinen Sohn und Kräuter. — Abschrift der Bemerkungen zu Wolsen. Herr von Schütz von Ziebingen. Bestellung des Rahmens zur großen Bergkarte. Spazieren, erst gefahren und dann gegangen. Zu Harras. Mittag für mich. Nach Tische die Ebenda bearbeitet. Elgin Marbles. Entdeckung über Darstellung zusammen sehender Freundinnen durch bildende Kunst. Auf dem Cabinet, Stunde der Prinzessinnen. Zu Hause. Elgin Marbles fortgesetzt. Prismenphänomene durch Werneburg. Zu Frommanns, von Schütz und Wesselhöfts.

21. Die Prinzessinnen fuhren nach Weimar. Welckers Sappho. Elgin Marbles. Die anatomischen Zeichnungen unter Glas. Die angekommenen Knochen ausgepackt. Mittag für mich. Von Weimar Fourage holen lassen. Spazieren. Bey Knebel, welcher Nachricht von der Ankunft seines Sohnes in Langensalza erhalten hatte.

22. Sappho von Prof. Welcker. Bekanntschaft mit Schiller, bey Gelegenheit der Metamorphose. Vorher im botanischen Garten und nach Hochhausens zu, am schönsten Morgen. Bote von Weimar, den Courset überbringend, auch Wein für Knebel. Zu denen Prinzessinnen zu Tafel, wo auch die

Mecklenburgischen Kinder waren. Nach Hause.
Eingefallenes Regenwetter. Bergrath Voigt über
seine neue Druckschrift. Manches Interessante,
auf Naturwissenschaft, Naturphilosophie und lite=
rarisches Leben sich Beziehendes. Magisches Werk
vom Buchbinder zurück. Schöner Kupferstich nach
Teniers. Orographisch=hydrographische Karte.
Vorbereitung auf eine Sendung nach Weimar.
Abends und Nachts Botaniste Cultivateur. —
Serenissimo Nachricht von der Ankunft des
Gesendeten.

23. Aufsätze über verschiedenes von Serenissimo Ein=
gesendetes, Concepte und Abschrift. Im bota=
nischen Garten die Leguminosen betrachtet. Mit
Bergrath Voigt wegen der Gartenwohnung. Spa=
zieren. Mittags für mich. Zu Knebel, orogra=
phisch=hydrograpische Karte vorgewiesen. Doctor
Schlegel von Ilmenau, der in Meiningsche Dienste
geht. Bey Frommanns, Director Müller von
Züllichau, welcher frühmorgens mit Frommann
bey mir gewesen, wozu Renner kam. Geschichte
des Duells zwischen Denhof und Saldern. —
Serenissimo: Elgin Marbles. Botaniste Cultivateur. Orographisch=hydrographische Karte.
Spitzmaus.

24. Briefliches, auch Wissenschaftliches. Im botani=
schen Garten mit Bergrath Voigt. Zu Hause
die Arbeit fortgesetzt. Spazieren gefahren nach

Burgau. Mittag für mich. Nach Tische Daniel
Eremita. Bey den Prinzessinnen auf dem Cabi=
net. Spazieren. Zu Knebel. Um 10 Uhr kam
der Sohn und Weller.

25. Über allgemeine Naturlehre. Neue Bedingung
entoptischer Farben. Einfacher Spiegel und dop=
pelte Spiegelung. Bey Döbereiner im Labora=
torium. Versuche mit dem Stahlspiegel. Auf
dem Museum, große Karte. Mit Lenz über die
Lage der mineralogischen Societät. Zu Bohns.
Zu Knebels. Von Münchow, Demois. Krakow
und Carl. Spazieren gefahren mit Knebel nach
Göschwitz. Abends daselbst. Der Lieutenant er=
zählte von ihren preußischen Militärverhältnissen.
Nachts mit Beschwerlichkeit zu Fuße herein, we=
gen eines Übels am linken Fuße.

26. Zu Hause. Vorbereitung in Garten zu ziehen.
Verschiedenes zu dem naturwissenschaftlichen Hefte.
Die zwei ersten Bogen arrangirt. An From=
mann eine Sendung geschlossen. Kam Doctor
Rehbein zufällig. Mittel gegen Geschwulst des
Fußes. Mittag für mich. Farbenlehre. Reh=
bein. Abends Bergrath Voigt. Paralipomena.
Aufschub der Ankunft Serenissimi.

27. Vorarbeit zu den Absendungen. Herr Doctor
Rehbein. Herr Frommann. Briefe und Betrach=
tungen. Herr Prof. Kieser. Zu Tische für mich.
Meine Farbenlehre. Critik der Urtheilskraft.

Fortgesetzte Expeditionen. Hofmedicus Rehbein, über mancherley Verhältnisse. Critik der Urtheils=
kraft. Überlegung der nächsten Relationen. Doc=
tor Rehbein abermals. Briefconcepte dictirt. Cri=
tik der teleologischen Urtheilskraft vom 71. § an.
Bergrath Voigt, dritter Abschnitt seines neuen
Werks, vom 31. § an; mit demselben mehrere
Punkte dieser Materie durchgesprochen. Für mich
diese Lecture fortgesetzt. — Nebenstehendes ein=
gepackt und fortgeschickt: Sulpiz Boisserée.
Zwei Exemplare zweites Heft. Doctor Cotta.
Den Mann von funfzig Jahren für den Damen=
kalender. Gräfin Julie und Lina von
Egloffstein. Zwei Stammbücher. Biblio=
theks=Diener Sachse. Wegen Kräuters
Quartier.

28. Früh das naturwissenschaftliche Heft überlegt.
Vorbereitung zu dem Auszug. Mittag für mich.
Nach Tische in den Garten gezogen. Briefe an
Zelter und Rochlitz. Hofrath Voigt und Frau.
Hofrath Stark. Italiänische Reise vorgenommen.

29. Briefe abgeschrieben. Italiänische Reise betrach=
tet. Erwartung Serenissimi. Desselben spätere
Ankunft. Gespeist im botanischen Garten.
Wissenschaftliche, besonders botanische Unterhal=
tung. In den Garten. Kamen die Fürstlichen
Kinder, auch die Mecklenburgischen, verweilten im
Garten. Halb sechs Uhr fuhr alles ab. Sere=

nissimi Vorsorge für die Schnürstrümpfe. Rehbein und Hofrath Voigt waren zu Tafel und sonst gegenwärtig, Geheime Hofrath Stark später. Hofrath Lüders. Nachher Hofrath Voigt und Präsident von Ziegesar. Probedrücke der drey verschiedenen Titel aus der Druckerey. Überlegung die Lücken, die sich noch finden, auszufüllen.

30. Am geologischen Theil gearbeitet. Critik der Urtheilskraft. Geh. Hofrath Stark wegen des Strumpfes. Im Garten entoptische Versuche fortgesetzt. Kamen die Herrschaften, speiste mit ihnen im Schloß. Nach Tafel bald nach Hause, brachte der Johann aus der Buchdruckerey die Fahnen des Carlsbader Aufsatzes. Professor Renner und Kieser, Herr Frommann, mein Sohn, welcher bis 10 Uhr blieb, dann nach Weimar ritt.

31. Fortgesetzte Briefabschriften und deren vorbereitete Expedition. Fernere Bearbeitung der eingeschalteten Stellen in das currente Heft. Mittag bey den Prinzessinnen zur Tafel. Zu Hause, fortgesetzte Expedition. Buch Kabus; Sowerby, Elucidation. Zu Major von Knebel, Professor von Münchow angetroffen, über die Elginischen Marmore. Die Karten zur Rückkehr der Zehentausend. Zu Frommanns. Nachts Buch Kabus. Kam von Weimar verschiedenes an.

Juni.

1. Abschrift von Briefen. Nebenstehende Expeditionen vollführt: Professor Zelter nach Berlin. Hofrath Rochlitz nach Leipzig mit Ruckstuhls Aufsatz, Inhalts wegen der Nazarener. Frau Major von Kalb nach Homburg, zurückgesendetes Drama. Rath Schlosser, Varia das Zusatzcapital betreffend. Briefe an Lieutenant von Kalb nach Kalbsrieth. — Vollendung des sechsten Bogens entoptischer Versuche. Döbereiner. Chladnische mit Stahlplatten. Major von Knebel und Sohn. Spazieren gefahren gegen Winzerla. Mittag für mich. Morgenblatt. Equisetum (fluviatile?) ein Exemplar eingepackt, an Serenissimum mit der zurückkehrenden Droschke geschickt. Eichmann, Billet demselben an Prof. Hand. Expedition geschlossen und abgeschickt mit der fahrenden Post. Zu Major von Knebel. Um acht Uhr zu Hause. Golownin, Gefangenschaft bei den Japanern, bis zur Hälfte. Fortgesetzte Versuche mit den entoptischen Farben. Annäherung an die Entdeckung.

2. Fortgesetzte Lectüre der Gefangenschaft des Golownin. Vollendete Entdeckung der entoptischen Farben. Perspectivische Zeichnungen. Hofrath Voigt. Mit Knebel spazieren gefahren nach Löbstädt. Bey demselben zu Tische. Über englische

Journalurtheile und sonst. Demoiselle Lorsbach.
Zu Körner wegen des Cubus. Nach Hause.
Golownin Gefangenschaft. Byron recensirt, Quarterly Review No. XXXI February 1817, pag. 172.

3. Vollführung der entoptischen Farbenentdeckung. Durchführung durch einzelne Fälle. Erster Bogen allgemeine Naturwissenschaft, Fahnen der Doppelspatserscheinung. Zeichnung der Tafel zum ersten Stück. Spazieren gefahren gegen Burgau. Mittag für mich. Nach Tische fortgesetzte frühmorgendliche Beschäftigung bis Abends. Zu Hofrath Voigt, Frommanns und andere. Hademann, Prof. von Bern, Redacteur der Aarauer Zeitung. Nachts Byrons Recension.

4. Entoptische Farbenentwickelung, versuchsweise und schriftlich. Kupferstecher Heß, demselben die Zeichnung zur Platte übergeben. Haide und Graff, welche Malcolmi herübergeleitet hatten. Hofmechanikus Körner, versuchter Cubus in Hoffnung entoptischer Farbe. Aufsatz über diese Farben fortgesetzt. Mittag zu Knebel, Demois. Martin, Krakow und Schwester. Früh war noch Hofrath Luden da gewesen. Nach Tische Frau Major von Knebel und Gesellschaft nach Lobeda. Unterhaltung über das schalkische Betragen der Genserinnen. Nach Hause. Die physikalischen Arbeiten, Reichards Schweizer Reise, englische Anekdoten.

5. Correctur Carlsbader Gebirge, erster Bogen.
Doppelspat und entoptische Erscheinungen genau
betrachtet. Serenissimi Ankunft angemeldet. Mal=
colmi besuchte mich. Heß brachte die Zeichnung
zur Tafel. Nebenstehende Expeditionen: Sere=
nissimo die Morphologie. Staatsminister
von Voigt, Veränderung des Quartiers, Dank
für die Ehren=Prädikate. Meinem Sohn, Kauf=
männisches Geschäft. — Methode der Darstellung
entoptischer Elemente nochmals durchgedacht. Auf=
geräumt. Kam Serenissimus. Unterhaltung im
Garten. Speisten auf dem Zimmer. Zugleich
Präsident von Ziegesar, Obrist von Lynker und
Hofrath Voigt. Geschichte der Familie Egloff=
stein und anderes. Im Garten. Kamen die
Prinzessinnen, ritt der Großherzog nach Dracken=
dorf. Nachtrag und Abschluß des Bogens der
allgemeinen Naturlehre. Zu Frommanns, Prof.
Hand und Frau. Zu Serenissimo die Mittags=
gäste und Martin. Nachts englische Anekdoten
gelesen.

6. Abermalige Abschrift des Aufsatzes über entopti=
sche Farben. Versuche darauf bezüglich. In=
gleichen mit dem Doppelspat. Die Reise nach
Hamburg, ein Roman von Carl Stein.
Bancroft on Permanent Colours. Geschichte der
Färberey. Gegen Löbstädt gefahren. Zu Tafel
bey den Prinzessinnen. Hofrath Huschke von

Weimar. Nach Hause. Briefe von Weimar,
Aufträge Serenissimi. Zu Geh. Hofrath Voigt,
die Prinzessinnen daselbst und Knebel. Mit ihm
nach Hause, zu Tisch die Krakows. Nach Hause,
fortgesetzte Lecture von heute früh.

7. Früh aufgestanden, Fachinger Wasser im Garten
getrunken. Fortgearbeitet zu den Heften. Ent=
optische Abschrift in die Druckerey. Körners Ab=
sendung nach Weimar. Die Meubles meines
Sohnes gleichfalls hinüber sowie den Kübel mit
dem Equisetum. Gegen Winzerla spazieren ge=
fahren, vorher im alten Quartier einiges gesucht
und geordnet. Mittag für mich. Bancroft on
Permanent Colours. Reichard Schweizer Reise
und Kriegsbeschreibung. Nebenstehende Expedi=
tionen durch Körner: Serenissimo, den Brief
des Palatinus zurück, vermißte botanische Papiere,
Equisetum eburneum gesendet. Hofrath Meyer,
neuste Kunstbewegungen, Werke des Spix. An
meinen Sohn, Ankunft gemeldet. — Zu Knebel,
wo die Krakows waren. Von Esenbeck Pilze vor=
gewiesen, allerley Dispute, Knebels Verdruß, über
die Fayanceteller mit römischen, republikanischen
Geschichten. Göttinger Zeitungen und anderes
angelangt. Kam Kräuter und blieb die Nacht.

8. Gleich frühe bey heiterm Himmel entoptische Ver=
suche im Freien. Berichtigtes Gewahrwerden.
Die Fahnen aus der Druckerey geholt. Den

Schluß nach der neusten Ansicht umgeschrieben. Bergräthin Voigt im Garten mit dem Kinde. Wagen angeboten nach der Triesnitz. Der Himmel umwölkt sich. Fernere Bearbeitung der neusten entoptischen Ansicht. Staatsrath Hufeland sendet seine Erläuterungen zum animalischen Magnetismus. Die Flore Medicale ist angekommen. Kieser, Voigt d. j., Demoiselle Martin. Brief von Berlin wegen John copirt. Mit Kräuter zu Mittag gegessen. Über die Starkisch-Schwabischen Händel gesprochen. Nach Tische umgearbeitetes Supplement zur Druckschrift. Einige Verordnungen, morgen zu expediren.

9. Wasser getrunken. Spiegelungsversuche im Freien wiederholt. Die ferneren Arbeiten zu Naturwissenschaft und Morphologie schematisirt. Hufelands Erläuterung, sein Glaubensbekenntniß über den animalischen Magnetismus enthaltend. Expedition an Fuchs und Kühn. Botanica. Mit Kräuter gegessen. Seebeck über entoptische Farben gelesen. Vor Tische noch auf dem Cabinet, neu Angekommenes betrachtet, auch die große orographische Karte. Gegen Abend Coudray. Mit demselben zu Knebel, wo ich Münchow, und Geh. Rath Schmidt fand. Mit Coudray zurück, der mit zu Nacht speiste.

10. Fachinger Wasser getrunken, früh im Garten. Über Fiction und Wissenschaft gedacht. Das Un-

heil, das sie stiften, kommt bloß aus dem Bedürfniß der reflectirenden Urtheilskraft her, die sich irgend ein Bild zu ihrem Gebrauch erschafft, dieses aber nachher als wahr und gegenständlich constituirt, wodurch denn das, was eine Zeitlang hülfreich war, im Fortschritt schädlich und hinderlich wird. Mittag bey den Prinzessinnen gespeist. Prinzessin Maria im Garten mit der Frau Oberhofmeisterin, botanische Lection. Abends nach Weimar, 8½ Uhr dort eingetroffen. War Hofball.

11. Verschiedene Geschäfte abgethan. Um 9 Uhr zu Serenissimo in's römische Haus, wo viel Personen waren. Neuer Weg-Bau die Schnecke zu umgehen. Durch die unteren Parkwege, bis an den Stern, nach Hause. Zu Geh. Rath von Voigt, dessen Stiefsohn Osann abreiste. Mittag Fräulein Ottilie, Rehbein, und Hofrath Meyer. Mit letzterem und meinem Sohn mancherley nach Tische besprochen. Gegen 6 Uhr abgefahren. Was an Menken zu erlassen wäre, durchgedacht. Um 9 Uhr in Jena angekommen.

12. Im Garten mineralisch Wasser getrunken. Mit Bergrath Voigt über verschiedene Pflanzen-Familien. Kiesers Archiv für den thierischen Magnetismus. Das Königreich Kabul. Doctor Weller. Letzter Revisionsbogen in die Druckerey. Mittag für mich. Das Königreich Kabul. Ausgabe

meiner kleinen Gedichte durchgesehen. Farben=
lehre. Zu Knebel, wo Prinzeß Maria und Um=
gebung war. Abends zu Frommanns, Regie=
rungsrath von Naumburg.

13. Abschrift der Eheberedung. Überlegung des zweiten
naturwissenschaftlichen Heftes. Menkens Fabel=
bilder. Bertram, englische Tragödie. Professor
Renner und Buchhändler aus England.
Hofrath Müllner und Regisseur Oels. Bey den
Prinzessinnen gespeist. Hofrath Voigt nach Tafel.
Gedachter Gesellschaft nach Ziegenhayn und auf
den Fuchsthurm gefolgt. Verweilt vor dem Gast=
hofe. Zu Fuße nach Hause, mit Voigt und
Weller. Bertram. Übersetzte Scene.

14. Bertram. Übersetzung, Abschrift. Menken Fabel
Bilder. Überhaupt Casti. Mittag für mich.
Färber bösen Fuß. Nachdenken über das Nächste.
Vorbereitung. Zu Knebel. V. Münchow und
Luden. Staatswiss. Heft von Fries.

15. Gestriges durchcorrigirt. Berberis=Strauchs
Verstäubung. Abschriften durch Färber. Besuche
von Döbereiner, Voigt, Frommann und Körner.
Verhandlung mit Johann aus der Druckerey,
auch mit Frommann durchgesprochen, was zu=
nächst zum Druck zu befördern. Eichmann brachte
sich in Erinnerung. Mittag für mich. Revi=
sionen abgethan. Wagners Äginetische Bild=
werke. Spazieren gefahren gegen Winzerla. Zu=

rück. Zu Frommann. Wesselhöft. Bohns. Nachher Grieß. Zu Knebel. Erzählungen vom Neapolitanischen Aufenthalt.

16. Alles möglichst geordnet und nach Weimar abgefahren. Angelangt. Über die nächsten Einrichtungen und Ereignisse. Auf die Bibliothek wegen der Heilsberger Inschrift und den Alterthümern. Frau von Schiller begegnet. Mit August zu Tische. Mancherley vorbereitet. Kam Hofrath Meyer und Oberbaudirector Coudray, welche beyde Abends blieben. Angekommen waren Peter Pindars Works, die neusten Sachen von Byron, ingl. des 5ten Bandes 1. Stück der Fundgruben. Abends mit Meyer und Coudray Zeichnungen und Kupfer besehen.

17. Einiges angeordnet. Im Garten Fachinger Wasser getrunken und alles durchgedacht. Ober-Aufsichtliches expedirt. Um 11 Uhr zur Großherzogin, um 12 Uhr zur Hoheit. Nach Hause. Die entoptischen Gläser aufgefunden. Bestätigte sich das Grundgesetz bey ganz klarem Himmel. Um Mittag war der indirecte Widerschein fast ganz aufgehoben und die Figur entweder rein weiß oder schwankend. Mittag mit August. Papiere durchgesehen. Ältere Abhandlungen aufgesucht. Mtenkens Fabelbilder an Hofrath Meyer. Abends 7 Uhr Trauung, Gesellschaft, Abendessen.

1817. Juni.

18. Die jungen Leutchen abgereist. Briefe: Paquet an Geheimen Bergrath von Witzleben zu Halle (mit Cölestin und 2. Rhein und Mayn-Heft). Brief an Dr. S. Boisserée nach Heidelberg. Brief an Director Schadow nach Berlin. Brief an Banquier Ulmann (mit Anweisung, dem Maler Steiner in Winterthur 12 Ducaten auszuzahlen.) — Verschiedene Bücher und Schriften versammelt, um nach Jena zu nehmen. Hofmarschall von Spiegel. Völkel, welcher die Dosen von der Hoheit brachte. Genast. Eberweins nach Hannover gehend. Canzlar von Müller. Hofmedicus Rehbein zu Tische. Genast. Geh. Hofrath Kirms. Nachrichten von der Allstädter Stuterey und Pferdezucht überhaupt. Hofrath Meyer. Mit letzterem vorliegende Geschäfte. Um 6 Uhr mit Kräuter nach Jena. Klarer Himmel. Entoptische Versuche. Zu Knebel. Mit Weller über die Saale gesetzt und auf dem jenseitigen Ufer Illumination, Transparent und übrige Feyerlichkeit beschaut. Über die Brücke, an den Tischen hin, nach Hause.

19. Entoptische Versuche wiederholt. Fachinger Wasser im Garten. Nebenstehende Expeditionen: Promemoria an Coudray wegen Kaufmann. Hofmechanikus Körner Convex-Spiegel und kleine Platten. Döbereiner lignum nephriticum. Renner Fundgruben des Orients. Brief an

Rehbein wegen Carlsbad. Brief an Müller, Kupfer-Abdrücke. — Neapolitanischer Aufenthalt vom 28. Februar an. Hofrath Voigt wegen Facultäts-Angelegenheiten. Ottenh mit dem Dorl. Kam Staatsminister von Voigt an. Vorbereitung zur morgenden Absendung nach Weimar. Mittag bey Knebels. Dlle Schorcht gegenwärtig. Elphinstones Reise durchgegangen nebst der Karte. Halb 4 Uhr nach Hause. Die entoptischen Versuche wiederholt. Neapolitanischer Aufenthalt. Vorbereitung auf morgen. Das Königreich Kabul. Galiani über die Frauen. Manuscript an Wesselhöft.

20. Neapolitanische Reise. Briefe und Expeditionen. Nach Weimar: 1.) Rolle an Menken mit den Fabelbildern. 2.) Brief an Boisserée, ein paar Aushängebogen. 3.) Verschiedene Anfragen und Aufträge. — Körner verunglückte Versuche das Flintglas entoptisch zu machen. Manuscript in die Buchdruckerey. Den Umschlag zur Morphologie aus selbiger erhalten. Hofrath Voigt wegen seiner Angelegenheit. Billet von Eichstädt. Närrische Anfrage von Nismes; Antwort. Bertram wenige Verse. Sendung nach Weimar vollendet. Bestellungen nach London angefangen. Mittag zu zwey. Ankunft des indischen eßbaren Vogelnestes. Fortgesetzte entoptische Versuche. Färber und Renner nach Weimar. Hofrath Voigt und

seine Frau; blieben zu Tische. Nach 12 Uhr
zu Bette.
21. Neapolitanischer Aufenthalt. Entoptische Ver=
suche. Fachinger Wasser im Garten getrunken.
Weitere Beförderung der Drucksachen. Hofrath
Voigt. Nachricht über die eßbaren indianischen
Vogelnester. Zur Italiänischen Reise dictirt.
Kräuter die Reise und Aufenthalt in Sicilien
revidirt. Mittag zu zwey. Elphinstone König=
reich Kabul. Stadelmann Acten geheftet. Die
Prinzessinnen zurück. Hofrath Schweitzer aus
Carlsbad zurück. Abends mit Knebel gegen
Winzerle gefahren, bey ihm zu Tisch. Halbzehn
Uhr nach Hause zurück. Die Johannisfeuer ge=
sehen. Angekommene Weimarische Sendung.
Entoptische Versuche bey Nacht.
22. Vor Sonnen=Aufgang und bey halb sichtbarer
Scheibe entoptische Versuche gemacht. Fachinger
Wasser im Garten. Manuscript revidirt, Sici=
lianischen Aufenthalt, so wie den ersten Correctur=
bogen vom 2. Theile meiner Italiänischen Reise,
ingleichen den Umschlag zu meinem ersten natur=
historischen Heft corrigirt und alles dreyes in die
Druckerey geschickt. Carlsbader Badeliste und
Sartori's Taschenbuch für Carlsbad von Hofrath
Schweitzer geschickt erhalten. Mittag bey den
Prinzessinnen zu Tafel. Großes Gewitter. Um
5 Uhr mit Major von Knebel nach Drackendorf,

wo die ganze Familie beyſammen war, daſelbſt
bis nach achten. Um halb 10 zu Hauſe, mancher=
ley auf morgen vorbereitet.

23. Entoptiſche Verſuche. Fachinger Waſſer. Nach=
richt, daß auf der Raſenmühle ein Lachs 13 ℔
ſchwer. Erkaufung deſſelben. Section deſſelben
durch Schröter. Eingeweide, Floßfeder und Kopf
zu einem Präparate ſorgfältig aus= und abgelöſt.
Die Hälfte des Ganzen in die Küche der Prin=
zeſſinnen gegeben. Eine Portion von meinem
Theil Knebeln, eine Hofrath Voigts und die
dritte meinen Kindern mit einem Brief ge=
ſendet. Brief an Geheimerath von Voigt. Den
2. Reviſionsbogen der Italiäniſchen Reiſe in die
Druckerey. Sicilianiſcher Aufenthalt in Manu=
ſcript mit Aufmerkſamkeit revidirt. Von Münchow,
Roux und Schweitzer. Aufträge nach England
mundirt, dazu Brief an Canzleyrath Vogel.
Mittag zu zwey. Arbeiten und Betrachtungen
fortgeſetzt. Peter Pindar. Um 5 Uhr Major
von Knebel, mit demſelben auf die Hügelhöfe,
ſodann zurück. In deſſen Garten. Von 9 Uhr
Abends zu Hauſe. Peter Pindar. Die Reviſion
des Manuſcripts vom Sicilianiſchen Aufenthalt
und Rückkehr nach Neapel vollendet.

24. Peter Pindar. Verlorner Bogen aus Volney's
Reiſe. Waſſer im Garten getrunken. Butomus
umbellatus. Hofrath Voigt. Aus der Druckerey

200 Exemplare, Böhmische Gebirge betreffend.
Hofrath Voigt mit . . . .
Bey Knebel zu Tische, wo Frau und Fräulein
von Schiller waren. Rückkehr von Sicilien nach
Neapel berichtigt. 2. und 3. Correcturbogen von
der Italiänischen Reise. Nebenstehende Sendung
nach Weimar gepackt: Brief an Canzleyrath
Vogel englische Bestellung. Brief an Staats=
minister von Voigt. Paquet an Pfeil=
schifter mit Merkels Freymüthigem und 1 Stück
Mode=Journal. Brief an Herrn Hofrath
Meyer. Brief an den Herrn Cammer=Rath
selbst, alles dieß zusammen in ein Paquet an
den Herrn Cammer=Rath durch die Wenzeln.
Ein flaches Kistchen an Hofrath Rochlitz nach
Leipzig (durch Frau Hofräthin von Schiller nach
Weimar zu weiterer Spedition mitgenommen). —
Bey Frommanns. Abends Volney's Reise nach
Syrien.

25. Die gestern angekommenen Correcturbogen revi=
dirt und berichtigt. Brief an Rochlitz. Geil=
nauer Wasser getrunken. Dr. Roux; Stative zu
den entoptischen Versuchen im Garten aufgestellt.
Um 12 Mittag zu Hofrath Voigt und Familie,
gegen 1 Uhr bey den Prinzessinnen. Der Schluß
des Mährchens. Um 3 Uhr zurück. Im Garten.
Mit Voigt über allgemein naturwissenschaftliche
und besonders academische Verhältnisse. Frau

Hofrath Schopenhauer. Lücken in der Sicilianischen Reise ausgefüllt. Abends zu Frommanns. Hoeräthin Schopenhauer und von Gerstenbergk. Professor von Münchow, jene fuhren ab. Spazieren. Einen Augenblick zu Knebels. Zurück. Sendung von Weimar. Nachricht, daß die Kinder nicht kommen. Briefe von denselben. Ferner Briefe von Cramer, Nees von Esenbeck, Ruckstuhl, Meyer, Vulpius, Stümmel.

26. Egerwasser im Garten. Correcturbogen 3 revidirt und remittirt. Brief an Perthes, solchen mundirt. Prof. Renner, Malcolmi. Im Garten. Manches geordnet. Mittag zu zwey. Sicilianische Reise fortrevidirt und Lücken ausgefüllt. Halb 4 Uhr mit den Prinzessinnen im osteologischen Cabinet. Auf der Thier=Anatomie, die letzten Präparate zu sehen. Bey'm Elephanten mit Renner. Zu Knebel. Mit ihm spazieren gefahren. Abends bey demselben allein, seine Familie in Ilmenau. Über englische Literatur. Verhalten des deutschen Publikums und sonst. Nach 10 Uhr zurück. Partielles Gewitter auf dem rechten Saalufer.

27. Etwas lang geschlafen. Egerwasser getrunken. Am Neapolitanischen Aufenthalt gearbeitet. Dr. Roux wegen der entoptischen Farben. Rath Vulpius. Ordnung in den beschäftigenden Vorsätzen. Porträt der Prinzeß von Gotha. Rath Vulpius mit Dr. Schlottmann. Starker Regen und Ge=

witter. Bey Voigts zu Tische. Die Frankfurter
Familie. Schöner, klarer Himmel. Madame
Frommann. Weimarische Sendung. Nach Hause.
Bildungstrieb bey Veranlassung einer Stelle aus
Kant. Kam Knebel. Fuhr mit demselben gegen
Löbstädt. Abends bey ihm. — Brief Hofrath
Rochlitz in Leipzig. Brief an Perthes in
Hamburg. Hofrath Meyer. An Rehbein mit
dem aus 25 Exemplaren Carlsbader Mineralien
bestehenden Paquet an Müller in Carlsbad.
An die Meinigen mit Vorbenanntem.

28. Tollheiten des Prinzen Palagonia bey Palermo.
Egerwasser getrunken. Prosector Schröter holte
den Tintenfisch ab, um ein Präparat davon zu
fertigen. Professor Renner, Pastor Putsche aus
Wenigen=Jena. Göbel lignum nephriticum und
Infusion. Mittag zu zwey. Gewitter und bis
spät in die Nacht anhaltender heftiger Regen.
Sicilianische Reise. Nachtrag zu Palermo durch=
gedacht. Durchschossnes altes Heft zur Meta=
morphose der Pflanzen aufgelöst. Spazieren ge=
fahren, durch anhaltenden Regen zurückgewiesen.
Zu Knebel, woselbst ich Dlle Krakow und
Prof. Luden fand. Bis zu meiner Rückkehr um
9 Uhr fortdauernder Regen. Versuch mit lignum
nephriticum. Zu Hause die neuste Blätter von
der Brüsseler Zeitung l'Oracle.

29. Sendung von Weimar. Brocchi Conchiologia

fossile, 2 Bände 4to. Dieselbe an Voigt. Brief und Sendung von Arnim, von Boisserée. Hegel über Licht und Farbe. Beantwortung früherer und neuerer Briefe. Notiz wegen Träuters Haus. Überlegung. Ferner durchgedacht das zunächst anzugreifende Wissenschaftliche. Mittag bey den Prinzessinnen. Nach Hause. Die Angelegenheiten des Vormittags überlegt. Zu Frommanns. Zu Knebel. Den jungen Herrn von Münchhausen gefunden. Über Pottingers Reise nach Belutschistan und Sinde.

30. Briefe. Färber mundirte. Prof. Renner mit einem russischen Herrn aus Wilna, von Darmstadt bürtig. Professor Bojani. Körner wegen dem im Schweizerischen Journal angedeuteten prismatischen Versuch. Der Probst Jasnowski und Rath Otto. Fuhr ich in die Stadt, um verschiedenes zu holen. Oberforstmeister von Fritsch. Mittag zu zwey. Färber mundirte Briefe. Thomas Campanella de sensu rerum. Mit Knebel spazieren gefahren. Die Seinigen von Ilmenau zurück. Um 9 zu Hause. In Thomas Campanella fortgefahren. Trüber Abend nach einem hellen Tage.

Juli.

1. In der Nacht und am Morgen Regen. Berichtigung und Munda der abzusendenden Briefe. Herr Wesselhöft wegen Fortsetzung des Drucks. Der Himmel hellte sich auf. Um 11 Uhr meine Kinder von Weimar. Im Garten mit ihnen. Mittag zu vier. Um 4 Uhr Nachmittag fuhren dieselben Visiten zu machen. Setzte ich die Revision der Sicilianischen Reise fort. Allerley Süßigkeiten für meine Tochter und Frau Secretär Kräuter eingepackt. Für erstere eine vom Hofgärtner Wagner gelieferte schöne und seltene Doppelrose eingepackt. Um 7 Uhr Abfahrt meiner Kinder. Noch kurze Zeit bey Frommann, wo Gesang und Abendessen war, alsdann bey Knebel. Um 11 Uhr zu Bette. — Herrn Director von Schreibers nach Wien. Des Herrn Oberbergrath Cramer nach Dillenburg. Herrn Dr. Sulpiz Boisserée nach Heidelberg. Friseur Kirchner zu Weimar (inliegend 4 Thlr. 16 Gr. Sächsisch). Vorstehendes dem rückkehrenden Herrn Cammerrath und Gemahlin mitgegeben.

2. Den 5. Bogen der Italiänischen Reise revidirt. Anfang des Sicilianischen Aufenthalts in die Druckerey. Einiges angeordnet. Dr. Weller. Erlaß an Färber wegen dem Wasserbehälter. 1000 Stück Abdrücke der Platte zum naturhistorischen Heft. Mittag bey den Prinzessinnen. Frau

von Fritsch und Fräulein Waldner. Mit Dlle Seidler gesprochen. Einiges concipirt. Mit Professor Renner im Garten. Ananasbeere gekauft, einen Teller derselben an die Prinzessinnen, einen an Knebel, einen an Frommanns. Zu Knebels: Geheime Regierungsräthin A. Voigt, geb. Ludecus. Um 12 Uhr zu Bette. Brief von Hofrath Meyer und Überlegung des Schadowschen.

3. Manuscript an Wesselhöft. Lücken im Aufenthalt zu Palermo ausgefüllt. Nebenstehende Briefe: Brief an Hofrath Meyer, 1. wegen der Zeichen Anstalt, 2. Jubiläums-Medaille, 3. Blücherische Monumente, 4. Schadows Brief. Durch Dlle Seidler:

1. an Präsident von Jacobi
2. an Director Langer } in München.

Brief an Graf Edling. — Hofmechanicus Körner brachte den schwarzen Spiegel. Mittag zu zwey. Expedition und Vollendung der Sendung nach Weimar durch die Fuhre, welche Fourage zu holen abgeht. Oberbaudirector Coudray über den anzulegenden neuen Weg zur Vermeidung der Schnecke gesprochen. Prof. Renner. Mit demselben nach Dornburg; angenehme Fahrt. Mit selbigem bey mir zu Abend gegessen. Mancherley Unterhaltung. Um 11 Uhr zu Bette.

4. 6. Correcturbogen revidirt. Manuscript in die Druckerey gesendet. Lücken in der Italiänischen

1817. Juli.

Reise ausgefüllt. Mittag zu zwey. Brief von Boisserée mit Hegelschen Druckblättern. Schottische Balladen, übersetzt von Henriette Schubert. Ein todter Affe von Naumburg gesendet. Prof. Renner. Italiänische Reise. Ein starkes Gewitter nach 5 Uhr. Um 6 Uhr zu Geh. Hofrath Voigt, die jüngeren Voigts daselbst. Mancherley Geschichten, zuletzt Physicalia und Generalia. Um 8 Uhr zu Hause. Die Schottischen Balladen von Schubert. — Hesperis matronalis nebst dem Eblingschen Brief nach Weimar gesendet.

5. Den 7. und 8. Correcturbogen revidirt. Fortsetzung des zweyten Aufenthalts zu Neapel. Hofrath Voigt. Die Nachbildungen der entoptischen Farben von Roux. Überlegung und Versuche, was ferner zu thun wäre, dabey noch neue Bemerkungen gemacht. Mittag für uns. Den Kupferstichcatalog durchgegangen. Versuche mit Glimmerblättchen, verschiedene Wirkung derselben. Zu Knebel. Mit demselben spazieren gefahren. Abends bey demselben. Sendung von Weimar.

6. Briefe. Brief an Dr. Vulpius. Entschluß das Abenteuer mit der Familie Cagliostro in den Palermitanischen Aufenthalt einzuschalten. Dr. Roux wegen der entoptischen Farben. Hofrath Stark, General-Superintendent Voigt. Vorräthiges zur Morphologie und Naturwissenschaft durchgegangen. Zu Tafel bey den Prinzessinnen.

Zu Hause. Volney's Reisen. Abends zu Frommanns, wo Köthes waren. Abends für mich. Volney's Reisen fortgesetzt. Das Cagliostro'sche Abenteuer aus dem 12. Band meiner Werke copirt.

7. Manuscript bis fol. 100 in die Druckerey geschafft, deßgleichen Cagliostro's Abenteuer. An Dr. Roux den entoptischen Apparat gesendet. Philippus Neri. Mittag für uns. Vorbereitung der Weimarischen Sendung. Mit Knebel auf die Höhe von Göschwitz. Drohte Regen. Abends für mich. Volney's Reise nach Syrien.

8. Spät aufgestanden. Manches vorbereitet. Den 9. Correcturbogen in die Druckerey. Schauspieler Wolff von Berlin. Mittag für uns. Coudray brachte die Corneliusischen Bilder von Faust. Mit demselben in's Isserstedter Thal. Allein zurück. Zu Knebel. Die Kupferstiche vorgewiesen. Abends halb 10 Uhr zu Bette. — Hofrath Meyer: 1.) Leipziger Kupferstich=Catalog, 2.) die ersten 8 Bogen von der Italiänischen Reise, 3.) Preismedaillen im Zeichen=Institut. Staatsminister von Voigt, Jubiläums=Medaille p. Prof. Hegel in Heidelberg, 2. Hälfte des naturwissenschaftlichen Heftes. Dr. Seebeck in Nürnberg, 2. Hälfte des naturwissenschaftlichen 1. Heftes. Dr. Cotta in Tübingen, wegen der Anfrage Rameaus Neffe betreffend. Die Türkenbund=Lilien an den Cammerrath nebst einem Brief gesendet.

9. Den 10. Bogen in die Druckerey. Einen jungen Herrnhuter: Pratz, am Gymnasio zu Nitschky, über ihr vergangenes und gegenwärtiges Verhältniß umständlich gesprochen. Blume des Cactus grandiflorus. -Hofrath Voigt, Linné's Metamorphose der Pflanzen bringend. Obigen Cactus an Voigt gesendet. Briefe dictirt. Zu Tische bey Geheime Hofrath Stark. Mit Knebel spazieren gefahren. Abends daselbst. Bald nach Hause. Sendung von Weimar. Mémoires de d'Angeau. Von Frommanns Casti redende Thiere; von Weimar Reinbecks deutsche Grammatik.

10. Spät aufgestanden. Rentamtmann Lange aus Zwätzen. Ein zurückgetretener Schnupfen verursachte mir Kopfschmerzen, Mattigkeit und Fieberhitze. Geh. Hofrath Stark verschrieb ein Recept und verbot mir den Sonnabend nach Weimar zu reisen. Ich enthielt mich, wegen der Medicin, alles Essens zu Mittag. Auf dem Kanapee bequem ruhend las ich in den Mémoires de d'Angeau und Linné's Metamorphose der Pflanzen. — Brief an meine Kinder, Absagung meiner Ankunft.

11. Abgelehnte Einladung bey Voigts zum Thee. Dr. Weller von Knebels. Geh. Hofrath Stark. Spanische Fliege verordnet und aufgelegt. Nach 11 Uhr aufgestanden. Frau Majorin von Knebel. Mittag für mich. Baron von Groß. Götze.

Briefe. In der gestrigen Lecture fortgefahren. Gegen 8 Uhr die spanische Fliege abgenommen und gelben Zug aufgelegt. — Paquet an Rath Vulpius (deutsche Grammatiken rct.). Brief an den Herrn Cammerrath.

12. Ich befand mich um vieles wohler. Göße. Der studirende Grieche einen Brief von Minister von Voigt gebracht. Unvermuthete Ankunft meines Sohnes. Hofrath Voigt. Geh. Hofrath Stark. Präsident Geheimerath von Einsiedel. Den 14. Correcturbogen in die Druckerey. Mittag zu drey. Mit meinem Sohne vielerley besprochen, derselbe um 6 Uhr zurück nach Weimar. In Mémoires de d'Angeau.

13. Die Lesung der Mémoires de d'Angeau beendigt. Linné's Metamorphose der Pflanzen. Zweyter Aufenthalt in Neapel. Manches andere, bezüglich auf die übrigen Unternehmungen, durchgedacht. Otteny mit denen für die Veterinärschule bestimmten Sprißen. Mittag allein. Abends eine Stunde zu Knebel. Spät l'Oracle.

14. Der Weinessig angekommen. Der 15. Correcturbogen in der Revision. Linné Metamorphose der Pflanzen. Charpentier Lagerstätte der Gebirge. Abelinus historische Chronik 1633. Zweyter Aufenthalt zu Neapel revidirt. Mittag bey den Prinzessinnen. Geheimerath von Einsiedel daselbst. Botanische Stunde nach Tafel. Nach Hause.

Charpentiers Lagerstätte der Erze. Abelinus Chronik. Zu Frommanns. Zu Knebel. Allein mit ihm den Abend.

15. Den 16. Correcturbogen in die Druckerey geschickt. Verfolg der schriftstellerischen Epochen fernerhin durchgedacht. Göbel mit angelaufenen eisernen Glockenspeisplatten. Abelinus Chronik. In's mineralogische Museum und spazieren gefahren. Mittag zu zwey. Campanella de sensu rerum. Der kühlen Witterung wegen einheitzen lassen. Abends zu Hause; mich mit allerley, so auch mit vorstehender Lecture beschäftigt.

16. Den 17. Correcturbogen, darin bedeutende Abänderungen vorgenommen. Geh. Hofrath Stark. Abanson Histoire naturelle du Senegal. Mittag zu zwey. Hofrath Voigt. Briefe und Expeditionen: 12 Exemplare der Carlsbader Mineralien an Joseph Müller. Brief an Mdme Heiligkötter. — Zu Major von Knebel. Einige Gesänge aus Casti's Redenden Thieren. Nach Hause. Sendung von Weimar. Briefe. Breidensteins Grundzüge der deutschen und französischen Wortfolge. Brief von Boisserée, Überlegung jener Verhältnisse. Abansons Reise nach Senegal und dessen Rückkehr.

17. Den 18. Revisionsbogen. Zweyter Aufenthalt in Neapel Manuscript in die Druckerey. Canzler von Müller, Privata et Publica, blieb lange.

Kamen die Exemplare der Morphologie. Frommann Abschied nehmend. Mittag für uns. Briefe und Expeditionen. Brants Narrenschiff. Hofrath Voigt, seine Naturgeschichte bringend. Coudray. Voigt abermals. Über die Gegenstände seines neuen Werkes. Blieb Abends zu Tische und ward mannigfaltige wissenschaftliche Unterhaltung gepflogen.

18. Den 19. Revisionsbogen. Engelhards und Raumers geognostische Umrisse. Schriftstellerische Epochen. Um 11 Uhr zu Knebel. Ober-Medicinalrath Froriep, Abschied zu nehmen, Professor Herrmann und Sohn aus Lübeck. Mittag bey den Prinzessinnen. Sendung und Kiste nach Weimar. Legationsrath Bertuch. Abends zu Knebel, dessen Familie wieder gekommen war. — Durch die Boten nach Weimar Briefe an Sartorius, an Willemer. Rolle an Büsching in Breslau (im Kasten liegend, worin auch die Specification der übrigen Sachen).

19. Den 20. und 21. Revisionsbogen. Manuscrit de St. Hélène. Um 11 Uhr spazieren gefahren. Die verschiedenen Paquete mit meinen Heften gepackt. Verschiedene Briefe vorbereitet, abgeschrieben. Mittag für uns. Umsicht über die nächsten Geschäfte. Zu Knebel. Prof. von Münchow daselbst. Buch Kabus. Peter Pindars Porträt. Nach Hause. Fortsetzung heutiger Betrachtungen.

1817. Juli.

20. Den 22. Revisionsbogen. Fortsetzung des Manuscripts in die Druckerey. Sendung von Weimar. Geh. Hofrath Stark. Abzusendende Briefe revidirt. Um 11 Uhr spazieren gefahren. Bey ziemlich angenehmer Witterung im botanischen Garten. Mittag für uns. Dr. Roux entoptische Farben. Manuscrit de St. Hélène. Alles zunächst Vorliegende durchgedacht. Brief von Meyer. Catalog von Leipzig. Überlegung desselben. Einiges Manuscript corrigirt. Abschrift von Briefen. Mit Knebel und dem Kinde spazieren gefahren. Abends Buch Kabus. Solgers philosophische Gespräche.

21. Annäherung an die Fortsendung der Paquete, Brief an Fürsten Metternich. Hofrath Voigt. Professor Renner wegen der Froriepschen Aufträge. Mit beyden über Naturwissenschaft und ihre gegenwärtige Lage, besonders Trennung der Geschlechter in der Botanik. Verhältniß Cuviers. Mit Renner besonders über die Mannigfaltigkeit der Herz= und Lungenbildung von unten herauf in verschiedenen Thieren. Malcolmi. Hofmechanicus Körner nach Weimar gehend. Noch nicht ganz geglückter Versuch die Streifen im Spectrum zu finden. Peruquier Kirchner. Schreiber wegen seines Dienstes bey Frau von Heygendorf. Paquete nächstens an Herrn von Schreibers zu senden. Mittag für uns. Das Nächste durchgegangen. Im botani=

schen Garten. Götze. Mit Herrn von Knebel gegen Winzerle. Sodann zu Harras. Nachts zu Hause. Versuch das Manuscrit de St. Hélène zu übersetzen. Ankunft des 23. Revisionsbogens. — An meinen Sohn durch Kirchner Varia, ferner Malcolmi's Angelegenheit. Brief an Hofrath Meyer. Paquet an Hofrath Sartorius zu Göttingen, mit Kunst und Alterthum Heft 1. 2 und zur Morphologie Heft 1.

22. Schema des Nächstbevorstehenden. Vorschläge zu einem Kunstverein der Bildhauer. Prof. Renner; über unsere Gestüte. Die Expedition wegen Pferden nach der Ukraine. Bergrath Lenz, über neuangekommene englische Stufen. Geilnauer Wasser getrunken. Nach mehrern Wochen trüben kalten Wetters der erste schöne Tag. Staats= minister von Dohm und Schwiegersohn. Ex= presser von Weimar mit der Treuterschen An= gelegenheit, dieselbe expedirt. Varia auf die neusten Zustände bezüglich. Der halbe Eymer Weinessig hinüber. Brief von Staatsrath Schultz, Anmeldung. Den 24. Revisionsbogen. Mit Major von Knebel bis in's Angesicht von Rothen= stein. Abends für mich den 24. Bogen durch= gesehen. Farbenlehre, besonders die physiologe Farben. — Staatsrath Schultz nach Berlin (in Leipzig posto rest.). Durch rückehrenden Expressen an meinen Sohn. Kaufcontract des

Treuterischen Hauses. Brief an Frege in Leip=
zig. Drey Assignationen für Hofadvocat Büttner,
1.) zu 1500 Thlr. Sächs. 2.) zu 1100 Thlr.
Sächs. 3.) zu 413 Thlr. 8 Gr. Sächs.: 3013 Thlr.
8 Gr. Sächs. Paquet an Trebra mit den 3 Hef=
ten, durch die Botenfrau.

23. Starke Revision des 24. Bogens. Besorgung in
der Druckerey. Farbenlehre in Bezug auf Staats=
rath Schultzens Ankunft. Bey dieser Gelegenheit
eine verkürzte Redaction und neue Ausgabe be=
dacht. Frau Hofrath Schopenhauer, Dlle Herz=
lieb. Erzählungen von Berlin und was Adele
von dorther gemeldet. Fortgesetzte frühere Be=
trachtungen über Farbenlehre. Mittag bey den
Prinzessinnen. Über die Unterrichts=Beschäfti=
gungen in Weimar. Zu Hause über Chromatica.
Mit Herrn von Knebel nach Drackendorf; mit
der Familie im Garten bis gegen Abend. Rück=
fuhr mit dem Präsidenten bey schon sich bedecken=
dem Himmel. Sendung von Weimar, besonders
Biots Physique.

24. Den 25. Revisionsbogen in die Druckerey. An
Knebel Melone und Blumenkohl. Biots Traité
de Physique. Bestellung zur Kupferstich=Auction
nach Leipzig. Hofrath Voigt, Nachricht von
Freyberg. Biot fortgesetzt. Briefe concipirt.
Mittag für uns. Über eine Expeditionsordnung
auf der Bibliothek. Morphologie und eigene

naturwissenschaftliche Arbeiten. Cuviers und
Okens Zoologien neben einander aufgestellt in
den 144—146. der Isis. Mit Knebel nach
Wenigen=Jena gefahren. Abends bey Knebels
zu Tisch. Zu Hause von halb 10 Uhr an im
Biot fortgefahren. — Brief und Verzeichniß der
Commissionen an Weigel.

25. Den 19. und 20. Aushängebogen. Den 26. Cor=
recturbogen. Die vier englischen Schriftsteller
über Chromatica durchgedacht und ihre Sinnes=
arten untersucht. Den Expeditionen vorgearbeitet.
Mittag für uns. Überlegung wegen der Ein=
theilung der Bibliotheksgeschäfte. Expedition be=
endigt. Schwarzes Wachstuchpaquet an Herrn
von Schreibers adressirt: 1.) Meine 3 Hefte
an den Director Herrn von Schreibers in
Wien, 2.) 3 Hefte meiner Zeitschriften an Fürst
Metternich Ochsenhausen, 3.) 3 Hefte Alt=
graf von Salm in Brünn. 4.) Brief an
Hofrath Meyer mit Empfehlungsschreiben für
Schreiber an Frau von Heygendorf. 5.) Brief
an Herrn Rath Vulpius. 6.) 3 Stücke der
Isis in triplo. 7.) Desiderata an meinen
Sohn. 8.) An Geh. Rath Wolf durch Gött=
ling mein 1. naturhistorisches Heft. — Die
englischen chromatischen Schriftsteller. Halb 5 Uhr
zu Major von Knebel, des kleinen Bernhards
Geburtstag. Die Prinzessinnen. Langes Ge=

spräch mit dem Griechen Papadopulos, welcher meine Iphigenie übersetzt hat. Über das Verhältniß der Griechen, ihre Thätigkeit und Hoffnungen. Für mich spazieren gefahren gegen den Ammerbach. Abends Hofrath Voigt wegen den letzten Freyberger Ereignissen.

26. Des 26. Bogen letzte Revision in die Druckerey. Bestellungen deßhalb. Newtons Principia. Revision und Reduction die Farbenlehre betreffend. Verschiedene Briefe. Vorarbeiten zum 2. morphologischen Heft ingleichen zum naturhistorischen. Schematifirung zu Kunst und Alterthum. Mittag für uns. Nach Tische Aufsatz über den Verein deutscher Bildhauer dictirt. Was bevorsteht nochmals in seinen Theilen durchgedacht. Zu Knebel, wo ich Herrn von Münchow fand. Gegen Winzerle allein spazieren gefahren. Nach Hause. Sendung von Weimar. Megha=Duhta. Auf der Rose zu Ball. Zu Hause in Megha=Duhta fortgelesen.

27. Den 27. Bogen nochmals revidirt. Denselben in die Druckerey. Herr Canzlar von Müller auf seiner Durchreise nach Carlsbad. Der Grieche mit seiner Übersetzung der Iphigenie. Brief von Perthes und Spix Cephalogenesis. Hofrath Stark. Professor Renner, Betrachtung und Beurtheilung obigen Werkes. Ankunft einer Kiste von Weimar. Mit der Rolle worauf Spix Hundert Thaler an Geld und ein ℔ Chocolade. Döbereiner und

andre Spixens Werk angesehen. Entoptische Zeichnungen von Roux. Blecherne Förmchen zum entoptischen Gummi. Rechnungen zu ajustiren angefangen. Mittag zu den Prinzessinnen. Münchows Heft, ingleichen Lenzens Mineral-System. Zu Hause. Newtons Principia. Mit Knebel spazieren gefahren. Abends bey demselben. Über das Verhältniß der gegenwärtigen Griechen, Russen und Engländer. Über Lucrez und die Wakefieldischen Noten dazu. Den Text von Spix zu lesen angefangen.

28. Den 28. Revisionsbogen. Aufsatz über die Bibliothek und Brief an Herrn Staatsminister von Voigt. Geh. Hofrath Voigt. Mittag zu zwey. Die Bibliotheks-Angelegenheiten besprochen. Leibnizische Correspondenz. Um 4 Uhr mit Major von Knebel nach Lichtenhahn zur Jacobisstärke, um 7 Uhr wieder zu Hause. Leibnizische Correspondenz.

29. Den 28. Correcturbogen remittirt. Der maître en page brachte die 8 Interims-Aushängebogen. Bibliotheks-Expeditionen. Sendung von Bremen: Zeichnungen von Menken, dem Sohn, Ikens Velleitäten zu Gunsten der Neu-Griechen. Mittag für uns. Umpferstädter Ausgrabung. Nebenstehende Expeditionen: Staatsminister von Voigt, Promemoria, neue Bibliotheks-Einleitung, Kräuters Quartier betreffend. An Rath

Vulpius, dasselbe Promemoria, Anregung zur neuen Bibliotheks=Einrichtung, Lob des Ausgegrabenen. An Papadopulos die Bremer Mittheilung. Ritter von Schreibers in Wien, Ankündigung des Paquets. An S. Boisserée zu Heidelberg wegen des Colorit=Phänomens, das Gethane und nächste Vorsätze. An Director Schadow nach Berlin, nach dem Concept. Hofrath Meyer, Anfrage wegen eines historischen Zweifels und Ankunft von Spix Cephaleologie. Prof. Renner. Um 5 Uhr zu den Prinzessinnen. Um 7 zum Geh. Justizrath Martin. Expresser von Weimar wegen des Schutzgeistes.

30. Den Expressen expedirt. Um sieben Uhr fuhr Kräuter weg. Entoptische Farben beobachtet. Im Garten diese Materie ferner durchgedacht. Briefe und Billete für morgen vorbereitet. Rubriken zu Interims=Acten. Herr von Münchow, einige Bücher zurückbringend und die von beobachteten Querstreifen im Spectrum vorzeigend. Mittag bey den Prinzessinnen. Nach Tafel zu Professor Köthe, dessen Geburtstag war. Fand Präsident von Ziegesar und Minchen Herzlieb. Kam Frau und Fräulein Bose und Fräulein von Münchow. Wurde die Jüdenmühle gerichtet. Nach dem Paradiese zu, in Hofagent Webers Garten. Einen Augenblick zu Knebel, fiel Regen ein. Nachts Leibniziana.

31. Ordnung der sämmtlichen Papiere auf die Museen bezüglich. Sonstige Ordnung in Büchern, Apparaten und Rechnungen eigenen Haushalts. Den Zustand der Farbenlehre in Deutschland, Frankreich und England überdacht. Gegen Mittag mein Sohn von Weimar. Mit ihm Publica und Privata durchgesprochen. Mit ihm zu Major von Knebel Mittags. Nach Tische kam Frau Oberhofmeisterin, ich fuhr mit meinem Sohn nach Hause. Fortsetzung der Gespräche. Professor Renner. Ritt mein Sohn ab. Fragmente aus Imhofs Reise nach Madras. Verschiedenes vorbereitet auf morgen. Zeitig zu Bette.

August.

1. Früh aufgestanden. Das Nächste durchgedacht und vorgearbeitet. Nebenstehende Briefe: Ihro Kaiserl. Hoheit, über den Aufenthalt der Prinzessinnen. Prof. von Münchow mit der Dose. An Frau Oberhofmeisterin mit obgedachtem Brief und Abschrift. — Abschrift anderer Briefe, nächstens abzusenden. Die Prinzessinnen im botanischen Garten. Gespräch mit der Frau Oberhofmeisterin über das Vorliegende. Abfahrt. Besorgung der Geschenke und Remunerationen. Bezahlung verschiedener Zeddel für eigene Rechnung. Überlegung wegen des Frankfurter Hauses. Vorläufige Besorgung wegen

der von Schlosser verlangten Expedition. Mittag für mich. Vorher Besuch von Bergrath Voigt. Brief von Hegel, beyfällig wegen entoptischer Farben, zweifelhaft wegen der Doppelspaterscheinung. Betrachtung über alles dieses. Morphologisches Heft. Auf den Markt, wegen Einfahren eines ersten Erndtewagens. Zu Bergrath Lenz auf das Museum, demselben die Dose eingehändigt. Vorschlag wegen dem Prinzen von Dänemark. Mit Major von Knebel gegen Winzerla. Abends für mich. Verzeichniß der Gebirgsarten um Gotha.

2. Fernere Ordnung in den Geschäften. Nicht weniger in abzusendenden Briefen. Ankunft des Herrn Staatsrath Schultz, Unterhaltung mit demselben über Farbenlehre und Verwandtes. Über Gegner und Freunde. Anmaßung der Mathematiker. Zweyseitigkeit der Physik muß anerkannt werden. Wir speisten zusammen. Nach Tische in's Museum, wo wir Lenz, Münchow und Döbereiner fanden. Spazieren gefahren gegen Löbstädt, Begleiter des Herrn Staatsrath Lieutenant [Marcel Püttmann]. Einen Augenblick im botanischen Garten. Fuhren die Gäste weg. Nachricht von dem Theaterbrande in Berlin. Gute Aufnahme der Vorschläge wegen der Bibliothek. Überlegung dieser und anderer Dinge. Zeitig zu Bette.

3. Früh aufgestanden. Vorbereitung zu den chromatischen Experimenten. Verschiedenes zur Expedition vorbereitet. Kamen 150 Thlr. für's Museum. Die Werneriana an Knebel. Vorbereitung auf den Empfang des Herrn Staatsrath Schultz. Kam derselbe ½10 Uhr. Verfolg der entoptischen Farben, besonders Würkung des Glimmers. Um 11 Uhr zum Herrn von Münchow. Betrachtung der Instrumente, des Locals und der Gegend. Sodann zu Prof. Döbereiner. Verschiedene chemische Präparate. Elektrisches Perpetuum mobile. Flüssige Extracte durch Pressung, und zwar durch Quecksilbergewicht. Gährung des Johannisbeersaftes pp. Im Garten. Nach Hause. Bey Tisch Betrachtung über Nähe und Ferne und daraus abgeleitetem Sehen und Gewahrwerden der Farben. Schinkels Durchzeichnung. Kam Major von Knebel. Fuhr ich mit demselben Staatsrath Schultz zu Luden. Erst im Garten, dann im Hause. Historische und politische Gespräche. Um sechs Uhr in den botanischen Garten, dann zu Knebel. Schultz in den Gasthof. Abends für mich. Schinkels Arbeiten durchgedacht, manches recapitulirt. Alte Beschreibung von Dresden.

4. Vorbereitung zur Unterredung mit Herrn Staatsrath Schultz. Kleiner Apparat zu entoptischen Farben. Um 10 Uhr kam derselbe, Unterhaltung über seine Darstellung der physiologen Farben,

besonders über den Begriff von Nähe und Ferne.
Auf's Museum zusammen. Die Hofräthe Voigt
und Stark d. j. Einiges Chromatische. Botani=
sches Museum, osteologisches, und die übrigen.
Nach Hause, zusammen gespeist. Tischbeins Zeichen=
buch und Brief. Berliner Verhältnisse. Um 4 Uhr
zu Geh. Hofrath Voigt. Unterhaltung über
Lebens= und Wissenschaftsansichten. In Harras
Garten. Alstroemeria peregrina. Zu Knebel.
Ausgeräumtes Zimmer zur Erneuerung, Umsicht
in der obern Etage. Den Gast nach Hause ge=
bracht. Abends für mich. Über Alstroemeria,
Reflexionen, ingleichen Botaniste cultivateur nach=
geschlagen. Den Zustand der Museen überdacht
und schematisirt.

NB. Schon am Morgen war, mit Rentamt=
mann Kühn, der Cassezustand und die an ihn ab=
zugebenden 150 Thlr. ingleichen die rückständigen
Zeddel betreffend, gesprochen worden.

5. Anfang des Ordnens und Packens wegen der
Abreise. Die 150 Thlr. an den Rentamtmann.
Gegen zehn Uhr Staatsrath Schultz, physiologe
Farben mit ihm durchgesprochen. Kam Prof.
Renner, Kieser und Luden. Mittag mit Schultz.
Nähere Nachrichten von dem Theaterbrande
in Berlin. Des Königs Unfall auf der Reise
und manches andere über preußische Verhält=
nisse.

NB. Hatte Lieutenant Püttmann Abschied genommen, um auf den Thüringer Wald zu gehen. Kam Baudirector Coudray im Vorbey= reiten, freute sich über Schinkels Zeichnung. Zu Geh. Hofrath Stark. Zu Knebel, dessen ältester Sohn angekommen war. Gegen Burgau spazieren. Den Gast in sein Quartier. Für mich. Recapitulation des bisher Geschehenen. War ein Brief von Seebeck angekommen. Hatte mich über Schultzens Ansichten weiter aufgeklärt, hatte mir Inhalt und Disposition des zweyten Heftes über Naturwissenschaft ausgedacht.

6. Weitere Vorbereitung zur Reise. Entoptische Farben vorgenommen. Über dieselben mit Roux gesprochen und ihm Auftrag gegeben. Versuch mit der Glaskugel in der Sonne. Zeddel autori= sirt. Die Hauptpunkte des Geschäfts und anderer Arbeiten recapitulirt. Staatsrath Schultz. Bau des Auges. Perpendiculare Refraction. Ver= doppelung der Bilder vor und hinter der Augen= axe. Zusammen gespeist. Kam Bergrath Lenz. Geschichten der Franzosenzeit. Geschichte des Museums und der mineralogischen Gesellschaft. Mit Staatsrath Schultz zu Hofrath Voigt. Unter= haltung über die Farben organischer Naturen. Auf's Museum. Lenz und Voigt. Geologica. Zu Knebel. Den Gast in's Quartier. Abends für Frankfurter Verhältnisse kleines Gedicht.

7. Abgeschlossen und vollends eingepackt. Prof. Döbereiner, über England und die Reise dahin. Staatsrath Schultz; mit demselben abgefahren. Über die äußere Form der Gebirge und den Wasserlauf. In Kötschau angehalten. Gegen 11 in Weimar. Einrichtung. Brief von Belvedere. Zu vier gespeist. Handzeichnungen betrachtet. Brief von Boisserée. Abends zusammen. Ein herrlicher Tag.

8. Fortgesetzte Ordnung und Einrichtung. Beschäftigung in der Bibliothek. Die nächsten Geschäfte notirt und zusammen gelegt. Herr Staatsrath Schultz auf die Bibliothek. Fleißig im Garten. Geologische Sammlung. Mittag Rehbein und Schultz. Nach Tische über Physica, Optica und dergleichen. Alhazen. Cölner Dom, Schinkels Umrisse. Mit Staatsrath Schultz spazieren gefahren. Im Römischen Haus, nachher um die Stadt. Abends Frau von Pogwisch. Berliner Geschichten. Räthsel wegen des Hessischen Obristen. Abermals herrliches Wetter. — Canzleyrath Vogel wegen der englischen Bestellung.

9. Acten und andere Geschäftssachen geordnet. Englische Bestellung. Frankfurter Haus-Angelegenheit. Geh. Hofrath Huschke, seinen Badnischen Aufenthalt erzählend. Im Garten mit August, Haushaltungs-Gespräche. Nach Belvedere mit Staatsrath Schultz; bey den Prinzessinnen; in

den Glashäusern. Mittag Frau von Pogwisch
und Schultz. Optische Erscheinungen des Doppel=
sehens und der unempfänglichen Stelle beym Ein=
tritt des Nerven in's Auge. Zeichnungen be=
sehen. Abends zusammen.

10. Abschrift der Renner'schen Vorschläge. Verschie=
denes geordnet. Mit Staatsrath Schultz Chro=
matica. Geh. Hofrath Kirms. Wildunger Wasser
getrunken. Im Garten mit August. Staats=
rath Schultz auf's Schloß. Seebeckische frühere
Briefe. Mittag zu vier. Raphaelische Kupfer.
Abends im Schauspiel. Großmama; Capell=
meister. Neues Lyrisches.

11. Expedition an Dr. Schulin nach Frankfurt a. M.
nach dem Concepte. Bibliotheks=Angelegenheiten.
Das Vermehrungsbuch für selbige angefangen.
Genast, Nachrichten vom Dresdner und Leipziger
Theater. Mit Staatsrath Schultz nach Tiefurt,
über das Schießhaus zurück. Raphaelisches Porte=
feuille. Mittag zu vier. Johns Handwörterbuch
der Chemie; Sendung von Lenz und von Trebra.
Betrachtung des Raphaelischen Portefeuille fort=
gesetzt. Spazieren gefahren gegen Gelmeroda.
Beachtung der Felder und Krautländer. Abends
für uns. Preußische Staats=Verhältnisse. Wei=
marischer Geschäftskreis. Waren den Tag über
verschiedene Sendungen, unter andern noch eine
zweyte von Lenz angekommen.

12. Communicat an die Kammer. Diplom für den Prinzen Christian Friedrich von Dänemark. Phänomen mit dem Tennstedter Teiche. Schauspieler Blumauer. Rath Vulpius wegen einer Tour nach den Grabhügeln. Mit Staatsrath Schultz 10 Uhr nach Berka. Hofrath Meyer und Legationsrath Falk daselbst. Um 2 Uhr wieder eingetroffen. Zu drey gespeist. Florentinische Schule betrachtet. Abends Rehbein: Autographa besehen.

13. Bericht wegen den Jenaischen unmittelbaren wissenschaftlichen Anstalten. Nebenstehende Expeditionen: An Lenz gesendet Johns Chemie, Diplom für Prinz Christian Friedrich von Dänemark. An Färber Aufträge, 19 Thlr. 8 Gr. vom Cammerrath. An von Münchow wegen der Fürstlichen Kinder. — Kupferstecher Müller Porträt des Herzogs von Coburg. Mit Staatsrath Schultz über Berliner Verhältnisse. Derselbe zu Bertuch. Ältere Manuscripte und Acten durchgesehen. Mittags zusammen. Italiänische Zeichnungen. Brief von Dlle Seidler aus München. Mit Ottilien Verschiedenes. Abends Divan.

14. Aufsatz zum Bericht wegen der Museen. Briefe. Die Vorarbeiten zur Morphologie und Naturwissenschaften durchgesehen. Eger-Wasser. Herr von Sack . . . . Pädagog von Meiningen. Mittag zu vier. Kam Lieutenant Püttmann.

Priorität p. Für mich. Abends Regierungs=
rath Raumer von Hagen . . . .
. . . .
sämmtlich von Breslau, aus Italien kommend
und viel von dortigen Geschichten erzählend.
Abends Frau von Pogwisch, blieben die sämmt=
lichen Herrn zu Tische. — Brief an Frau
Hofrath Voigt nach Jena.

15. Fortsetzung des Aufsatzes zum Bericht. An die
Landes=Direction wegen des Steinwerfens. Etat
zu der Museums=Administration. Priorität p.
durchgesehen. Mit Staatsrath Schultz über
Farbenlehre. Derselbe auf die Bibliothek. Mit
Staatsrath Schultz und Lieutenant Püttmann
zu Mittag. Fuhren beyde nach Tische auf Erfurt.
Donna Diana, spanisches Lustspiel, welches Oels
am Morgen gebracht. Porzellantassen hier ge=
fertigt. Baudirector Coudray. Abends zusam=
men. Ältere und neuere Fuldaische Geschichten
und Persönlichkeiten.

16. Aufsatz zum Bericht beendigt. An die Landes=
Direction. Brief an Herrn von Münchow.
Den Jenaischen Etat durchgearbeitet. Anord=
nung der Mineralien vorbereitet. Donna Diana.
Mittag zu zwey. Der Cammerrath kam spät.
Das Concept des Aufsatzes über die Jena=
ischen Anstalten nochmals abgeschrieben. Abends
zu drey.

17. Am Aufsatz über die Jenaischen wissenschaftlichen Anstalten, vorzüglich über den Etat für die Veterinär-Schule fortgefahren. Nebenstehende Expeditionen: Schreiben an die Landes Direction. Brief nach Kochberg. Quittungen für die Chatoulle der Hoheit. An Coudray, Fracht der Marmorblöcke. Andere Unterzeichnungen u. d. g. — Hofmedicus Rehbein. Nach Belvedere, bey den Prinzessinnen gespeist. Um 4 Uhr zurück. Kam Staatsrath Schulz von Erfurt. In die Zauberflöte. Abends zusammen. Geschichte von Steffany.

18. Brief an die Frau Erbgroßherzogin Kaiserl. Hoheit in Ems. Systematische Ordnung des Aufsatzes zum Bericht; Absonderung der einzelnen Theile desselben. Mit Staatsrath Schulz in dem Garten. Lieutenant Püttmann, Abschied zu nehmen. Mittag zu vier. Um 2 Uhr Staatsrath Schulz abgefahren. In den obern Zimmern. Der Arzt seiner Ehre, Schauspiel von Calderon. Jenaische Litteratur-Zeitung. Abends Hofmedicus Rehbein; Krankheitsfälle, besonders desorganisirende und fremdes Gewächs hervorbringende. Blieb Rehbein zu Tische.

19. Brief an Zelter. Desgleichen an die Hoheit, wegen Münchow. Erlaß an Rath Vulpius. Überlegung der schriftstellerischen Epochen. Mit Rehbein nach Berka, Hofrath Meyer besucht.

Legationsrath Falk gesprochen. Nach 2 Uhr zu=
rück. August kam später von Buttstedt. Mit=
tags Rehbein. Abends für uns. Heims Bil=
dung der Thäler durch Ströme.
20. Briefe und Erlaß an Rath Vulpius mundirt.
Brief an Zelter. Mancherley besorgt und
gefördert. Im Garten. Schriftstellerisches auf
der Rückreise von Rom und kurz nachher. Mi=
neralien geordnet. Zu zwey gespeist. August
kam später. Fortsetzung des morgentlichen. Heims
Bildung der Thäler durch Ströme. Mit Ottilien
spazieren gefahren; lauer Abend. Kurz nach
Tische Dr. Wahl, Mathematiker, angestellt zu
Tiefurt. Abends zu drey. Über öffentliche An=
gelegenheiten und eigene.
21. An den schriftstellerischen Epochen fortgefahren.
In der Bibliothek einrangirt u. d. g. Für mich
die Jahre 1800 und 1801. Bey der Frau Groß=
herzogin Königliche Hoheit. Auf der Bibliothek.
Mineralien geordnet. Den Schrank alter Pri=
vat=Acten und Papiere vorgenommen. Mittag
für uns. Nach Tisch Hofmedicus Rehbein. Frau
von Stein und Frau von Schardt. Ordnung
verschiedener Dinge fortgesetzt. Abends zu drey.
Aus dem Divan gelesen.
22. Schriftstellerische Epochen. Ältere Acten, Papiere
u. d. g. durchgegangen und gesondert. Mineralien
in ihren Kästen geordnet und berichtigt. Rath

Vulpius. Epochen fortgefahren und kleine Hefte
vorbereitet. Bey Hofrath Jagemann, der mein
Porträt für Müller zeichnete. Bemerkung wegen
des verschiedenen Malerlichtes bey verschiedenen
Tageszeiten. Mittag zu drey. Früh war Oels
da gewesen wegen dem Verlangen von Berlin:
Manuscripte und Partituren communicirt zu er=
halten. Wurde der Jahrgang von Briefen 1814
geheftet. Fand ich das Verzeichniß der Aschaffen=
burger Mineralien und ging sie durch. Große
Bilder, Polygnots Gemälde vorstellend. Abends
zu zwey. Unterhaltung über Publikum und
Privata.

23. Brief an Major von Knebel. Fernere Ord=
nung des Schrankes. Ältere Papiere. Schema
des Jahrs 1805. Italiänische Schule XV. und
XVI. Jahrhundert. Ging ich durch den Park
spazieren. Boisserée's Erwiderung wegen der
Farben=Erscheinung an Eyckischen Gemälden.
August spät von der Cammer. Projectirte Bau=
lichkeiten. Mittag für uns. Die Italiänische
Schule, besonders Leonardo da Vinci. Einige
Schubladen Mineralien in Ordnung, Briefe
von 1805.

24. Die Registrande und Acten in Ordnung zu
bringen angefangen. Die Rubriken in dem
Actenschrank angeklebt. Das Jahr 1805 und
1807 nachgesehen und schematisirt. Ältere Briefe

geheftet. Mittag für uns. Nach Tische in den
Morgenbeschäftigungen fortgefahren. Die Kinder
fuhren an Hof. Kam Oberbaudirector Coudray.
Mit demselben über Kunst und Baugeschäfte. —
An Bücher-Commissionär Freudenthal
nach Hannover.

25. Registrande und Acten in Ordnung zu bringen
gesucht. Die Jahre 1805, 1806 und 1807 schema=
tisirt. Genast und Herr von Curländer aus
Wien. Hofmedicus Rehbein. Anderes Biographi=
sche durchgedacht. Ordnung in verschiedenen
Dingen. Mittag für uns. Fortsetzung der mor=
gentlichen Geschäfte. Abends die Prinzessinnen
mit ihrer Umgebung. Staatsminister von Voigt
war angekommen. Zeitig zu Bette.

26. Lebenserinnerungen von 1805. Fortgesetzte Vor=
arbeiten. Eingereichte nachgetragne Registrande.
Beuther, von Leipzig kommend, mit dem neuen
Theaterrisse. Mittag zu zwey, da der Assessor
früh in Geschäften nach Ilmenau gereist. Schopen=
hauers Erinnerungen aus einer Reise in's mit=
tägige Frankreich. Adele, Frau von Pogwisch.
Fortgesetzte Lectüre, ingleichen Vorarbeiten zur
Biographie. Die morgende Tour bedacht und
das Nöthige eingerichtet.

27. Zeitig aufgestanden. Anstalten zur Reise. Halb
8 Uhr früh abgefahren. Anhaltender Regen.
Halb 1 in Stadt Ilm. Nachmittags anhalten=

des Regenwetter. Gegen Abend Bote von Ilmenau.
Abfertigung desselben. Erinnerungen von Johanna
Schopenhauer. Phänomen des Jagemannischen
Ateliers durchgedacht und aufgezeichnet. Früh
zu Bette.

28. Reine Abschrift des gestrig Entworfenen. Um
8 Uhr morgens kamen Oberforstmeister von
Fritsch und mein Sohn. Wir frühstückten zu=
sammen. Um 9 Uhr nach Paulinzelle. Ange=
kommen daselbst um 11 Uhr. Freundlicher Auf=
enthalt. Wiederholtes Frühstück. Bekanntschaft
mit dem Amtmann. Beschauung und Betrach=
tung. Herr von Fritsch nach Ilmenau zurück.
Nachmittag 2 Uhr. Mit meinem Sohn und
Bau=Rechnungs=Revisor Klein nach Stadt Ilm
zurück. Um 4 Uhr mein Sohn nach Weimar.
Ich blieb in Stadt Ilm. Abends wissenschaft=
liche Betrachtungen.

29. Früh aufgestanden. Halb 7 Uhr von Stadt Ilm
ab. Schöner Morgen. Geologische=ökonomische=
landräthliche Betrachtungen. Gerade nach Wei=
mar. Halb 12 Uhr angekommen. Das dazwischen
Vorgefallene in Ordnung gebracht. Mit den
Meinigen zu Mittag. Nach Tische das Nöthigste.
Gegen Abend Canzler von Müller. Nachrichten
von Carlsbad und Eger. Gute Aufnahme meines
naturhistorischen Heftes. Sprudelstein von Joseph
Müller gesandt. Ritt mein Sohn nach Capellen=

dorf. Mit Ottilien allein. Mein Sohn spät zurück.

30. Sendung von Färber und Wegebau-Inspector Götze. Schema zum Aufsatz von Paulinzelle. Brief an Oberforstmeister von Fritsch. Autographa wiedergefunden. Leonhards Propädeutik. Bey J. K. H. der Großherzogin. Preußischer Geheimerath Philippi. Ordnung in den Mineralschränken. Mittag für uns. Hofrath Meyer, über Bisheriges. Ägyptische Baukunst, französische Werke darüber. Zauberflöte 1. Act. Gilberts Annalen 16. Band.

31. Über Robertsons Luftfahrt zu Hamburg und die von ihm angestellten prismatischen Beobachtungen. vid. Gilberts Annalen Band 16. Briefe und dergleichen: An Bergrath Lenz wegen einigen herüberzusendenden Stücken Cölestin für J. K. H. die Frau Großherzogin. An Färber wegen Beschlagung der Krippen in der Veterinär-Schule. An Hofrath Sartorius nach Göttingen wegen seines angekündigten Besuchs Rückantwort. An Geh. Hofrath Kirms allhier. — Abreise von Rom im May 1788. Farbenerscheinung an den Bildern Boisserée's. Für mich Biographica, die Hofdirection des Theaters betreffend. Chronik deßhalb. Geh. Hofrath Kirms. Billet von der Churprinzeß von Cassel. An die Autographa gegangen. Bücher von der Bibliothek.

i. e. wöchentliche Beschäftigungen. Meteorologische
Beobachtungen. Mineralien geordnet. Leonhards
Tabellen und Propädeutik. Mittag allein. Zur
Churprinzeß von Cassel. Vorher im Erbprinzen
den vielgereisten . . . . . . eine Stunde lang ge=
sprochen. Zeichnungen von Lucas von Leyden.
Zeichnungen von Hemskerk verehrt. Nach Hause.
Mineralien geordnet. Abends Kupferstiche der
Niederländischen Schule. Nachts der Pfingst=
montag.

September.

1. Bey ganz reinem Himmel in Jagemanns Atelier
entoptische Versuche gemacht. Die Revision der
Autographa bis F begonnen. Im Garten. Cou=
dray. Mineralienordnung fortgesetzt. Minister
von Voigt besucht. Zu Hause Ordnung hie und da.
Pfingstmontag. Ästhetische Betrachtung darüber.
Mittag allein. Waren die eingegangenen Briefe
und Acten von mehrern Jahren aufgesucht wor=
den. Nach Tisch mit der Mineralienbezeichnung
fortgefahren. Die Gänge im Thonschiefer aus
dem Lahnthal in Rahmen gebracht. Hofrath
Meyer, über niederländische Kunst. Mit dem=
selben und meinem Sohn zu Geh. Hofrath Kirms.
Daselbst bis 9 Uhr. Pfingstmontag ausgelesen.
2. Sendung der Cölestine von Lenz. Rückantwort
an selbigen. Vorschlag zur Güte. An die
Großherzogin wegen des Cölestins und der Leuch=

ter. Brief an Staatsrath Schultz in Berlin. Besuch von Dr. Ludwig Tieck, welcher aus England zurückkam und von Shakespeare, Theater und sonstiger dortiger Litteratur erzählte. Preismedaillen von Berlin abermals bestellt. Gangmuster in Ordnung unter Glas gebracht; ingleichen geologische Karte von den Umgegenden Badens. Mittag allein. Nachher Ottilie und mein Sohn. Kam Frau von Stein, wegen der Correspondenz nach Schlesien mit der Erzieherin. Begleitete sie nach Hause. Reinigung des vormaligen Treuterischen Gartenhauses. Mineralogische Schätze wieder geordnet. Hofrath Meyer. Mit demselben die Kunstausstellung beredet. Ferner Leipziger Auction. Durchsicht der rheinischen Mineralien. Bescheid von J. K. H. der Großherzogin und Verfahren danach. Abends August aus der ☐ kommend. Über maurerische und häusliche Angelegenheiten.

3. Meteore des litterarischen Himmels. Die drey ersten Rubriken. Briefe nach Baden und Carlsruh. Späterhin fortgefahren Carln das Concept mehrerer Briefe zu dictiren. Die rheinischen Metalle durchgesehen. Mittag allein. Deutsche ältere Kupferstecher. Der Badeinspector, Nachrichten von Berka und etwas weniges Musik. Hofrath Meyer wegen Weigel und was von dem Leipziger Verhältniß zu hoffen. Sämmtliche am

Morgen concipirte Briefe von Kräutern mundirt. Abends allein. Einzelne Stellen des Pfingstmontags, ingleichen die Charaktere überhaupt betrachtet. Ottilie aus dem Trauerspiel die Partheyenwuth. Später mein Sohn. Dazwischen die Meister der Lombardischen Schule. Spät zu Bette.

4. Das 2. naturhistorische Heft schematisirt. Nebenstehende Briefe: An Herrn Auctions-Cassier Weigel nach Leipzig, inliegend die Assignation auf 100 Thlr. Sächs. und der Avisbrief an Frege und Comp. Canzleyrath Vogel, Bestellung an Herrn Hüttner nach London. An Herrn von Gimbernat nach Baden. An Herrn Gmelin nach Carlsruhe, beyde mit Stücken Cölestin. An Staatsrath Schultz nach Berlin. An Bergrath Lenz nach Jena, Briefe zurückgesendet. — Mineralien geordnet. Chromatische Betrachtungen. Das chinesische Drama durchlesen. Elginische Marmore. Mittag zu zwey. Herschels Biographie. Mehrere Biographien in den Personnages vivants de l'Angleterre. Das Musée français von Robillard T. I. II. 3 Bände in gr. Fol. vom Buchbinder eingebunden. Hofrath Meyer. Mit demselben über die griechischen Kunstwerke und sonst. Abends fortgefahren in den englischen Biographien zu lesen. August spät.

5. Nebenstehende Expeditionen: An Cotta mit dem Kupferstich-Catalog und Berechnung. Frau

Städel, Auftrag wegen Ankauf von 2 silbernen Leuchtern. An S. Boisserée nach Heidelberg, verspätete Antwort auf sein Schreiben vom 17. August. An Staatsrath von Hufeland nach Berlin, inliegend mein naturhistorisches Heft. — Schultzische zwehte Abhandlung über physiologe Farben durchgesehen. Manches andere berichtigt. Leben Sheridan, Darwin u. a. Mineralien vom Rhein her geordnet. Einiges eingepackt u. s. w. Die Frau Großfürstin zurück. Mittag zu zweh. Englische Lecture fortgesetzt. Hofrath Meyer. Musée français. Meyer ward abgerufen nach Belvedere. Versuch mit dem Smalte in der Dämmerung. Abends Rehbein. Über Jenaische, Okenische und andere Geschichten. August spät, der von der Gräfin Henkel kam.

6. Briefe und dergleichen. Den Schultzischen Aufsatz revidirt, sodann die streitigen Punkte durchgedacht. Die kleine Karte symbolisirt. Kam Dr. Weller in Garten; Jenensia. Kam Döbereiner, um Abschied zu nehmen vor seiner Reise nach England. Von englischen Verhältnissen gesprochen. Gab ihm ein Exemplar meines naturhistorischen Heftes. Entoptische Farben abgehandelt. Frau von Knebel mit dem Kinde nach Erfurt gehend. Einige Folgen von Mineralien. Mawe's Catalog. Mittag allein. Kam Hofrath Meyer, Ausstellung betreffend. Renner und Rehbein. Über Thier=

krankheiten, besonders die Klauenseuche; Ein=
impfung derselben. In's Theater, zum 2. Act
der Zauberflöte. Oberbaudirector Coudray. Nacht
Vasari wegen der florentinischen Bausteine.

7. Aus Vasari Lebensbeschreibungen extrahirt. Brief
an Staatsrath Schultz concipirt. Im Garten.
Kupferstecher Müller. Mineralien geordnet. Zeitig
gegessen. Um 1 Uhr nach Berka gefahren. Mit
Moltke gesprochen. Mit dem Inspector den
Spaziergang auf den Schloßberg und durch den
Buchenwald. An den Saal zurück. Mit Dreißig
über Blumenzucht. Mit dem Pachter über das
gute Jahr. Mit Geh. Cammerrath Ridel ge=
sprochen. Nach Hause zurück. Unterwegs mit
Falk. Spät mit August, der von Hof kam. —
1) Brief an Dr. Cotta. 2) à S. A. R. Madame la Marggrave douarière de Bade
née Landgrave de Hesse-Darmstadt à Carlsruhe.
Zwey Exemplare des Dornburger Cölestins,
1. an Hofrath Gmelin nach Carlsruhe, das 2.
an Herrn Carl von Gimbernat nach Baden ent=
haltend. 3) Brief an Staatsrath Schultz
nach Berlin, seinen Aufsatz über physiologe Far=
ben enthaltend.

8. Einwirkung der Kantischen Philosophie auf meine
Studien. Den Extract an Rechnungsführer er=
innert. Herr Prof. Kosegarten. Der Engländer
Viscount Belgrave. Studien und Betrachtungen

voriger Tage fortgesetzt. Bey Tische zu drey.
Einwirkung der Kantischen Philosophie fortgesetzt.
Schreiben von Trebra über das naturwissenschaft=
liche Heft. Auszug aus solchem. Vorbereitung
zur Antwort. Um 4 Uhr gegen den Ettersberg,
auf Lützendorf. Prof. Sturm und sein Ver=
walter. Zurück. Coudray's neues Haus betrachtet.
Abends zusammen. Über die Freyberger Ver=
hältnisse. Späterhin Kant, Vorbereitung auf
morgen.

9. Intuitiver Verstand (Kants) auf Metamorphose
der Pflanze bezüglich. Zur Ankunft der Für=
stinnen das Gartenhaus und sonstiges vorbe=
reitet. Um 11 Uhr J.J. K.K. H.H. die Groß=
und Erbgroßherzogin mit Gräfin Henkel und
Fräulein von Baumbach. Blieben bis halb Eins.
Die Arbeiten von früh fortgesetzt. Gespeist zu
drey. Die naturwissenschaftlichen Papiere durch=
gesehen. Hofrath Meyer. Die Kinder auf's
Schießhaus. Blieb ich allein. Späterhin mit
August.

10. Anschauender Verstand. Mit Geh. Hofrath Kirms
wegen Prof. von Münchow. Spazieren im Stern.
Zu Hause. Die naturwissenschaftlichen Dinge
durchgedacht. Hofrath Schwabe wegen der Emser
Mineralien. Mittag zu drey. Yoricks empfind=
same Reise. Recensionen meiner Metamorphose
der Pflanzen. Abends gegen Belvedere gefahren,

den Prinzeſſinnen begegnet. Zurück. Mit den Meinigen an's Schießhaus. Abends zuſammen. Italiäniſche Reiſe-Abenteuer. Neuere franzöſiſche Münzen. — Brief an Prof. von Münchow, vorläufige Beſtimmung wegen ſeines Herüberkommens.

11. Günſtige Recenſionen. Nacharbeiten und Sammlung p. zur Metamorphoſe der Pflanzen. Dieſelben Gegenſtände weiter durchgedacht, beſonders das Normale und Abnorme gegen einander gehalten. Hofrath Sartorius meldet ſeine Ankunft. Mittag bey den Prinzeſſinnen. Nach Tafel indiſche Mährchen. Zurück. Hofrath Meyer. Später mit den Kindern an's Schießhaus. Fräulein Schiller.

12. Eingepackt und zur Abfahrt angeſchickt. Halb 7 Uhr mein Sohn nach Biſſelbach in Bau-Expeditionen. Halb 8 Uhr früh über Hohlſtedt, Zimmern u. ſ. w. nach Dornburg. Auf dem Rathhauſe umgekleidet und daſelbſt verweilt. Unterhaltung mit Graf Edling. Um 2 Uhr auf's Schloß. Große Geſellſchaft. Zur Tafel im untern Saale. Nachher zu Stomann, deſſen Viehſtand und Haus geſehen. Mit der Hoheit beſonders geſprochen. Zurück nach Jena. Gebeſſerter Weg. Bey Knebels. Im Biſchofflichen Hauſe übernachtet.

13. Verſchiedenes beſorgt. Mit Rentamtmann Kühn. Halb 9 Uhr abgefahren. Unterwegs Staats-

minister von Voigt, von Fritsch, Generalmajor
Egloffstein, alles nach Dornburg fahrend. Zu
Hause Einrichtung und Recapitulation. Anmel=
dung von Sartorius und Frau. Yoricks Reise.
Mittags dieselben zu Tisch. Später allein.
Canzler Müller. Sartorius und Gattin. Sie
schieden um nach Leipzig zu reisen.

14. Leonhards neuste Arbeit. Yoricks Sentimental
Journey. Sendung des Torso von Mellish.
Drey zu Mittags. Fortsetzung der morgent=
lichen Beschäftigungen. Hofrath Meyer. Ober=
baudirector Coudray. Blieb zu Tische. Später
mit den Kindern.

15. Briefe und Expeditionen. Brief an Geh. Rath
von Leonhard nach München. Ältere botani=
sche Papiere. Ordnung von Mineralien und an=
deren Naturerzeugnissen. Mittags zu drey. Zur
Churprinzeß von Hessen im Erbprinzen. Zu Hause.
Yoricks Sentimental Journey. Hofrath Meyer.
Französisches Museum. Nachdenken über natur=
wissenschaftliche Gegenstände. Indische Weisheit.

16. Botanica bey Veranlassung von Jägers Werk.
Brief an Herrn Carl Kalisky zu Magde=
burg. Geld=Expedition nach Jena durch den
Cammerrath. Zur Morphologie vorbereitet. In=
dische Weisheit. Kirchenrath Oberthür. Madame
Voß und Herr Werdy. Leonhards Werk. Mit=
tag zu drey. Nach Tische Kräutern Varia zum

1817. September.

naturwissenschaftlichen Hefte dictirt. Für mich fortgesetzte Betrachtungen. Yoricks Sentimental Journey beendigt. Tristram Shandy angefangen. Leipziger Sendung angekündigt.

17. Bildungstrieb. Den Großherzog erwartet. Stadelmann fortdictirt. Das 2. Heft ernstlich durchgedacht. Zu Hofbildhauer Kaufmann, seinen Christus gesehen, so wie seines Sohns Basreliefs. Ingleichen ein Portefeuille und kleines Stammbuch. Nach Hause. Muster des Gerinnens zusammen gesucht. Mittag zu drey. Stadt- und Hofgeschichten. Oeconomica. Geschäftssachen. Litteraria. Fortsetzung des morphologischen Heftes, ingleichen des geologischen ausführlichen Blättchens zur Ganglehre und was darauf sich bezieht. Brief an Knebel. Im Theater: Pflicht um Pflicht und die unterbrochene Whistparthie. Mit den Kindern. Neueste und ältere Ereignisse besprochen.

18. Voigts Übereinstimmung des Stoffs mit dem Bau der Pflanzen. Quarzgänge im Thonschiefer im Lahnthal. Brief an Fräulein Luise Seidler in München. Geologische Musterstücke aller Art aufgesucht und gesondert, auch deren Zusammenstellung vorbereitet. Mittag zu drey. Rath Vulpius zurück. Umpferstedter Knochensendung. Kamen die silbernen Leuchter von Frankfurt. Brief von Zelter. Einiges dictirt

bezüglich auf die morgentlichen Betrachtungen.
Abends Oberbaudirector Coudray und Rehbein.
Blieben zu Abend. Die Kinder kamen vom Hof=
thee zurück.

19. Die Registrande berichtigt. Hofmedicus Rehbein.
Um 9 Uhr zu Serenissimo. Wurde das Mit=
gebrachte an Zeichnungen, Karten, Modellen und
Naturalien ausgepackt und ein Theil mir über=
geben. Um 1 Uhr Serenissimus nach Erfurt
zum König von Preußen. Zu drey Mittags.
Beschäftigung mit den übergebenen Sachen. Hof=
rath Meyer. Über das Verhältniß zu Cattaneo
in Mayland. Promemoria an denselben wegen
Alterthümer aus dem XVI. Jahrhundert. Kamen
die Kinder vom Vogelschießen zurück. Soldaten=
lied nach gegebenem Refrain.

20. Schnelle Revision des Vorhandenen. Kartoffel=
sendung von Knebel nebst Notiz ihrer Fruchtbar=
keit. Abschrift über Electrisirung der Pflanzen.
In den vordern Zimmern ältere Papiere geson=
dert und deren Ordnung vorbereitet. Mittag zu
drey. Vorher noch Hofmarschall von Vielke wegen
der Münchowschen Angelegenheit. Nach Tische
Briefe concipirt, verschiedenes geordnet und aus=
gesondert. Mit dem Modell des Gotthard be=
schäftigt, ingleichen was Serenissimus mit von
der Reise gebracht. Abends Frau von Pogwisch,
sodann die Kinder, die mit der Knebelschen Fa=

milie von Dessau auf dem Vogelschießen gewesen waren. Nachts mit August über die gegenwärtige Lage der Dinge.

21. Briefe mundirt. Brief an Prof. von Münchow (laut Concept). Kupferstecher Müller. Um 9 Uhr auf die Bibliothek, die Kunstsachen und Alterthümer durchgesehen. Zu Hause einiges geordnet. Labacco Architettura. Kam Hofrath Hirt; mit ihm auf die Ausstellung. Kam Serenissimus; Graf Keller, Oberthür und andere. Zu Jagemann. Zu Kaufmann. Auf den Schloßhof. Von Struve. Mittag Hofrath Hirt. Nach Tische Hofrath Meyer. Zeichnungen besehen und anderes. Kurze Zeit allein. Die Kinder kamen von Hofe. Abends zu vier.

22. Nebenstehende Expeditionen beendigt: An Frau Städel und Hofrath Schlosser nach Frankfurt a. M. (laut Concept). — Verzeichniß der von Serenissimo mitgebrachten Sachen. Einen Theil davon, nämlich die Bücher, an Großherzogliche Bibliothek abgegeben. Auf die Ausstellung, wo die Höchsten Damen waren. Bey Staatsminister von Voigt. War die Reformations=Medaille von Berlin angekommen. Hofrath Hirt zu Mittag. Hegemon. Die Medaille betrachtet. Mancherley Kunstgespräche. Mit Hirt in die Italiänische Oper Tancredi. Später über die Äginetischen Marmore.

23. Allerley Expeditionen, vorzüglich Vortrag an Serenissimum wegen zu gebendem Urlaub an Hofrath Meyer zu einer Reise in die Schweiz. Verschiedene Briefe. Geh. Assistenzrath Hoff. Hauptmann Müller. Geh. Rath Hirt bey den Kindern zum Frühstück. Zeichnung der Äginetischen Monumente. Derselbe Mittags zu Tische. Medaillen angesehen und andere Kunstgegenstände. Abends, außer Hirt, Gräfin Henkel und Frau von Pogwisch zu Tisch. Über seine Reise den Tag über vieles gesprochen. Spät zu Bette.

24. Etwas spät aufgestanden. Brief an Rittner in Dresden (laut Concept). Paquet an Staatsrath Schultz nach Berlin mit dem Apparat zu den entoptischen Farben vollends besorgt. Geh. Rath Hirt abgegangen. Der junge Batsch, der Kaufmann. Hofrath Meyer, Aufträge von den Hoheiten, Verabredung wegen den Besorgungen in dessen Abwesenheit. Zu den Prinzessinnen nach Belvedere; nach 4 Uhr wieder zu Hause. Ordnung in Papieren, Kupfern u. s. w. Schauspiel: Das Taschenbuch und die Entdeckung im Posthause. Abends mit meinem Sohn.

25. Einrangirung der im Zimmer stehenden Bücher in die Bibliothek. Ordnung in den vordern Zimmern. Um 10 Uhr zu den Thieren. Mit den Kindern nach Belvedere, die blühende Yucca zu sehen. Die Häuser durchgegangen. Mittag

für uns. Besuchte mich Herr von Münchow. Verschiedene Briefe nach Jena. Schema vom Pfingstmontag. Hofrath Meyer um Abschied zu nehmen. Den Pfingstmontag nochmals durchgesehen. Abends mit den Kindern die neue Ansiedelung in Luisiana.

26. Oberaufsichts-Geschäfte. Registrande; Acten; Aufsätze zum Bericht. Kam die Kupferstich-Sendung von Leipzig an; ward ausgepackt und geordnet. Ingleichen die Schränke im blauen Zimmer gewechselt und möglichste Ordnung und Raum gemacht. Mittag mit meinem Sohn. Abschrift des Museumsberichtes angefangen. Fortgesetzte frühere Beschäftigungen mit den Kupfern. Abends mit August die Kupfer durchgesehen und besprochen. Sendung von Creuzer aus Heidelberg. Hermanns Gedanken über die älteste griechische Mythologie.

27. Expeditionen nach Jena vorbereitet. Das Verzeichniß der aus der Dauthischen Auction zu Leipzig für Großherzogliche Bibliothek allhier erstandenen architectonischen Kupferwerke gemacht. Brief von Hofmechanicus Körner, wegen Wirkung der Electricität auf die Pflanzen. Einige Kupfer und Zeichnungen einrangirt. Hermanns und Creuzers Differenzen wegen Mythologie studirt. Mittag zu drey. Über diese Gegenstände popular gesprochen. Brief an Creuzer. Mancherley ge-

ordnet. Abends im Tancred. Nachher Frau von Pogwisch und Herr von Münchow zu Tische. Jenaische frühere und gegenwärtige persönliche Verhältnisse.

28. Kleine Expeditionen. Zu Serenissimo in's Römische Haus. Jenaische und andere Angelegenheiten. Durch den untern Park bis an's Schloß. Zu Hause Bearbeitung des Aufsatzes wegen der Museen. Mittag mit Ottilien. Nach Tische de Candolle Hortus Monspelliensis. Am Aufsatz über die Museen weiter geschrieben. Coudray: das päpstliche Landhaus und anderes Architectonisches beschaut und besprochen. Kam Rehbein. Mit beyden Romeyn de Hoogh und Luittens große Blätter besehen, ingleichen die Schweizer-Modelle und Prospecte. Kamen die Kinder von Hof. Erzählung. Gestalt der Gräfin Dillon und Betragen. Landsmannschaftl. und Duellgeschichten: Heidelberger und Göttinger.

29. Die Museen und andere Oberaufsichtliche Geschäfte. Expedition nach Jena: Rheinischer Mühlstein, Sicilianische Marmore, Briefe zurück an Lenz. Erlaß an Renner. Brief an Hofrath Voigt, de Candolle Hortus Monspelliensis. Auftrag wegen Electrisirung der Pflanzen, Quittung über 50 Thlr. an Körner. NB. Das Ganze in einem Kästchen an Färber. — Die Aufsätze über das Museum geheftet und durchgegangen.

Sendung der Frankfurter Societät durch Popp. Staatsrath Hufeland. Mittags zu drey. Die englischen Werke über Griechenland. Dieselben durchgegangen. Brief von Hanau wegen der Teppiche. Abends Theater: Braut von Messina. Nachher mit den Kindern.

30. Den Schluß des Aufsatzes wegen den Museen schematisirt und die Mittheilung des Ganzen an Staatsminister von Voigt vorbereitet. Wegen des Antrags des Ober=Consistoriums, die Cranachischen, zur Auffstellung bey Gelegenheit des Reformations=Jubiläums verlangten drey Ernestinischen Churfürsten betreffend ausgesprochenes Votum. An . . . Tauscher wegen seiner Ankündigung. Professor Kieser von Paris, Interprète du Roi, trefflicher Orientalist. Mit Vice=Präsident Weyland. Nachdenken über diesen Mann und merkwürdige Lebensumstände desselben. Zu den Prinzessinnen nach Belvedere. Der Prinzessin Auguste Geburtstag. Nach Tische mit Kirchnern wegen der Teppiche unterhandelt. Die Kinder bey der Hoheit zu Thee und Souper. Fabeln des Bidpai.

October.

1. Briefe und andere dergleichen Expeditionen. Brief an Tauscher, Adjunct zu Blankenhayn. Museums=Angelegenheiten schlüßlich bedacht. Mit Kupferstecher Müller über die Einrichtung der Zeichenschule nach den Ferien. Dallaway Statuary and Sculpture. Das Bret bestellt zu den Schweizer=Gebirgen. Einiges von Kupferstichen zusammengesucht und geordnet. Mittag zu zwey. Nach Tische Unedited Antiquities of Attica. Den Dallaway fortgelesen. Brief an Hofrath Creuzer nach Heidelberg. Winkelmanns Geschichte der Kunst. Fischer Essai sur la Turquoise et sur la Calaïte à Moscou 1816. Die Schweizergebirge wegen des morgenden Besuchs durchstudirt. Hermanns und Creuzers mythologische Briefe. Unterhaltung mit August über Domestica.

2. Paraphrase zu einer Hermannischen Stelle. Vorbereitung zum Besuch der Höchsten Damen. Kräuter in der Bibliothek Ordnung gemacht. Um 10 Uhr die Großherzogin und die jungen Herrschaften nebst Damen. Die Schweizergebirgs=Panoramen vorgezeigt, auch alles sonstige, was Serenissimus mitgebracht. Um 12 Uhr wieder für uns, verschiedenes geordnet und nachgetragen. Mittag zu zwey. Kupfersammlung vorgenommen.

Bis Nachts abwechselnd allein und mit August. Studien zu Kunst und Alterthum. Tabellen des Künstlerlebens und der Schulen. Artischocken von Frankfurt. Hermann und Creuzer wiederholt gelesen.

3. Briefe und Expeditionen: Brief an **Frege** wegen 4000 Thlr. (für mich), 100 Thlr. an Felix (für Wein). Brief an **Weigel** wegen der künftigen Kupfer-Anschaffung. — Kupferstecher Müller, Steiner, Temler; an ersteren die Medaillen abgegeben. Successiver Abschluß des Museumsberichtes. Überlegung der Kunstgeschichte. Eintheilung der vorhandenen Kupfer. Eine Stunde spazieren gefahren. Mittags zu zwey. Frühste Sanesische, ältere Florentinische Schule. Hermann und Creuzer. Obrist Tompson. Erzählte von seiner Reise mit Serenissimo, von seinem Abstecher in's Berner Oberland. Kam Oberbaudirector Coudray. Die unedirten architectonischen Reste von Griechenland durchgesehen und umständlich besprochen. Hiesige Baupläne und Verschönerungs-Anstalten der Stadt. Chausseebau und Vorkommenheiten dabey. Fuldaische Zustände. Feld- und Gartenbau daselbst.

4. Fortsetzung des Aufsatzes wegen der Museen. Brief von Knebel, Lenz und Voigt. Die nächsten Geschäfte überdacht. Kam Herr von Münchow. Unterredung mit demselben über sein gegenwär-

tiges Geschäft und Verhältniß. Mittags der Badeinspector: Geschichte des vergangenen Sommers, Persönlichkeiten. Garten=Beobachtung. Um 4 Uhr die Prinzessinnen. Schweizerisches Panorama, überhaupt schweizerische Gegenstände. Blieben bis gegen 6 Uhr. August in den Essex. Für mich Kunstgeschichte in Bezug auf die Kupferstiche. Bey Ottilien, welche mit Musikalien beschäftigt war. Mit August zu Tisch. Über Theater=, Hof= und Geschäfts=Verhältnisse u. d. g.

5. Den Aufsatz über die Jenaischen wissenschaftlichen Anstalten fortgesetzt. Nebenstehende Expeditionen: Brief an Leisler & Comp. in Hanau, Teppichbestellung. An Färber nach Jena 3 autorisirte Quittungen. An Canzleyrath Vogel allhier, englische Bestellungen betreffend. — Canzleyrath Vogel. Hofrath Sartorius von Leipzig zurückkommend. Sendete Leipziger Lerchen. Mittag Sartorius und Frau. Nach Tische allein. Abends mit Obgenannten. Aus dem Divan gelesen, sodann zusammen gespeist. Sie erzählten viel von Leipzig und Dresden, Dr. Kappe, Böttiger, den diplomatischen Personen p. Nachts Briefe von Willemer und Cotta.

6. Den Bericht an Serenissimum wegen der vom Consistorio verlangten Bilder mundirt. Ein paar Zeilen an Staatsminister von Voigt. Das Schweizer Panorama zusammen geleimt und in

Ordnung gebracht. Staatsrath Hufeland. Zu
Mittag Frau Hofrath Sartorius. Nach Tische
Mineralien durchgesehen. Abends für mich: Ab=
handlung von Zoega durch Welcker. Mit August,
sodann Hofrath Sartorius.

7. Zu dem Aufsatz über die Museen den Etat ent=
worfen. Glenarvon. Das Panorama wieder auf=
gestellt. An den Schweizer=Modellen untersucht.
Der junge Osann Abschied nehmend, nach Paris
zu gehen. Mittag Sartorius. Abends Rath von
Otto, mit einem reisenden Petersburger. Gretsch,
Bibliothécaire d'honneur. Zoegas Abhandlungen
mit Welckers Noten. Orphische Begriffe. Hof=
medicus Rehbein. Um 9 Uhr Sartorius und
Frau. Mancherley Litterarisches.

8. Fünf Stanzen in's Reine geschrieben. Briefe von
Knebel und Lenz. Aufsatz der Museen. Bezeich=
nung der Schweizer=Modelle. Sartorius und
Frau zu Tische. Nachher Frommann. Mannig=
faltige Unterhaltung. Abends Tancred. Nachts
für mich Zoegas Abhandlungen.

9. Sartorius' Abreise. Allerley Expeditionen und
Briefe: An Knebel das chinesische Drama. An
Lenz wegen seiner Herüberkunft, um das Edel=
stein=Cabinet Serenissimi in Ordnung zu bringen.
Brief an Herrn Heß nach Berlin (laut Con=
cept). — Das Communicat an das Ober=Con=
sistorium wegen der verlangten Lucas Cranachi=

schen Churfürsten concipirt. Einiges weiter
gearbeitet. Mit August spazieren gegangen.
Ziegeleyen. Thon- und Steingruben. Gelmeröder
Schlucht, Versteinerungen. Fossiler Elephant.
Mittag zu zwey. Großes Zimmer ausgeräumt.
Abends bey Ottilien, wo Julie Gräfin von Egloff-
stein war. Geschichten von Breslau, von dem
Graf Rödischen Gut p.

10. Nach 9 Uhr auf Berka gefahren; sehr schöner
klarer Tag. Gefrühstückt. Mit dem Badeinspector über Tannroda, Markersdorf, Treppendorf,
Teichel p. nach Rudolstadt. Sogleich auf's Schloß.
Durch Gefälligkeit des Baudirectors die Zimmer,
die darin befindlichen Kunstwerke, besonders aber
auf der Galerie die 2 Köpfe der römischen Co-
lossen betrachtet. Im Gasthof zum Adler. Der
Badeinspector ging aus, verschiedenes einzukaufen
und zu bestellen. Betrachtung über die gesehenen
Kunstwerke. Merkwürdige Decorationsbilder von
Dietrich im französischen Boucherschen und Wat-
teauschen Geschmack.

11. Früh gegen 7 Uhr von Rudolstadt ab. Den
gestrigen Weg zurück. Bedeckter Tag. Halb
11 Uhr in Berka. Gefrühstückt. Um 1 Uhr
in Weimar. Mittags zu drey. Nach Tische
mancherley Ordnung. Anmeldung eines Ameri-
kaners. Sendung von Göttingen. Oberbaudirector Coudray. Entwurf einer katholischen

1817. October.

Capelle. Sendung von Nees von Esenbeck. Barth mündige Enzianarten. Nachts Manfred, Tragedy by Byron.

12. Um 9 Uhr zu Serenissimo. Gegenwärtig von Münchow, General Egloffstein, Bertuch. Ordnung der etwas verschobenen Juwelensammlung. Später kam Lenz. Vorläufiger Abschluß des Geschäfts. Nach Hause. Zu Tisch der junge Batsch und Bergrath Lenz. Amerikaner Lyman hatte vergebens auf mich gewartet. Nach Tische Zeichnungen aus Ägypten und von der Reise durch Batsch. Manfred by Byron. Abends Bergrath Lenz. Hofmedicus Rehbein p. alte Geschichten und Lächerlichkeiten.

13. Briefe und dergleichen Expeditionen: Brief an Knebel und Castis Thiere 2. und 3. Band. Brief an Frege & Comp., Ankunft der 4000 Thlr. meldend und neue 2000 Thlr. verlangend. — Vorbereitung die angemeldeten Gäste zu empfangen. Färber von Jena, ihm die Bischoffische Quittung so wie das Knebelsche Paquet mitgegeben. Mr. Lyman aus Boston. Staatsminister von Voigt. Staatsrath Hufeland und Familien. Blieben bis gegen 1 Uhr. Bergrath Lenz von Belvedere zurück. Badeinspector Schütz, beyde zu Tische. Über Victualien-Theuerung und -Anschaffung aller Orten her. Mineralien, besonders Zinnformation Lenzen vorgezeigt. Der-

selbe zu Staatsminister von Voigt, sodann in
das Schauspiel. Abends für mich. Canzler
Müller. Über Vinariensia, Jenensia, die bevor=
stehenden Feste u. s. w. Abends Bergrath Lenz zu
Tische. Alte Geschichten, besonders Büttnerische.

14. Verschiedene Briefe concipirt. Bergrath Lenz sich
empfehlend. Madame Vohs Abschied nehmend.
Am Hauptgeschäfte fortgearbeitet. Der neue
Höchste Auftrag wegen Ordnung der academischen
Bibliothek. Die Acten durchgelesen und die Sache
durchgedacht. Mittag zu drey. Nach Tische Kunst=
geschichte und Chronologie derselben besprochen.
Für mich Bibliotheks=Acten. Abends bey Ottilien,
wo die Freundinnen versammelt waren. Später
mit August. Teutschlands Urgeschichte von Barth.

15. Den Aufsatz über die Museen ferner durchgesehen.
Jenaische Bibliotheks=Acten durchgesehen und das
Geschäft weiter überlegt. Betrachtung der Äginetischen Marmore. Wagners Abhandlung mit
Schellings Noten. Kam gegen 1 Uhr Staats=
rath Langermann. Erzählte von seiner Reise
nach Niedersachsen, Helgoland, Holstein u. s. w.
Gegen 4 Uhr ging er ab. Meine Studien und
Geschäfte fortgesetzt. Kräuter mundirte Briefe.
Gegen Abend Coudray, sodann Rehbein. Nach
dem Schauspiel Gräfin Henkel, Frau von Pog=
wisch und mehrere Damen. War Frau von Pog=
wisch Geburtstag.

16. Briefe und allerley Expeditionen. Nees von Esenbeck nach Sickershausen bey Kissingen, Pietra fungaja. Vorbereitung auf den Vortrag über die Äginetischen Marmore. Um 10 Uhr die hohen Damen mit Gefolg, ingleichen der Erbgroßherzog. Blieben bis 12 Uhr. Schauspieler Ehlers, von Hamburg kommend. Mittag für uns. Nach Tische landschaftliche Kupferstiche und sonst. Brief von Frankfurt wegen dortiger Angelegenheiten, dieselben überdacht. Abends theils mit August, theils allein. Manfred von Byron.

17. Nebenstehende Expeditionen: Brief an Boisserée, Heidelberg. Brief an von Trebra, Freyberg. — Drey Expeditionen, academische Bibliothek, Zeichen-Institut und Veterinär-Anstalt betreffend. Spazieren gegangen. Traf Oels, erzählte mir von ihrem Luther. Hofmedicus Rehbein angetroffen. Die neue Bau-Anstalt bedacht. Mittags in Belvedere. Abends Theegesellschaft bey den Kindern. Von Münchow. Derselbe zum Abendessen. Nebst Frau von Pogwisch, Ober-Cammerherrin von Egloffstein und Gräfin Julie von Egloffstein. Kupferstiche und große politische Begebenheiten.

18. Früh einiges expedirt mit Kräuter. Nachher für mich. Sendung von Serenissimo an Panoramen und Modells von der Schweiz. Hofbildhauer Kaufmann. Um 11 Uhr zur Großherzogin. Um 12 Uhr Mr. Sheppard, der deutschen Sprache

willen reisend. Wird sich in Göttingen auf=
halten. Mr. V. Cousin, Professeur de Philosophie à Paris, reisend, um die deutsche Philo=
sophie näher kennen zu lernen. Brief von Knebel,
wegen häuslicher Angelegenheiten. Mittag zu
drey. Nach Tische die Schweizer Reliefs durch=
studirt. Abends gegen Gelmerode und Neu=
Wallendorf, die Feuer zu sehen. Nachts zusam=
men gespeist und den Tag recapitulirt.

19. Brief an Willemer beendigt. Um 9 Uhr zu
Serenissimo. Mehrere Personen gegenwärtig.
Ward vielerley durchgesprochen. Nach deren Ent=
fernung das Edelstein=Cabinet durch eine Lenzi=
sche Sendung completirt. Assessor Brand. Auf
die Wiese am Stern. Ward ein Instrument
probirt. Nach Ober=Weimar: das Wirtschafts=
detail besehen. Zurück durch die kalte Küche.
Serenissimus besahen bey mir die angekommenen
Helvetica. Mittag zu zwey. Hofrath Voigt:
Naturhistorisches, Litterarisches. Für mich die
Helvetica nochmals durchgegangen. Um 5 Uhr
Prof. Weithard; sodann Prof. Münchow und
Canzler: die Schnecken angefangen zu ordnen.
Ottilie kam von Hof, später August: Relation
von dem Eisenachischen Feste. — Brief an Wil=
lemer, Frankfurt a. M.

20. Die angekommenen Helvetica weiter geordnet.
Einiges über deutsche Sprache dictirt. Mit Otti=

lien zu Tische. Kam Hofmedicus und erzählte von der Wartburg. Die Schnecken ausgepackt und geordnet. Kunst und Alterthum bedacht.

21. Kamen die 2000 Thlr. an von Frege aus Leipzig. Prüfung. Über deutsche Sprache. Über Kunst und Alterthum. Mittag mit Ottilien. Fortsetzung der morgentlichen Arbeit. Falkisches Declamatorium. Später Ehlers und Frau und Gesellschaft.

22. Urtheilsworte französischer Kritiker. Über die Jenaische Bibliotheks-Angelegenheit. Genast, Nachricht von Dresden und Leipzig bringend. Döbereiner von seiner Reise erzählend, Chromeisen aus dem Rheinsand bringend. Von Arnim, Notizen aus England, Pyrmont, Eisenach. Mittag mit Ottilien. Weimarische Mädchen-Charactere und Verhältnisse. Brocchi's Thal von Fassa, übersetzt von Blöde. Glenarvon. Abends allein. Klaggesang aus Glenarvon übersetzt. Später August.

23. Nebenstehendes: Brief an Frege & Comp., Leipzig, die Ankunft der 2000 Thlr. meldend. Erlaß an Färbern wegen Anfuhre von 3 Klaftern weiches Floßholz für die Veterinärschule. Quittung für Schrötern auf 25 Thlr. Sächs. vorschußweise. — Erlaubniß für Joseph Schmeller, die Churfürsten auf der Bibliothek zu copiren. Lobworte französischer Kritiker. Thierfabeln durch

bildende Kunst. Jenaische Expedition. Mawe's Edelsteine. Legationsrath Conta, über die Jenaische Bibliothek-Angelegenheit. Mittags mit Ottilien. Glenarvon 1. Band ausgelesen.

24. Brachte Kräuter das Mundum des Aufsatzes über die wissenschaftlichen Anstalten. Über Thierfabel. Preise der Elginischen Marmorabgüsse. Mawe's Demanten. Brocchi Thal von Fassa. Manuscripte des dritten Hefts Kunst und Alterthum. Acten über die academische Bibliothek zu Jena. Müller: Kaufmannische Köpfe für die Zeichenschule. Mittag mit Ottilien. Über die Musik bey Gräfin Henkel. Ehlers und Frau. Gegen Abend Leonhards Tabellen. Brocchi Fassaische Mineralien. Lenz Mineralogie. Meine Exemplare von Zeolithen und Sippschaft.

25. Thierfabel Folge. Die gestrigen Geschäfte, Bücher und Vorsätze. Raffles History of Java. Auf der Zeichenschule. Zu Haus Ordnung der abzusendenden Mineralien nach Jena. Präsident von Reck und Canzler von Müller. Mittag mit Ottilien. Brocchi und Mawe wie gestern. Das große Zimmer geräumt. Ankündigung von Lemmnich aus Copenhagen. Brief an Cotta concipirt. Naivität und Humor. Mit Ottilien in's Theater: Die Vestalin, Ehlers Gastrolle. Nachher mit August: über die Verpflichtung der Landräthe und andere neue Einrichtungen und Ansichten.

26. Um 9 Uhr zu Serenissimo. Park=Commission, wegen Fenster=Surrogaten. Günther wegen der Jacobskirche. Zur Hoheit gratuliren wegen des Geburtstags der Kaiserin. Mit Serenissimo in den churfürstlichen Zimmern. Gemälde. Jenaische Bibliotheks=Angelegenheit. Zu Hause. Frühstück. Ehlers und Frau. Zusammen Declamation. Mittag mit Ottilien. Für mich Kunst und Alterthum. Abends Raffles Geschichte von Java. Glenarvon 2. Theil.

27. Briefe und Expeditionen: Brief an Cotta nach Stuttgart (laut Concept). Brief an Kosegarten. — Lorzing. War der Teppich angekommen. Für mich allerley vorgenommen. Rath Vulpius von Eisenach zurück. Eisenachische Geschichten. Über Jenaische Bibliotheks=Verhältnisse. Prof. Lemmnich von Copenhagen, Orientalist, nach Paris reisend. Die Genfer Achard und Martin, von Dresden kommend. Zu den Prinzessinnen zu Mittag. Professor von Münchow war gegenwärtig; derselbe fuhr 3 und ½ nach Jena. Über Blumenmalerey und ihre Epochen. Abends Glenarvon 2. Band. Mineralien=Sendung vom Cammerherrn von Preen. Dieselben verglichen mit Brocchi's Abhandlung, da sie daselbst beschriebene Mineralien zum Theil waren. Gleichfalls Ankunft der kleinen Medaillen von Berlin.

28. Hermann und Creuzer über Mythologie. Briefe.
Von Preen, Sendung anerkannt. Museen-Rech=
nung des letzten Jahres. Rath Vulpius wegen
dem Real=Catalog. Papier=Forschung. Ottiliens
Handel mit den türkischen Kaufleuten. Mittag
zu drey. Fortgesetztes Papiergeschäft. Mineralien
vom Fassathal. Brief an Hofrath Meyer.
Abends mit August. Lustige Geschichte mit der
türkischen Pastille. Keverberg von Kassel, Rede
bey Austheilung der Preise in der Academie zu
Gent.
29. Inhalt des Briefs an Meyer: Leipziger Kupfer=
stich=Sendung. Jenaische Museen. Bibliothek.
Alterthümliche Schriften. Prof. von Münchow.
Fürstliche Kinder. Elgin Marbles. Unedited
Antiquities. Dallaway. Raffles History of Java.
Den Aufsatz über die Jenaischen Museen foliirt.
Stadelmann dictirt am Votum wegen den Jenai=
schen Bibliotheken. Manches andere durchgedacht
und eingeleitet. Rath Vulpius, Papier=Anschaf=
fung zum Real=Catalog. Neue Pappen von
Jena; im allgemeinen einrangirt. Mittag zu
drey. Pfaffen und Theater in Collision. Im
Geschäft fortgefahren. Teppich=Geschäft einge=
leitet mit dem Gnomen. In die neuen Porte=
feuilles einzurangiren angefangen. Abends mit
August. Später Frau von Pogwisch. — Brief
an Lenz nach Jena, mitgetheilte Briefe zurück.

1817. October.

Brief an Färbern nach Jena, unterzeichnete Quittungen und 6 Thlr. 18 Gr. baar für den Buchbinder.

30. Nebenstehende Expeditionen. Briefe: An Herrn von Preen, Rostock. An Leisler & Comp., Hanau (Teppich=Muster retour). An H. Meyer, Stäfa. An Dr. Schlosser, Frankfurt a. M. An Leisler & Comp., Hanau (mit der Assignation auf 172 fl. Rhein.). — Votum wegen Ordnung der Jenaischen Bibliotheken. Verschiedenes auf Zeichenschule bezüglich. Die kleinen Münzen eingewickelt und numerirt; sonstige Privatgeschäfte. Mittag mit August. Brocchi's Fassathal. Glenarvon dritter Theil. Kupfer einrangirt.

31. Erster Feyertag des Reformations=Jubiläi. Ottiliens Geburtstag. Am Etat regulirt. Andere Expeditionen dahin bezüglich. Acten rubricirt. Einleitung in die Bibliotheksgeschäfte. Geh. Cammerrath Stichling. Mittag Gräfin Henkel und Frau von Pogwisch. Nach Tische mannigfaltige Unterhaltung. Herr Präsident von Einsiedel, der von der gestrigen Jenaischen Feyerlichkeit erzählte. Oberbaudirector Coudray. Abends Thee bey den Kindern: Gräfin Caroline von Egloffstein. Coudray und Rehbein bey mir bis spät.

November.

1. Zweyter Feyertag. Einweihung der Jacobskirche. Blieb zu Hause. Vielerley sowohl die Oberaufsichts=Geschäfte als andere Gegenstände betreffend. Concepte von Geh. Cammerrath Stichling erhalten. Mittag zu zwey. Vorher Rath Vulpius, über seine Expedition und den zu fertigenden Real=Catalog. Nach Tische Fortsetzung der morgenden Arbeiten. Über die Regenbogenschüsselchen. Über Schinkels Fronton. Abends Kupfer und Zeichnungen einrangirt.

2. Dritter Feyertag. Kleine Expeditionen nach Jena und die Zeichenschule betreffend. Brief an Dr. C. Schlosser, Frankfurt a. M., wegen der verspäteten Mineraliensendung. An Färber nach Jena. — Aufsatz über die Museen in Mundo abgeschlossen. Die Abschrift des biographischen Catalogs vorbereitet. Herr Legationsrath Conta, wegen der Jenaischen Bibliotheks=Angelegenheit. Mit Wahnes, die Behandlung der vorderen Zimmer besprochen. Dieselben ausgeräumt. Manfred einzelne Stellen studirt und übersetzt. Zu Tische mit August. Brocchi's Fassathal. Darmstädter Wackengebirg, im Vergleich mit den Fassaischen. Nachts mit August. Über die Insurgenten am Orinoko und sonstige Weltereignisse.

3. Die Concepte von der Staats-Canzley wegen der Jenaischen Bibliotheks-Angelegenheit durchgesehen, die nächsten Expedienda deßhalb aufgezeichnet. Den Bericht wegen der Jenaischen Museen expedirt. Concept von Stichling, wegen der Bibliotheks-Angelegenheit. Die Maler arbeiteten in den vordern Zimmern. Rath Vulpius weitere Verabredung wegen des Catalogs. Aus Manfred übersetzt. Brocchi's Fassathal. Bey Ottilien, wo Gräfin Lina war. Mittag allein. Leonhard Propädeutik. Theater: Der Wald von Hermannstadt, spielte Madame Ehlers. Brief von Staatsrath Schultz. Bey diesem Anlaß so wie bey der Propädeutik Naturwissenschaften überdacht. — Brief und Sendung von Rochlitz, nebst Brief vom Wiener Schnorr.

4. Mundum des Erlasses an die Academie wegen Einrichtung der Bibliothek. Rath Vulpius wegen eben dieser Angelegenheit. Im Garten. Den nächsten Jenaischen Aufenthalt durchgedacht. Mittag zu drey. Nach Tische mannigfaltige Unterhaltung. Einiges an Manfred.

5. Vorbereitung zur Abreise und mancherley auf die Jenaischen Angelegenheiten bezüglich fortgesetzt. Um 11 Uhr Staatsminister von Voigt, die Bibliotheks-Angelegenheiten und nächsten Zustände besprochen. Mittag zu drey. Mancherley Expeditionen. Ottilie war in der Stadt gewesen,

brachte chinesische Seide und dergleichen. Zu=
drang zur Zeichenschule. Le Sage Atlas, bezüglich
auf Brocchi's Fassathal. Abends Nachricht von
Willemer durch seine Tochter. Die Beschäfti=
gungen des Tags recapitulirt.

6. Das letzte zur Abreise nach Jena besorgt. Gegen
acht Uhr abgefahren. Den neuen Weg besehen.
Gegen 11 Uhr in Jena. Einrichtung. Auf dem
Cabinet, neue Sendung betrachtet. Auspacken
angeordnet. Mittag für mich. Nach Tische mit
Güldenapfel in den academischen und Bibliotheks=
gebäuden. Zu Knebel. Kurz Vergangenes be=
sprochen. Madame Bohn und Frau von Bode,
späterhin kam Cammerrath Stichling. Neustes
von Weimar und Jena.

7. Prof. Döbereiner, die untersuchten Mineralien,
chemische Resultate daher. Prof. von Münchow.
Prof. Güldenapfel. Die ausgetrockneten Gummi=
täfelchen zeigten Farbe beym obliquen Licht.
Spazieren gegangen. Bey Knebel, über Man=
fred. Zu Tische allein. An die academische
Bibliothek mit Stichling und andern, die Haupt=
sache der Mauern überlegt. Zu Frommanns,
kam Prof. Kosegarten. Durch Kirms den Ber=
tram an Frau von Voigt überschickt.

8. Bibliotheksangelegenheiten. Prof. Döbereiner
wegen der Gummitafeln. Zwey Griechen. Hof=
rath Voigt, übergab ihm das botanische Schema.

Medicinalrath Löbel, brachte sein Buch über das
Auge. Um 11 Uhr mit Professor von Münchow
durch's Mühlthal bis zum neuen Weg gefahren;
erzählte derselbe seine Erklärung ägyptischer Mythologie. Mittag bey Knebel, dann für mich.
Bergrath Lenz, über die Societät, neue angekommene Stufen. Brief von Weimar, Nachricht
von den Trierischen Mineralien.

9. Das nächste Geschäft bedacht. Verschiedene Expeditionen. Spazieren gegangen mit Prof. Renner,
kam Serenissimus. Mineralogisches Museum, die
neu angekommenen Steine aus Bayern. Zu Tafel.
Serenissimus nach Dornburg. Zu Knebel, Prof.
Kosegarten. Nachher Übersetzung aus Manfred.
Nachts zu Hause, an der Übersetzung fortgearbeitet.

10. Expeditionen. Registraturen, Veranstaltungen,
Entwürfe. Spazieren den Apoldaischen Steiger
hin, rückwärts um die Stadt. Mittag für mich.
Nach Tische in die academische Bibliothek. Das
Abtragen der Mauer war schon stark vorgerückt.
Tischer Werner war von der Absicht eines Ver-
schlags in dem Expeditionszimmer unterrichtet,
man besprach mit Zimmermeister Nürnberger
verschiedene in sein Fach schlagende Arbeiten.
Fuhr und ging spazieren. Zu Knebel, Geh.
Rath Schmidt, ein Wallersteiner. Abends Stadel-
mann. Registraturen dictirt.

11. Alles Vorseyende durchgedacht und vorbereitet. Verschiedenes mundirt, in die Acten geheftet. Bergrath Döbereiner über Stöchiometrie und die Steigerung derselben. Professoren von Münchow und Konopak. Doctor Roux, wegen dessen Anstellung. Zu Knebel. Mit demselben spazieren gefahren nach Löbstädt. Zu Tische Herr von Arnim, nach Dornburg vorüber reisend. Doctor Roux. Veterinär=Schule. Zu Knebel. Abends Expeditionen.

12. Expedition nach Weimar, wegen Dr. Roux: Herrn Staatsminister von Voigt Acten und Bericht, Dr. Roux Anstellung betreffend. Briefe an meinen Sohn. — Auf die Bibliothek Bezügliches. Die Repertorien überdacht. Schmied Rohrmann. Spazieren gegen den Philosophengang. Um 12 Uhr im Academiegebäude. Mit Prorector Stark alles durchgegangen, was begonnen und vorbereitet worden. Mittag für mich. Das Vorseyende durchgedacht. Inspector Götze, Berathung mit demselben. Zu Major von Knebel, spazieren gefahren gegen Winzerla. Bis 6 Uhr im Garten. Unterhaltung über die Novissima, auch Seebeck und andere Freunde. Zu Hause Registraturen der Tagsgeschäfte. Für mich, die Vorzeit 2. Bandes 1. Stück. Die Fortsetzung des Geschäftes durchgedacht.

13. Vorbereitung zu den heutigen Expeditionen. Tabelle eingeleitet zur Übersicht der Handwerker.

Meister Timmler wegen der Mauer und Ab=
brechen derselben. Kam der Herr Erbgroßherzog
um 11 Uhr. Malcolmi wegen seiner Gastrollen
in Weimar. Mittag für mich. Mit Knebel
spazieren gefahren. Bey ihm Kosegarten ange=
troffen. Fand zu Hause desselben Schema der
orientalischen Sprachen, unterhielt mich damit,
so wie mit den Fundgruben des Orients. Schickte
einen Boten nach Weimar.

14. Die Expeditionen fortgesetzt. Um 10 Uhr im
botanischen Garten. Auf die Bibliothek, mit
dem Bibliothekar und Handwerkern manches be=
sprochen. Bey Herrn von Ziegesar. Mit Knebel
spazieren gefahren. Bey demselben zu Tische.
Unterhaltung bis 4 Uhr. Zu Hause. War der
verlangte Real=Catalog von Weimar angekommen;
Überlegung desselben. Zu Frommanns, Kieser
und Hofrath Voigts. Später ein Bote von
Serenissimo. Bis 12 Uhr Vorbereitung der
Abreise.

15. Alles besorgt, was zum Fortgang des Geschäfts
nöthig ist, und sonstige Obliegenheiten. Um
11 Uhr abgefahren. Unterwegs das Nächste be=
dacht. Um halb 1 angelangt. An die Weimari=
schen öffentlichen und häuslichen Angelegenheiten
wieder angetreten. Mittag zu drey. Nach Tische
Francofurtensia. An Genast. Lieber mit ge=
tuschten Zeichnungen. Abends mit den Kindern

Stadt= und Landgeschichten. War die Confirma=
tion des Treuterischen Hauskaufs eingegangen.

16. In Jenaischen Bibliotheks=Angelegenheiten einiges
expedirt. Canzleyrath Vogel. Maler Wahnes.
Rath Vulpius ein Bändchen Ersch bringend.
Zur Ausstellung der Zeichnungen von Bossi und
anderer. Kamen die Herrschaften mit vielem Ge=
folg. Mit Serenissimum in die Gärten, war
Fürst Reuß gegenwärtig. Mittag Coudray. Nach
Tische Roux Zeichnungen. Kupfer der Vene=
tianischen Schule. Abends Bossi über da Vinci's
Abendmahl. Nachts August von Hofe: Publica
et Domestica.

17. Elgin Marbles und Expedition nach Frankfurt
wegen des Hauses und Vermögens. Hofmedicus
Rehbein. Hofbildhauer Kaufmann. Zur Groß=
herzogin, die Zeichnungen von Roux vorzulegen.
Relation von der Jenaischen Bibliothek. Zu
Staatsminister von Voigt: über die nächsten
Geschäfte. Um 1 Uhr zu den Prinzessinnen, da=
selbst gespeist. Zu Hause Agenda arrangirt und
vorbereitet. Kupferstecher Müller, wegen der
Rouxischen Landschaften und sonst. Briefe und
sonstige Expeditionen. Hofmedicus Rehbein. Nach
dem Theater August. Blieben bis spät bey=
sammen.

18. Einige Jenaische Expeditionen. Brief an Weigel
in Leipzig. Das Vorseyende arrangirt. Acten

rubricirt und geheftet. Um 11 Uhr zur Hoheit.
Um 12 spazieren gefahren. Mittag zu drey.
Stephan Schützens Werk über das Lächerliche.
Abends für mich. In demselben Buche fort=
gefahren. Malerische Reise über den Simplon.
Die Kinder aus dem Ehlerischen Concert.

19. Einige Expeditionen. Munda des neuen Veterinär=
Etats. Geh. Cammerrath Stichling wegen der
Jenaischen Bibliothekscasse. Mit Ottilien zu
den Cartonen und Durchzeichnungen. Spazieren
gefahren gegen Belvedere. Mittag Dr. Schütz
und Frau. Abends Varnhagen von Ense. Blieb
zu Tische. Spät mit August allein, über Öffent=
liches und Besonderes.

20. Die Erlasse an Renner und Kühn wegen der
Einrichtung der Veterinär=Anstalt Sr. Excellenz
zur Mitunterzeichnung zugeschickt. Dieselben ge=
siegelt. Um 10 Uhr auf die Bibliothek, wo
Serenessimus und Fürst Reuß waren. Betrach=
tung der mitgebrachten Italiänischen Kupferwerke.
Nach Hause. Bossi über das Abendmahl. Mit
August zu Tische. Brief vom Herzog von Gotha
wegen der Bibliotheksangelegenheit. Von Sar=
torius Nachricht. Manches besorgt. Weg über den
Simplon in Modell und Zeichnung. Cattaneo's
Gutachten über Bossi's Urtheile. Schemata zum
Aufsatz über Bossi und Aufschriften der Tecturen
von Cattaneo.

21. Alles Nöthige besorgt und eingepackt. Um 9 Uhr abgefahren, um halb 12 Uhr in Jena. Freundliches Wetter. Für mich gespeist. Die nächsten Geschäfte überdacht. Nach Tische zu Knebel. Abends in des Bossi Abendmahl gelesen. Schreiben an den Herzog von Gotha. Andere Briefe concipirt, ingleichen abgeschrieben: Brief an Rath Schlosser nebst einer Vollmacht und dem Attest des Weimarischen Unterthanverbandes. Verordnungen an Professor Renner und Rentamtmann Kühn, wegen der Veterinär-Schule.

22. Abschrift der gestrigen Briefe. Mit Rentamtmann Lange über die Rechnung. Prof. Döbereiner Auftrag einer Untersuchung. Hofmechanicus Körner, Einladung zu Versuchen. Hofrath Voigt über's botanische Schema. Inspector Götze. Mit Herrn von Knebel spazieren gefahren. Zu Hofmechanicus Körner, seine neusten Arbeiten zu sehen. Für mich zu Tische, spazieren gegangen. Das Vorseyende bedacht. Abends Prof. Kosegarten.

23. Den Entwurf über Bossi's Abendmahl. Dr. Weller. Hofmaurer Timmler. Geh. Hofrath Eichstädt. Auf den Museen, Versuch der Elektrizität auf die Stahlplatte, reüssirte nicht. Der Herr Käferstein aus Halle und der Herr von Bartsch aus Wien. Zu Major von Knebel, da-

selbst gespeist. Zu Döbereiner, über die neusten Chemica. Zu Hause, die Abschrift der Abhandlung über Bossi vorgefunden. Die sämmtlichen Geschäfte durchgedacht. Zu Frommanns, mehrere Frauenzimmer, Doctor Gries. Kosegarten als Whistspieler, ein gesellschaftliches Abentheuer. Nachts im Werke von Bossi gelesen.

24. Brief an Serenissimum abgeschrieben. Anderes auf Bibliothek Bezügliches durchgearbeitet. Bergrath Döbereiner, der sich mit seinen Auditoren durch Chlorine vergiftet hatte. Prof. Güldenapfel, der einen Bericht brachte. Ging spazieren, in Harras Garten. Mittag für mich. Nachher Bergrath Lenz. Nebenstehende Besorgungen: An Kräuter. Serenissimo den Aufsatz über Bossi. An Rochlitz. An Schultz. An Vogel wegen der Zeichnungen der Elgin Marbles. — Sendung von London. Aufsatz von Mawe. Studium desselben. Weitere Überlegung dieses Verhältnisses. Um 5 Uhr zu Major von Knebel, über die Aussichten des Bezugs auf England. Vorher Unterhaltung mit Professor Güldenapfel wegen der Zeit, die er künftig dem Bibliotheksgeschäfte widmen kann. Um 6 Uhr Bergrath Döbereiner, Hofrath Voigt. Unterhaltung über Chemie, Steinkohlenformation, Elementarzahlenverhältnisse und sonst. Hofrath Voigt brachte das neue Schema vom botanischen Capitel.

Nachts der Matwesche Aufsatz, entziffert und durch=
gedacht.

25. Schreiben an Herzog von Gotha in's Reine dictirt.
Mehreres expedirt, Acten geheftet und ajustirt.
An Grafen Vitzthum Brief copirt. Manches zu
den Acten ferner gebracht. Die Abtheilung des
Weimarischen Schemas geordnet. Mittag für
mich. Promemoria mit Bleistift, wegen des Bi=
bliothekspersonals. Übersetzung des Aufsatzes von
Matwe, über die Steinkohlen von Bobey. Bey
Major von Knebel, persisches Manuscript. Byrons
Lebewohl. Abends Prof. Renner, Clarks über
den Pferdehuf. Später demselben Bossi's Vinci
vorgezeigt und über Kunstwerke gesprochen.

26. Copie des Briefs an Herzog von Gotha. Doctor
Roux anfragend. Concept an Legationsrath
Conta. Ausfertigung wegen der Bestellung des
Veterinär=Museums. Spazieren gefahren nach
Wöllnitz zu. Güldenapfels Bericht überdacht.
Ingleichen Eichstädtische Verhältnisse zu dem
Senat pp. Mittag für mich. In der Bibliothek.
Zu Knebel, über Byron. Übersetzung seiner Ge=
dichte. Abends Clarks über den Pferdehuf.

27. Abschriften: Briefe an Herzog von Gotha und
Conta. Acten geheftet und durchgesehen. Doctor
Roux wegen der Landschaften. Güldenapfel wegen
seinem Zeitaufwand. Zwey Ungarn, ein Ber=
liner. Der Grieche, eine Unterhaltung über seine

Übersetzung der Iphigenie wünschend. Mittag für mich. Nach Tische in den botanischen Garten. Zu Major von Knebel. Der Pfingstmontag, ein Straßburger Drama. Leonard da Vinci Leben.

28. Expedition nach Weimar. Vorarbeiten zu Kunst und Alterthum durchgesehen. Der Studiosus Röbiger. Im Hauptgeschäft fortgearbeitet. Sendung von Weimar ausgetheilt. Spazieren, von der Veterinärschule an über die Höhe abwärts auf die Weimarische Chaussee, Unterhaltung mit Inspector Götze, durch die Leutra und das Paradies. Sendung von Serenissimo, den Aufsatz über das Abendmahl mit Noten. Bührlen, Erzählungen und Miscellen. Friedrich von Raumer, Herbstreise nach Venedig. Rentamtmann Lange. Mittag für mich. Manches bedacht und bearbeitet. Nebenstehende Expeditionen: Antwortschreiben an Herzog von Gotha. Brief an Conta, jenes eingeschlossen. Obermarschall Graf Vitzthum nach Dresden. — Abends bey Major von Knebel, kam Prof. Bachmann. Buch des Grafen Bouquoy. Nachts der junge Grieche und Prof. Renner.

29. Aufsatz über das Abendmahl. Der Herr Prof. von Münchow, über die Weimarischen Erziehungsverhältnisse. Bey dem schönsten Wetter mit Knebel spazieren gefahren, gegen Winzerla. Mittag für mich. Mawe's Reise nach Brasilien.

Abends bey Hofrath Voigt und Frau. Brief von Staatsminister von Voigt.

30. Knebels Geburtstag. Gedicht an ihn. Brief an St. M. von Voigt mit der Abendpost. Götze. Pr. Döbereiner. Pr. Hand. Trierische Mineralien. Ausgepackt und beschaut. Hr. Frommann. Mittags bey Knebel, Prof. Döbereiner und der Grieche. Herr von Froriep war morgens dagewesen und brachte die Vorstellung der Gebirgshöhen. Abends für mich. Vinariensia durchgedacht, Byrons Incantation.

December.

1. An Vinci's Abendmahl fortgefahren. Der Grieche sich wegen seines gestrigen Außenbleibens entschuldigt. Prof. Güldenapfel wegen seiner nächsten Befugnisse und Zeitverwendung. Aufgeräumt, Papiere und Effecten sortirt. Bergrath Döbereiner, das neue entdeckte Mineral besprechend. Fuhr ich nach Löbstädt, höchst mildes Wetter. Ward beschlossen einen Theil der Steine von der Acad. Bibliothek auf den Heinrichsberg zu schaffen. Bergrath Lenz wegen Beschreibung des neuen Minerals. Prof. Kosegarten, wegen arabischer Manuscripte. Zu Knebel, wohin Frommanns und Bohns kamen. Nachts der Grieche, schwierige Stellen aus Iphigenie, über Philosophie, Poesie und dergleichen. Später Brocchi's Fassathal.

2. Schreiben an Cattaneo; in Bossi gelesen. Professor Döbereiner, über atmosphärische Erscheinungen. Einiges an den Bibliotheksacten. Pastor Putsche, wegen der sich selbst färbenden blauen Kartoffeln. Mittag für mich. Nebenstehende Expedition: An meinen Sohn, Promemoria von mehreren Punkten, Otteny's Quittung an Vogel, die Indischen Jagden verlangt, Knebelisches Geburtstagsgedicht. — Leonard. Spazieren. In der Bibliothek, mancherley Vorsehendes mit Güldenapfel. Zu Knebel, kam Demoiselle Schorcht, kamen die Seinigen von Lobeda zurück. Nachts für mich, aus Manfred Bezauberung übersetzt, in's Reine dictirt.

3. Bossi's Abendmahl, technische Mittel, Verderbniß. Prof. Döbereiner wegen der blaufärbenden Kartoffeln. Spazieren gegangen für mich. Mittag allein. Rentamtmann Lange. Geschichte der Frau von Krüdener in Erfurt. Betrachtungen der Gänge an Handstufen. Zu Knebel, sein Sohn wiederholte die Geschichte der Frau von Krüdener. Abends für mich. Sendung von Weimar. Brief von Boisserée. Abschrift des Aufsatzes über das Abendmahl.

4. Nebenstehende Expeditionen abgeschrieben: An Geh. Hofrath Eichstädt. An Herrn Sulpiz Boisserée mit dem Schema zu Bossi. Staatsminister von Voigt mit der Wiener Depesche.

An Rath Vulpius. An meinen Sohn, Vor=
stehendes eingeschlossen und sodann Brief von
Frege. — Leonard da Vinci, über farbige
Schatten extrahirt. Mittag bey Frommanns,
war Herr von Gerstenbergk gegenwärtig. Vieles
über die neusten Vorfallenheiten. Frau von Knebel
wegen den italiänischen Sängern. Zu Herrn
von Knebel. Abends für mich, Leonard da
Vinci.

5. Oberbaudirector Coudray, seine Geschäftsverhält=
nisse und Publica. Abschriften und sonstiges
Bezügliches auf die Bibliotheksgeschäfte. Mancher=
ley Copien und sonst zu eben demselben Zweck.
Prof. Güldenapfel, das nächste Bibliothekarische.
Manches sonst bey den Acten Ersichtliches. Natur=
wissenschaftliches. Bey Knebel zu Tische. Ein
Wallersteiner nachher. Abends Copien zu den
Acten. Expedition nach Weimar. An meinen
Sohn manche Nachrichten und Fragen. — An
Herrn von Goethe mit 2 ℔ Castanien.

6. Leonards Abendmahl, Copien überhaupt, Copien
insbesondere. Brief an Herrn Geh. Cammer=
rath Stichling. Spazieren gefahren gegen Löb=
städt, schönstes Wetter. Herr von Schmidt aus
Wien mit Empfehlung von Herrn Legationsrath
Falk. Mittag für mich, kam Hofrath Voigt.
Las weiter in Bossi. Abschrift aus Leonard
da Vinci, die Farbe betreffend. Leonhards große

Mineralogie. Später den Aufsatz über Bossi durchcorrigirt.

7. Bossi's Abhandlung erster Bogen umgeschrieben. Depesche nach Weimar für heute Abend. Mittags Bergrath Lenz, äußere Kennzeichen des neuen Minerals, Wackenformation, zu erwartende Mineralien aus Schweden. Insel Bornholm. Nach Tische Dr. Schmidt mit Empfehlungen von Cotta. Am Aufsatz über Bossi, auch in der italiänischen Abhandlung gelesen. Zu Knebel, schwankende Meinung über den Augenblick. Lüders, Braunschweigisches Verhältniß, früher Borussica. Einladung zu den Jagdstücken. Nachts die ersten Bogen des Abendmahls in's Reinere geschrieben. — St. M. v. Voigt, zwey Promemoria. GCR Stichling. Serenissimo, Steinplatte pp. Meinem Sohn, Varia. Vorstehendes eingeschl.

8. Bossi's Copie zur Mosaik. Vorarbeit in dem fertigen Concept. Abschrift desselben. Major von Knebel die Indischen Jagden besehen. Mit demselben spazieren gefahren nach Löbstädt. Heiterer Tag, kalter Wind. Mittag für mich. Bergrath Voigt die Indischen Jagden besehn. Ward an der Abschrift fortgefahren, gleichzeitig mit der Correctur. Zu Knebel, begegneten mir Kosegarten und Roux. Zu Hause Brocchi's Fassathal, Leonhards Propädeutik.

9. Die von Serenissimo bestellte Wolkenlehre durch=
gedacht. Intention, sowohl sie, als die geognosti=
schen Epochen mit der Höhendarstellung zu vereini=
gen. Correctur des Capitels der Copien. Abschrift
derselben. Indessen die Wolkenlehre durchgedacht
und in Bezug auf das Höhenbild bearbeitet.
Prof. Renner, von Knebel und Weller, die Jagd=
stücke besehen. Schröter mit seiner halbjährigen
Rechnung, Beredung deßhalb. Prof. Güldenapfel,
wegen des nächst Bevorstehenden. Spazieren gegen
Winzerla. Mittags allein. Fortgesetzte Abschrift
des Abendmahls. Expedition nach Weimar: Von
Froriep drey Exemplare der Höhenkarte verlangt.
An meinen Sohn. — Voigts, die Jagden zu
besehen. Um 6 Uhr zu Knebel, kamen die neusten
Ereignisse zur Sprache. Nachts Brocchi's Fassa=
Gebirg und was dem anhängig.

10. Schreiben an Cattaneo. Canzlar von Müller,
Geh. Cammerrath Stichling. Zu Tische Herr
von Münchow. Promemoria an Conta zu senden.
Arbeiten und Vorarbeiten fortgesetzt. Bey Herrn
von Knebel, Aufsatz über's Abendmahl vorgelesen,
kam Fräulein von Tümpling. Nachts Brocchi's
Fassathal. Von Münchow sendete die Berech=
nung der asiatischen Gebirge in Toisen.

11. Abschrift an Cattaneo beendigt. Einiges an Conta.
Vulpius und Artaria. Sonstiges ajustirt und
corrigirt. Mittag bey Knebels. Nach Tische

Rath Vulpius. Zu Hause. Kosegarten, über Greifswalde und die dortigen Zustände, arabische Schrift, zuletzt Sanskrit. Nachher für mich, die verschiedenen Geschäfte durchgedacht und notirt.

12. Verschiedene Expeditionen: Brief an Cattaneo. Sendung an Conta. Einiges an meinen Sohn wegen Hierherkunft den Sonntag. — Ordnung gemacht. Expedition nach Weimar vorbereitet. Spazieren gegangen um 12 Uhr, Wolkenbeobachtung. Zu Tisch für mich. Früher Prof. Güldenapfel wegen des Nöthigsten bey der Bibliothek. Prof. Döbereiner wegen dem neuen Mineral. Hauptbeschäftigung des Tags, Howards Wolken=Terminologie auszuarbeiten. Abends bey Knebel, Kupferstiche von Roux. Bey Frommanns. Nachts Wolkenformen wiederholt durchgedacht.

13. Die Howardische Lehre wieder durchdictirt. Doctor Roux wegen des Vordergrundes der Dornburgszeichnung, demselben die Skizzen zu Howard mitgegeben. An Howard fortgefahren. Mineralien des Thals Fassa und ähnliche aus Tyrol. Die symbolischen Höhenzeichnungen studirt. Mittag für mich. Nach Tische Briefe an Prof. Zelter und Dr. Meyer. Bey Knebel. Kam Sendung von Weimar, englische Journale. Art die Eichen zu pflanzen.

14. Höhenbilder und Brocchi. Ordnung von Büchern und Papieren. Kam mein Sohn von Weimar;

besprochen mit demselben öffentliche und Privat=
geschäfte. Zusammen gespeist, spazieren gefahren.
Zu Knebel. Noch einige Zeit allein beisammen.
Morgens war Meister Timmler aufgetragen wor=
den, wegen der weiteren Arbeit außen an der
Bibliothek Vorschläge und Anschläge einzureichen.

15. Nachtrag zu Howards Wolkenlehre. Verschiedene
Briefe und Expeditionen. Brief an Schlosser
nach Frankfurt. Bergrath Döbereiner, Ein=
ladung auf heute Abend. Geh. Hofrath Eich=
städt. Expedition fortgesetzt. Mittag für mich.
Nach Tische Geschäfte fortgesetzt. Abends Geheime
Hofrath Stark, eine morgende Ankunft verkündi=
gend. Abends Prof. Döbereiner, über Silicium
und anderes. Bergrath Voigt, mancherley Anek=
doten von jenaischen Handwerkern.

16. Cattaneo's Brief geschlossen. Camarupa abzu=
schreiben angefangen. Vielfältige Expeditionen
nach Weimar. Brocchi durchgegangen, Register
der von ihm aufgeführten Steinarten. Mittag
im Schlosse, Graf Zichy, Graf Edling, der Pro=
rector, die Decanen, drey Ungarn. Abends bey
Herrn von Ziegesar.

17. Fortgearbeitet an allem bezüglich auf Natur=
geschichte und Naturlehre. Um 9 Uhr Serenissi=
mus. Eine halbe Stunde Aufenthalt. Über die
nächsten Geschäfte. Die Jagdparthie ging nach
dem Napoleonsberge. Ich setzte die frühern Stu=

bien fort. Prof. Güldenapfel wegen kleinern Bibliothekseinrichtungen. Leonhards Vorübung. Mittag für mich. Camarupa für dießmal abgeschlossen und an Münchow gesendet. Mawe's schriftliche Mittheilung redigirt und ferner übersetzt. Abends Bergrath Lenz, Mineralogisches und Academisches.

18. Camarupa für Weimar fortgesetzt. Die übrigen Beschäftigungen parallel fortgeführt. Roux mit dem symbolischen Wolkenbilde. Von Knebels Sohn und Weller. Da Vinci's Abendmahl wieder vorgenommen. Den Aufsatz durchgesehn, das Weitere bedacht, die Notizen von Boisserée beherzigt und so nach allen Seiten hin zu wirken fortgefahren. Mittag für mich. Fortsetzung von Mawe's Aufsatz. Krugs Broschüre gegen Adam Müller. Gernhards anakreontische Gedichte. Abends bey Frommanns, Hofräthin Voigt, Kieser und von Minkwitz.

19. Howards Lehre völlig abgeschrieben. Andere Briefe und Vorarbeiten zur heutigen Absendung. Einige eigenhändige Briefe. Frommanns, die Indischen Jagden zu sehen. Mittag für mich. In den Arbeiten fortgefahren. Das neue Heft von Kunst und Alterthum durchgesehen. Abends Prof. Kosegarten, Orientalia und angeknüpfte Geologica.

20. Früh einiges geordnet. Um 9 Uhr nach Dornburg gefahren. Um 11 Uhr angelangt. Schöne

Wolkenerscheinung. Um 2 Uhr abgefahren. Um 4 Uhr zu Haus, die Arbeit wieder vorgenommen. Sendung von Weimar. Leipziger Kupferstich=Catalog. Leonard da Vinci im Original, Lomazzo über die Malerey.

21. Die gestrigen Sendungen durchgearbeitet. Müllers Recension des Bossi in den Heidelberger Jahrbüchern. Portefeuille von Weimar, mit den Lucidi von Mayland. Divan, erstes Buch an Frommann. Mittag bey Präsident von Ziegesar, Konopaks, Lullu Werther, junge Leute. Abends die Portefeuilles von Leonardus besehen und Müllers Recension gelesen. — An Serenissimum, Aufsatz über das Abendmahl, Brief von Schreibers, Botanisches aus Stuttgardt. Brief an Vogel zugleich Aufsatz an Mawe, neue Bücher.

22. Die Lucidi zu vergleichen angefangen. Den ganzen Morgen damit, zugleich auch mit Bossi's Werk und der Heidelberger Recension beschäftigt. Mittag für mich. Anschaffung des kleinen Kupfers vom Abendmahl. Fortgesetzte Betrachtung und Vergleichung. Beschäftigung mit dem Leipziger Catalog, überhaupt Betrachtung über Kupferstichsammlung. Das Evangelium Matthäi gelesen.

23. Für mich die Durchzeichnung nochmals studirt. Resultat, daß man Unrecht hatte, die Mosaik so groß als das Original vorzustellen, denn daher wird Bossi wegen der Vorwürfe, die man ihm

macht, auf eine schickliche und freundliche Weise
zu entschuldigen seyn, ohne daß man seinen Geg=
nern Unrecht gibt. Vorbereitete Sendung nach
Weimar: An meinen Sohn die Putschischen
Kartoffelmuster. An Herrn Staatsminister
von Voigt Diplom für Koreff. An Sere=
nissimum die Wolkenlehre. — Mittag für
mich. Hofrath Voigt; kam der Rath Vulpius
an. Bey Frommanns, über die verschiedenen
Verlagshandlungen, deren Geschäftsführung und
Zwecke. Zu Hause, Bayle's Wörterbuch, die
Sforza, Simonides und andere. Sendung von
Serenissimo wegen der Wiener Angelegenheit pp.

24. Brief an Schreibers, an Weigel. Leonards
Abendmahl. Copie des Vice=Königs. Verglei=
chung mit den übrigen. Prof. von Münchow,
der Abschied nahm, nach Weimar zu gehen. Zu
Knebel, wo Prof. Kosegarten war. Abends Geh.
Hofrath Stark. Weyhnachtsbescherung. Abends
Sendung von Weimar, Beschäftigung damit.

25. Früh Auszug aus dem Kupferstich=Catalog.
Sprengels Geschichte der Botanik. Spazieren bis
Winzerla. Mittag für mich. Sprengel fortge=
setzt. Bey Bohns. Nachts Husar von Weimar.
Wieder expedirt.

26. Munda von Briefen. Prof. Renner Auszüge aus
den Indischen Jagden. Rath Vulpius, dessen
heutige Expedition. Doctor Roux, nahm seine

Dornburger Landschaft mit. Vorher da Vinci's Talente. Zu Tische für mich. Von Knebel b. j. und Weller. Expedition: Herrn von Schreibers wegen der Centurien getrockneter Pflanzen. Serenissimo wegen der gestrigen Anfrage. Canzleyrath Vogel, die Matwesche Abschrift. An meinen Sohn, Varia. — Raffles Java. Hofrath Voigt und Frau zum Abendessen.

27. Vergleichung der verschiedenen Durchzeichnungen nach der Reihe. Mittag für mich. Nach Tische Rath Vulpius, die nächsten Geschäfte besprochen. Hofmechanicus Körner brachte das Howardische Manuscript wieder. Serenissimus verlangen einen Auszug, der auch sogleich gefertigt wurde. Beym Major von Knebel, Geh. Rath Schmidt. Die Florentinische Malerschule durchgesehen. Nachts Raffles Beschreibung von Java. Betrachtung der Karte, Gebirge und Landesart, nach Anleitung der ersten funfzig Seiten.

28. Schluß des Abendmahls, ingleichen der Abschrift von Howard. Der Brief an Weigel. Mittag bey Hofrath Voigts. Geh. Rath Schmidt und Frau. Gegen Abend zu Knebel, die neusten Münchner Steindrucke gesehen. Zu Hause, Beschreibung von Java. — Auctionator Weigel, Bestellung, Anfrage, auch Bestellung griechischer Autoren, Quittung wegen Kaufm. Quartier.

29. Bossi's Copie entschuldigt. Spazieren gefahren

1818.

Januar.

1. Neujahrs Tag. Verschiedenes zur morgenden Sendung nach Weimar. Prof. Renner, Dr. Roux, Hofrath Voigt, Prof. Bachmann, Prof. Hand, Papadopulos, Geh. Justizrath Schnaubert. Bey Knebel zu Mittag, mit Papadopulos, Durchzeichnungen von Castellazo. Frau von Ziegesar mit Kindern, Succow. Geh. Rath Schmidt. Abends mit Vulpius die Geschäfte durchgesprochen, auch sonstige ältere Lebensvorfälle.

2. Concept des Berichtes über die bisherigen Verhandlungen. Prorector Stark. Bergrath Lenz mit Depeschen von Trebra und denbritischem Silber. Rath Vulpius über die Verhältnisse des Augenblicks. Mittag für mich. Die Zustände durchgedacht. Nach Tische fortgefahren am Berichte. Abends bey Frommanns, Prof. Hasse und Frau, einige Studierende.

3. Revision des Berichtes und Aufsatzes wegen der Bibliothek. Den Riß hiezu ajustirt. Spazieren gefahren gegen Wöllnitz. Agenda durchgedacht

und aufgezeichnet. Mittag für mich, die Bibliotheksangelegenheit. Bey Knebel. Für mich, Sendung von Weimar, Bossischer Auctions-Catalog von Mayland. Brief von Cattaneo an Serenissimum.

4. Bericht und Aufsaz gefördert. Geh. R. Schmidt. Mittag bey ProR. Starcke, mit Voigts, Zigesars, Einsiedel. Abends für mich. Bossi's Catalog. Cattaneo's Brief. Persische Schrift.

5. Aufsatz durchaus revidirt. Brief v. Frau v. Hopfgarten. Mittag für mich. Bey Knebel. Schweiggers Epos. Abends Vulpius. Bibliothecks-Verhältnisse. Besonders das Local. Bossi's Catalog.

6. Färber schrieb den Bibliotheks-Bericht ab. Ich ordnete manches, besonders auch zu Kunst und Alterthum. Russischer Garde-Lieutenant von Reuter, Kunstwerk des Grafen Tolstoi vorzeigend. Herr von Münchow von Weimar zurückkehrend. Fuhr spazieren gegen Winzerla. Mittag für mich. Nachher zu Knebel. Abends Prof. Kosegarten. Überschriften der Bücher des Divans, nachher Fasch Leben von Zelter. Bossi's Catalog.

7. Kunst und Alterthum, Concepte durchgesehen. Johann aus der Druckerey, demselben Manuscript zu einem Bogen. Herr Frommann wegen des Divans. Mittag für mich. Spazieren gefahren gegen Löbstädt. Zu Knebel. Aufsatz in die Zeitschwingen, fälschlich Doctor Riemer zu-

geschrieben. Dörings Persönlichkeit. Sendung von Weimar.

8. Die Fahnen des vierten Bogens durchgesehen, das Einschalten vorbereitet. Bericht und Aufsatz corrigirt und mit dem Riß zusammengehalten. Mittag für mich. Englische Quarterly Review. Zu Frommanns. Himalaya=Gebirge und Missionen nach Afrika.

9. Zu den Fahnen des vierten Bogens einige Columnen. Nebenstehende Briefe und Expeditionen: Herrn Staatsminister von Voigt, Bibliotheksberichte und Aufsatz, Ziegesarische Acten, wegen Walther, Frommannisches Wartburgs=Fest. Meinem Sohn, verschiedene Notizen. Serenissimum, über mehrere Puncte. — Körner wegen dem Flintglas. Übernahm den Luftfarbenmesser. Spazieren gefahren gegen Löbstädt. Für mich zu Tische. Die Expeditionen weitergeführt. Frommannisches Wartburgs=Fest.

10. Abschriften gestriger Concepte. Bearbeitung der nächsten Aufsätze. Die Fahnen des dritten Bogens. Mittag allein. Die nächsten drey Bogen überdacht und ajustirt. Brief an Staatsminister von Voigt. Redaction von Concepten. Bey Herrn von Knebel, wo Herr von Münchow war. Zu Hause der Bibliothekar, über das Geleistete und über das Vorzunehmende. Flugschriften aus der Reformationszeit.

11. Ganz frühe Sendung der Zinnstufen von Weimar. Notiz an den Großherzog und meinen Sohn. Dieselbe ausgepackt und betrachtet. Herr von Schiller, Relationen vom Helldorfischen Balle. An den Briefen fortgefahren. Johann aus der Druckerey, die Bogen vier und fünf arrangirt. Mittag zu Knebel, wo Löbel zugegen war. Einige Stunden zu Hause, dann zu Frommanns, Kupfer von Bologna.

12. Abschriften der Briefe. Ging Rath Vulpius fort. Mittag für mich. Nach Tische die englischen Zinnstufen. Student Röbiger. Bayerische Preisaufgabe. Nachher Aventini Bayerische Chronik. Bey Knebel. Alte Briefschaften und Gedichte von Dessau, aus Behrischens Nachlaß. Nachts Bayerische Chronik.

13. Abschriften fortgefahren. Pinusarten studirt, zum Zwecke eines Aufsatzes. Kam mein Sohn. Mit demselben in die Bibliothek. Zu Frommanns zu Tische, Bohns, Kieser, Gries und Kosegarten. Nachher mit August Öffentliches und Besonderes. Gries Übersetzung des Sonettes von Vinci. Beschreibung von Java.

14. Sechster Bogen zu Kunst und Alterthum, Studien darauf bezüglich. Mittag für mich. Knebel die Pinien vorgezeigt. Abends Secretär Kräuter von Weimar. Bergrath Voigt. Zelters Com=

position auf Lustrum. Zu Griesens Sonett einige Worte.

15. Abschluß der Beylage zum Bericht. Das Mundum des Berichts unterschrieben, alles ajustirt und zur Besorgung an Kräuter übergeben. Alles Vorliegende durchgesehen und berichtigt. Spazieren gefahren gegen Löbstädt. Bey Knebels zu Mittag, war des Sohns Geburtstag; Obrist von Lynker und Frau, der junge von Imhoff. Bogen von der Nemesis, Luden contra Kotzebue. Ältere Geschichten; Lynkers zweymaliger Zustand in Schlesien und Rudolstadt als Missionär der Weimarischen Geschmacksbildung zu erscheinen. Für mich Papiere geordnet. Einige Briefe fertig dictirt. Abends Bergrath Lenz. Briefe recapitulirt. Werners letztes Mineralsystem.

Die zwey Aushängebogen, Luden contra Kotzebue, gingen im Stillen herum.

16. Zum dritten Bogen von Kunst und Alterthum in's Reinere dictirt. Hofmechanicus Körner wegen des trüben Glases. Prof. Döbereiner wegen der Sicherheitslaterne. Fränkischer Merkur. Mittags für mich. Nach Tische nachstehende Expeditionen: An Frau von Brentano nach Frankfurt a. M. Director Schadow nach Berlin. Doctor Boisserée nach Heidelberg. An meinen Sohn zu fernerer Expedition. Die Concepte unter heutigem Datum zu suchen. —

1818. Januar.

Abends Weltgeschichte des siebenzehenden Jahr=
hunderts.
    Jene Aushängebogen machten Aufsehn.
17. Blumen=Malerey mundirt. Hermanns älteste
    Mythologie der Griechen. Spazieren gefahren
    gegen Winzerla. Große Saale, Sturm und
    Regenguß. Nach Tische das Morgendliche fort=
    gesetzt. Farben des Himmels. Bey Knebels,
    Kosegarten daselbst, Geschichte der Vulgata. Nach
    Hause, Weltgeschichte. Bey Schweitzers Thee
    und Abendessen.
    Früh rückte man Luden in's Haus und
    confiszirte die noch übrigen Exemplare.
18. Briefconcepte. Abendmahl von Vinci durch=
    corrigirt. Magnetischer Eisenstein. Hofrath Voigt
    und Prof. Renner, letzterer brachte den Catalog
    der Madame Huzard wegen Veterinärschriften.
    Otteny die Metallausgüsse bringend. Fuhr ich
    spazieren. Zu Knebels, die neusten Vorfallen=
    heiten. Nach Tische: Rome, Naples et Florence
    en 1817 par M. de Stendhal. Abends bey From=
    manns. Nachts fortgesetzte Lectüre vorstehenden
    Werkes.
    Suchte man sie desto fleißiger auf.
19. Die Briefe copirt. Stendhal, Italien 1817.
    Doctor Nerkorn. Herr von Knebel der jüngere,
    der Grieche Nicolaus Gigas, Dr. Weller besahen
    die Pinusarten. Zu Tische für mich. Spazieren

gefahren gegen Wöllnitz; Herrn Ober=Forstmeister von Ziegesar getroffen. Zu Knebel, über Glenar= von. Grübels Gedicht. Abends für mich. Rom pp. ausgelesen. Das Urtheil über diese Arbeit be= stätigt und berichtigt. NB. Geh. Hofrath Stark war morgends da gewesen, von Weimar kommend. Weltgeschichte des siebenzehenden Jahrhunderts.

Erschienen sie übersetzt und mit Noten im Volksfreund No. 13 und 14.

20. Für mich allein die Briefe für den Abend ge= schrieben. Bogen vier und fünf revidirt. Erhielt den revidirten Abdruck zurück. Der Volksfreund vierzehn Blätter. Betrachtung über das Weimari= sche Journalisten=Wesen. Zu Tische allein. Spazieren gefahren. Bey Knebel. Abends Expe= ditionen: Staatsminister von Voigt, Rück= sendung des Rescripts in der Ilmenauer Steuer= sache. Geh. Cabinetsrath von Rode in Dessau mit 4 Louisd'or. Frau von Hopf= garten, wegen der nächsten Arrangements der Prinzessinnen. Herrn Procurator Eichhorn nach Coblenz, Dank für die früher gesendeten Mineralien. An meinen Sohn, poetische und prosaische Thorheiten der neuern Zeit. — Sieben= zehendes Jahrhundert.

Wurde auch auf diese Beschlag gelegt.

21. Abschrift des Aufsatzes über Hermann. Bossi's Abendmahl. Brocchi Italienische Fossilien. Mit=

1818. Januar.

tag für mich. Spazieren gefahren gegen Win=
zerla. Bey Knebel. Abends Brief von Staats=
minister von Voigt. Kotzebues Bulletin am
schwarzen Bret. Brocchi's Fossilien. Weltge=
schichte bis 1615. Hatte Kohlrauschs deutsche
Geschichte bey Knebel gesehen.

Wurden sie von der Crökerschen Buch=
handlung am schwarzen Bret feil ge=
boten und gingen reißend ab.

22. Einige Briefe. Schrieb Färber das Abendmahl
zu Hause ab. Durchsahe ich die ersten Bogen.
Johann aus der Druckerey mit dem sechsten und
siebenten Bogen Fahnen. Durchdacht ich das
Übrige. Bestellung wegen einer Damaststickerey.
Zu Tische für mich. Brocchi Geologie von
Italien. Nachts Weltgeschichte bis 1618.

Schloß Oken den Jahrgang 1817 seiner
Isis und versprach die verbotene Num=
mer nachzubringen.

23. Nachstehende Expedition: An die Frau Marg=
gräfin von Baaden, für Gimbernat ein Stück
Cölestin. Auctionator Weigel, Auftrag we=
gen des Anhangs der neusten Auction. Canzlar
von Müller, das Gesuch der verwittweten Ja=
cobi betreffend. Professor Zelter, die Lieder
aus Böhmen. Canzleyrath Vogel, wegen des
Maler Kochs von Wien. Alles an meinen
Sohn mit dem 13. und 14. Stück des Volks=

freunds. — Fahnen von Kunst und Alterthum.
Letzte Revision des vierten und fünften Bogens.
Morphologie angegriffen. Mittag für mich. Des
Abendmahls zweytes Heft revidirt. Zu Knebel, kam
Geh. Rath Schmidt. Bayreuther und Anspacher
Geschichten. Abends bey Frommanns. Vinci's
Abendmahl besprochen, die Schlacht von Culm,
deren Folgen und Monument. Nachts Brocchi's
Geologie.

 Das funfzehnte Stück vom Volksfreund
 wird ausgegeben. Ankündigung von
 Bahrdt mit der eisernen Stirn.

24. Johann holte Revisionen von zwey Fahnen vom
zweyten Bogen. Da Vinci's Abendmahl Schluß.
Ginge ich spazieren. Mittag für mich. Mor=
phologie durchgedacht. Spazieren gefahren. Kinder
mit der Erndtepredigt. Zu Knebel, von Münchow,
Kosegarten, von Lynker. Abends Sendung von
Weimar, Morphologie durchgesehen. Bedenkliche
Nachricht.

 Der Anfang des neuen Jahrgangs der
 Isis wird mit Verbot belegt.

25. Abschrift des Briefs nach Königsberg. Mor=
phologie durchgesehn. Frommanns die Lucidi
vorgezeigt. Bey Knebel. Die Schauspielbe=
suchenden brachten Nachricht von Weimar.
Nach Tische Kupfer angesehen. Abends Meta-
morphoses d'Ovide en Rondeaux. Lenz, Aca=

1818. Januar.

demisches, Mineralogisches, auch die Gesellschaft Betreffendes.

Kam die Nachricht von den Weimarischen Verdrüßlichkeiten herüber.

26. Vorbereitung auf den morgenden Botentag. Prof. Renner die Berliner Reisenden ankündigend. Briefe für morgen geschrieben. Weltgeschichte 1624. Mittag für mich. Alles fortgesetzt. Abends Prof. Kosegarten, Orientalisches und Charakteristisches von lebenden Gelehrten.

27. Bote von der Erb=Großherzogin. Abfertigung desselben. Früh durch einen rückkehrenden Boten: Brief an Burdach nach Königsberg; deßgleichen an Rath Vulpius; allerley Expedienda zusammen an Kräuter. — Briefe für heute Abend: An meinen Sohn. Schreiben an die Großherzogin zum Geburtstag. Schreiben an Staatsminister von Voigt. — Studiosus Moeglich aus der Schweiz kommend, bey Fellenberg und Pestalozzi gewesen. Mit Prof. Renner zwey aus Italien kommende Ärzte, Dr. Boehr und   . Geh. Hofrath Schweitzer und Roux, die Fichtenarten und Cartone besehen. Von Weimar angekommen Umrisse von Knapps Bildern. Sendung von Cattaneo und Brocchi; kamen auch vier Bände The Colonial Journal. Spazieren gegangen. Bey Knebels. Abends bey Hofrath Voigt. Die Eltern, die beyden Berliner.

28. In Bezug auf Mayland die zweyte Hälfte des Abendmahls durchgedacht. So wie nächst zu fassende Briefe und Antworten. In die Veterinär-Schule, die Aufstellung der Präparate zu sehen. In das academische Gebäude. Papadopulos, der von Weimar kam. Mittag für mich. Die Pflanzen. Kupfer, nach Jussieu geordnet, durchgesehn. Zu Knebel. Nachts Sendung von Weimar. Denkwürdigkeiten von Dohm, 3. Theil gelesen.

29. Die gestrigen Sendungen durchgedacht, die Expedition vorbereitet. Revisionsbogen sechster. Fahne vom Abendmahl. Über die Copie des Vicekönigs gedacht. Professor Hand wegen Vorlesung über die Kunstgeschichte. Medicinalrath Kieser ein Heft seiner Zeitschrift übergeben. Spazieren gegangen. Im Paradies fuhren die Studenten auf den Laufrädern. Mittag für mich. Allgemeine Zeitung einige Monate. Gefahren gegen Löbstädt. Zu Knebel, über die Händel des Tags, der Großherzogin Geburtstag. Nachts Vorarbeit auf morgen.

30. Nebenstehendes vorbereitet und besorgt: Serenissimo, Dohm dritter Band, Promemoria mit vielen Punkten, Acten, die Correspondenz mit Herrn von Schreibers enthaltend. Canzleyrath Vogel, Knebels Brief an Robinson. Meinem Sohn, sämmtliche Inlagen, die Haushaltungs=

bilance, Fröhlichs Erndtepredigt mit Bemer=
kung. — Langte das approbatorische Rescript
wegen der Bibliotheksangelegenheit ein. Expedi=
tion deßhalb. Von Knebel b. j. und Weller.
Mittag für mich. Mundirt und gesiegelt. Durch
die Stadt gegangen. Zu Hause einiges nach=
geholt. Zu Knebel, der nicht wohl war. Epi=
bendra vorgezeigt. Über Dohms dritten Band.
Zu Hause, am Abendmahl gebessert. Nachts
Weltgeschichte bis 1632. Nach Tische mit Nürn=
berger den Accord unterschrieben.

31. Mit Meister Timmler den Anschlag unter=
schrieben. Das Abendmahl abgeschlossen. Brief=
concepte. Dr. Boehr aus Berlin, Abschied zu
nehmen. Hofmechanicus Körner das Kieserische
Mikroskop vorzeigend. Weltgeschichte 1632. Geh.
Hofrath Stark wegen des Schlüssels zum juristi=
schen Auditorium. Spazieren gegangen. Bey
Bohns. Mittag für mich. Vinci's Abendmahl.
Weltgeschichte bis 1634. Lenzens Geburtstags=
feyer. Bey Knebel. Roux. Sendung von Weimar.

Februar.

1. Brief an die Erbgroßherzogin, abgesendet
durch den Botanicus. Der Grieche Gigas.
Ging spazieren. Zu Knebels, dort gespeist.
Nach Tische nach Hause, einiges expedirt. Abends
gleichfalls daselbst. Hofmechanicus Körner.

Früh bey Otteny, seine Rauchfangsverbesserung gesehn.

2. Ordnung gemacht. Um 10 Uhr in die Bibliotheken, Überlegung wegen der Repositorien. Spazieren, bey Pflug wegen einer Dachrinne angefragt. Im Paradies, Räder-Lauf. Für mich zu Tisch. Briefe von Weimar. Weltgeschichte bis 1640. Über die Camsdorfer Brücke bis zur Schneidemühle. Übergesetzt, zu Knebel. Verschiedene junge Leute. Litterarischer und politischer Unsinn. Abends für mich, Weltgeschichte bis 1643.

3. Nachrichten von Weimar, die fortdauernden Hof- und Ministerial-Unruhen betreffend. Geschäftspapiere durchgesehen und vorbereitet manches. Nach der Tanne gegangen, daselbst verblieben bis 3 Uhr. Nach Hause. Absendung nebenstehend: An Kräuter, die Bibliotheksangelegenheiten betreffend, inliegend 1 Thlr. 16 Gr. 6 ₰. An meinen Sohn, Varia. — Eine Stunde bey Frommanns. Revision und Vorbereitung.

4. Nebenstehende Expeditionen und anderes: An Frege und Comp. nach Leipzig 200 Thlr. mit der Post zu schicken. An dieselben, Avisbrief wegen der 100 Thlr. für Felix, die Anweisung auf 100 Thlr. An Herrn von Schreibers wegen der österreichischen Flora. — Leibjäger Koch, meteorologische Unterhaltung mit demselben, auch Übergabe der Farben des Himmels. Auf

1818. Februar.

die Tanne. Brewsters Abhandlungen in den
Philosophical Transactions. Spiegel-Versuche.
Genauere Bestimmung der näheren und nächsten
Bedingungen. Kam Hofmechanicus Körner mit
Leibjäger Koch. Fernere Unterhaltung über die
Himmelserscheinungen und ihr Zusammenwirken.
Blieb bis 5 Uhr. Zu Knebel. Obrist von Lynker.
Weimarische Festgeschichten mit gleichlaufenden
Preßfreiheitshändeln. Geh. Rath Schmidt. Sämmt-
liche Anwesende über genannte Angelegenheit sehr
einsichtig gesprochen. Hoffnung einer auslangen-
den Einwirkung. Abends Weimarische Sendung.
Zeitungen und Tagesblätter gelesen. Briefe von
Zelter und Boisserée. Canzlar von Müller.
Okens Urtheil in Copia.

5. Mancherley Expeditionen. Durchaus Ordnung
gemacht. In die Tanne. Entoptische Farben
studirt. Mittag für mich. Nach Tische das
Ausgesonnene dictirt. Hofmechanicus Körner mit
den messingenen Zwingen zu den Brewsterischen
Versuchen. Um 5 Uhr herein. Johann mit dem
siebenten und achten Bogen. Um 7 Uhr zu
Knebels, viel Gesellschaft. Der Ungar Hosnek
sang zur Guitarre. Nachts Weltgeschichte bis 1645.

6. Nebenstehende Expeditionen: Herrn Legationsrath Conta, wegen der Mangoldischen Gelder,
1400 Thlr. Herrn Canzlar von Müller,
Dank für's Übersendete, Empfehlung der verwitt-

weten Jacobi. An meinen Sohn, Assignation an Felix auf 100 Thlr. und Avisbrief. Serenissimo Varia. Staatsminister von Voigt gleichfalls. — Siebenter Bogen in die Druckerey, schließlich revidirt. Schlitten gefahren gegen Löbstädt. Um 12 Uhr auf die Tanne. Entwürfe zur Naturwissenschaft vorgenommen. Für mich zu Tische. Hofmechanicus Körner, die Versuche zusammengedruckter Scheibe nach Brewster. Carl von Knebel und Weller theilnehmend. Färbern verschi.'enes dictirt in's Allgemeine und für heute Abend. Nach 5 Uhr in die Stadt. Sendung von Stichling. Weltgeschichte bis 1647.

7. Für mich gearbeitet und alles in der Stadt in Ordnung gebracht. Revision achten Bogens. Auf die Tanne, wenig spazieren gegangen, schöner Sonnenschein. Zum neuen Hefte der Morphologie und Naturwissenschaft vorgearbeitet. Mittag für mich. Nach Tische Färbern an dem des Morgens Überlegten dictirt. Zu Knebel, kam Hofrath Schwabe mit wiederholtem Antrag von Wittich. Zu Hause, Sendung von Weimar. Weltgeschichte bis 1647. Masaniello's Aufruhr.

8. Timmler und Nürnberger, Beredung wegen des Bibliotheksgebäudes. Bey Zeiten auf die Tanne. Färbern dictirt vom naturwissenschaftlichen Heft. Zu Tische bey Knebel, sodann wieder auf die Tanne. Revidirt was früh geschrieben worden.

Entoptische Farben fortgesetzt. Um 6 Uhr herein. Bey Frommanns, junge Studierende. Um 8 Uhr nach Hause. Vorbereitung auf morgen. Weltgeschichte bis 1648.

9. Vorarbeit zum morgenden Botentag. Die nothwendigsten Geschäfte notirt und geordnet. Geh. Kirchenrath Gabler brachte seine Rede am Reformationsfeste. Gegen 11 Uhr auf die Tanne. Naturwissenschaft und Morphologie. Die Sendung von Weimar, das Vermehrungsbuch pp. enthaltend. Zu Tisch für mich. Nach Tische Färber, das früh Überdachte dictirt und redigirt. Rehberger zu Nürnberg Biographie. Zu Knebel. Von Münchow gegenwärtig. Weimarische Geschichten und Grüße. Zu Hause, Weltgeschichte 1649. Hofrath Voigt, Betrachtung eines problematischen Kunst- oder Naturproducts, Zinnformation, Zoologisches.

10. Sendung von Artaria, ingleichen von Luise Seidler. Schlußrevision des neunten Bogens. Brief vom Staatsminister von Voigt. Chemische Relation von Döbereiner. Brief von Luise Seidler mit Schilderung von München. Um 11 Uhr auf die Tanne. Kam Bergrath Voigt und Frau. Ferner Herr von Bielke, mit demselben der Prinzessinnen Sommeraufenthalt besprochen. Billet an Geh. Hofrath Stark wegen dieser Angelegenheit. Das Basrelief auf=

genagelt, vielfache Betrachtung darüber. Zu Tisch für mich. Nach Tische Färber. Brief an Weigel nach Leipzig. Einzelne Aufsätze zur Naturwissenschaft durchgesehen. Abends zu Knebel. Schopenhauerische Reise am Rhein. Voigts Naturgeschichte. Theologische Streitigkeiten. Zu Hause Artaria's Kupfersendung durchgesehen, die Kunst des 16. Jahrhunderts durchgedacht, im Gegensatz der griechischen. Weltgeschichte bis 1649. — Rath Vulpius mit seinen Registranden, Ankündigung der übersendeten Bücher, Aufmunterung. Kupferstecher Müller, Kupferplatte zum Umschlag, No. 3. Bibliotheks-Secretär, Auftrag wegen der Completirung des Vermehrungsbuchs. Brief an Weigel nach Leipzig. An meinen Sohn, über das Basrelief.

11. Nebenstehende Expeditionen. Paquet mit Vermehrungsbuch und Tagestabelle nach Weimar, ingleichen die 2 ersten Bogen des Grunerischen Catalogs. Brief von Helmina. Hofrath Voigt, wegen organischer Farben. Frühling von Windsor Neuschottland. Canzlar von Müller und Präsident von Motz. Gegen 12 Uhr auf die Tanne. Das Basrelief durchgedacht. Zu Tische allein. Nach Tische Färber über das Basrelief dictirt. Zu Knebel, über Kunst und dergleichen. Nachts die Kupfer durchgesehen. Weltgeschichte 1649. Sendung von Weimar.

12. Briefe und andere Expeditionen. Untersuchung wegen der Hornblendekugel. Frau Hofrath Schopenhauer und Frommann. Gegen 11 Uhr auf die Tanne, noch immer trübes Wetter. Der junge Knebel und Weller. Mittag bey Knebel. Nach Tische Färber, Briefe und was sonst zu notiren. Abends zu Frommanns.

13. Vorbereitung zu nebenstehenden Expeditionen. Hundertundsechzig Thaler an Kühn. Tischer Werner ein Repositorium bestellt. Auf die Tanne, an den Expeditionen fortgefahren. Aufforderung meines Sohnes überlegt. Um 6 Uhr herein. Früh Frommanns. Nach Tische Inspector Götze, der von Weimar Varia erzählte. Bis 6 Uhr auf der Tanne. Eine Stunde zu Hause, um zu expediren: Hofrath Schwabe, Rücksendung der Zeichnung an Wittich. Serenissimo, die Hornblendekugel betreffend. Sämmtlich an meinen Sohn mit Beyrath wegen des Maskenaufzugs. Luise Seibler nach München, Dank für Zeichnung des Basreliefs. Rath Schlosser, wegen Geldgeschäften auf die fahrende Post. — Bey Konopak, waren zugegen Ziegesar, Münchow. Um Mitternacht.

14. Das Currente zu expediren fortgefahren, geheftet und so weiter. Auf die Tanne, das Portefeuille von Artaria durchgesehn und mit den Preisen verglichen. Hofrath Voigt und Frau den Aus=

zug seiner Farbenschrift bringend. Zu Tische
allein. Das Portefeuille weiter durchgesehen.
Färber, verschiedenes concipirt und expedirt. Zu
Knebel, kam Herr Methfeßel von Rudolstadt.
Abends für mich, kleine Sendung von Weimar.
Pflanzen-Centurie von Treu. Weltgeschichte bis
1649.

15. Verschiedenes an- und eingeordnet. Labés wegen
der Übersetzung. Unterhaltung mit demselben
über deutsche und französische Sprache, auch über
seine Zustände. Auf die Tanne, dictirt den Bericht wegen den academischen Statuten. Erhalten
die drey ersten Bogen von Kunst und Alterthum
abgeschrieben. Zu Knebels Mittag, Herr von
Münchow; fuhr derselbe mit mir auf die Tanne,
blieb kurze Zeit. Fortgesetzte Arbeit und Betrachtung bis 6 Uhr. Zu Hause. Früh zu Bette.

16. Stanze für Weimar, Canzlar von Müllers Gedicht zum Geburtstag. Durchgesehen und um
9 Uhr abgefertigt. Bote mit dem Gedicht an
Canzlar von Müller. Um 10 Uhr auf die
Tanne. Briefe und anderes mundirt. Mittag
für mich. Die verschiedenen Rubriken zur Morphologie und Naturwissenschaft gesondert. Abends
zu Frommanns, Musik von Methfeßel, große
Gesellschaft.

17. Revision des zehnten Bogens. Entoptische Figuren gestickt von Fräulein Dhein. Vorarbeit

zum Botentag. Auf die Tanne. Expeditionen.
Carus vergleichende Anatomie. Besuch von Bohns.
Spazieren gegen Wenigenjena. Besuch von Pfarrer
Schwabe in Wormstedt. Mittag für mich. Nach
Tische fortgesetzte Expeditionen: An Kräuter
12 Thlr. für Hey. An Vulpius, Marliers
Lichterzeddel. Serenissimo, Neu=Schottlands
Frühling, Jenaische Atmosphären=Erscheinung.
Alles an meinen Sohn mit Notizen. — Brief
an Herrn von Preen dictirt. Die Angelegenheiten
der Inschriften durchgedacht. Zu Knebel. Der
Sohn von den Weimarischen Festen erzählend.
Neuere Irrungen Jena contra Weimar.

18. Nachträge zum dritten Hefte. Auf die Tanne.
Der junge von Knebel, über Familien= und mili=
tarische Lebensverhältnisse. An Briefen und Auf=
sätzen dictirt und revidirt. Nach Tische das mor=
genbliche Geschäft fortgesetzt. Carus vergleichende
Anatomie. Um 7 Uhr zu Frommanns. Vorher
hatte Körner das Barometer aufgehängt, war
auch später wegen den Cylindergläsern dagewesen.
Bey Frommanns, waren Konopaks, Hassens,
Frau von Bode und Tochter, von Münchow.
Sendung von Weimar. Die Stanzen zum
Maskenzug gedruckt kamen an.

19. Einiges zu Kunst und Alterthum. Neue Aus=
gabe des Leonardischen Tractats zu Rom. Auf
die Tanne. Briefe mundirt, weniges concipirt.

Mittag Besuch von Dr. Rehbein, Nachrichten von Weimar. Zu Tische allein. Das Nächste disponirt und durchgedacht. Zu Knebels, war Kosegarten und Brand. Abends unwohl.

20. Blieb zu Hause. Eilfter Bogen revidirt, Fahnen vom zwölften. Alles geordnet, expedirt, eingepackt. Mittag für mich. Nach Tische Major von Knebel. Prof. Sturm von Weimar kommend. Rom und Neapel 1817. Abends Prof. Renner. Über das Lehrbuch der Zootomie von Carus. Was überhaupt für diese Wissenschaft bey uns zu thun sey? Über Kunst und Poesie. — Brief an Frege & Comp. in Leipzig.

21. Was zurückzulassen und was mitzunehmen geordnet. Um 10 Uhr abgefahren; in Kötschau angehalten. Staatsminister von Voigt; von Fritsch und den Prinzessinnen in der Nähe von Weimar begegnet. Um 1 Uhr angekommen. Das Vorgefundene entwickelt. Mollers Denkmäler deutscher Baukunst. Mittag zusammen. Erzählung von den Aufzügen und sonstigen Auftritten. Nach Tische mit meinem Sohn Kupfer besehen: Epochen nach Raphael. Betrachtung und Gespräch Abends fortgesetzt.—Brief an Minister von Dohm in Paßleben bey Nordhausen. Brief an Cammerherrn von Preen zu Rostock.

22. Einige Briefe dictirt. Um 10 Uhr zum Großherzog, halb 1 Uhr nach Hause. Um 1 Uhr zu

1818. Februar.

den Prinzessinnen an Tafel. Halb 4 Uhr zurück. Mein Sohn kam von Oehlers Gevatterschaft. Wir besahen zusammen die Kupfer von Artaria, nachher die eigenen Raphaelischen und Venetianischen. Unterhaltung über die Vorfallenheiten und Begebenheiten der Stadt.

23. Die gestern dictirten Briefe mundirte Kräuter. Brief an Schlosser in Frankfurt. Hofrath Jagemann und Hof-Bildhauer Kaufmann. Bey der Großherzogin. Mittag Geh. Cammerrath Stichling. Nach Tische für mich, die Kupfer durchgesehen. Später Oberbaudirector Coudray und Rehbein. Kupfer zu besehen fortgefahren. Blieben Abends zu Tische. Spät zu Bette. — Brief an Ober-Baurath Moller nach Darmstadt. Brief an Hofrath Sartorius nach Göttingen. Brief an Hofrath Meyer nach Stäfa. Brief an Hofrath Schlosser nach Frankfurt.

24. Sendung von Coudray. Kupferstecher Müller. Um 10 Uhr mit der Großherzogin nach Belvedere. Die Erdhäuser besehen. Nachher wieder zurück. Um halb 12 zur Großfürstin. Gegen 1 Uhr zu Hause. Mittag zu drey. Nach Tische die Kupfer Artaria's. Um halb 7 Uhr auf den Maskenball. Blieb bis gegen 11 Uhr. Spät zu Bette.

25. Kräuter brachte die zwey ersten absolvirten Bogen vom Grunerischen Catalog. Der 12. und letzte Correcturbogen von Kunst und Alterthum kam

von Jena an. Revision desselben. Genast. Bartsch Le Peintre-Graveur T. 14 und 15 durchgegangen. Um 11 Uhr nach Belvedere, mit Serenissimo durch die sämmtlichen Häuser. Zurück. Bey den Prinzessinnen zu Tafel. Frau von Ziegesar aus Hummelshayn. Kam Prof. Weickart, Gespräch über manches Pädagogische. Mit der Frau Ober-Hofmeisterin ähnliche Unterhaltung. Bartsch Peintre-Graveur fortgesetzt. Kupfer ausgesucht. Mit meinen Kindern die gestrigen und sonstigen Ereignisse besprochen. Blieben beysammen bis Nachts. — An Färber: Die zwey ersten revidirten Bogen vom Grunerischen Catalog.

26. Sendung nach Jena vorbereitet. Ermer wegen der Heilsberger Inschrift. Mehrere Briefe concipirt. Sendung von Mayland, von Mylius an Serenissimum, von Cattaneo an mich. Beschäftigt beyde durchzusehen und durchzudenken. Zu Tische Schiller. Paralipomena. Mit August die Artarias durchgesehen. Abends Adele Schopenhauer. Nachts Reise-Abentheuer von James Riley.

27. Briefe mundirt. Die Correctur des 12. Bogens beendigt. Pagen-Hofmeister Sondershausen. Mit Bartsch Peintre-Graveur und James Riley. Nachricht von Gaëtano Cattaneo über die Bronze-Medaillen und Bossi. Mittag zu drey. Kupfer einrangirt, das Portefeuille an Artaria wieder

eingepackt. Abends Gesellschaft: beyden Gräfinnen
Egloffstein, Frau von Pogwisch, Gräfin Beust,
Canzler von Müller. Blieben bis 11 Uhr. Ich
mit meinen Kindern erst später zu Bette.

28. Die Expedition nach Jena zusammen gepackt:
An Geh. Hofrath Stark vom Grunerischen
Catalog die beyden ersten Bogen. An Wessel=
höft den 12. Bogen von Kunst und Alterthum
zurück. An Labés den 10. Bogen desselben für den
Abschreiber. Einiges an Färbern. — Kräuter
brachte die Abschrift der Sonette der Frau
von Bechtolsheim. In Jagemanns Atelier. Mit=
tag Gräfin Henkel. Befand mich so schlecht, daß
ich mich zu Bette legen mußte. Abends Rehbein
und Kämpfer.

März.

1. Kräutern einige Briefe dictirt. Vor der Frau
von Bechtolsheim ihre Sonette einige Stanzen
geschrieben. Hofmedicus Rehbein und Kämpfer.
Meine Tochter: über Dessau und Berlin. Aber=
mals Rehbein und Geh. Hofrath Stark. Ver=
schiedenes arrangirt und vorbereitet auf morgen.
Briefe mundirt. Mittags für uns. Nach Tische
Riley's Reiseabentheuer; von Eschwege über
Brasilien. Anderes auf morgen vorbereitet. —
Sendung an Freyfrau von Bechtolsheim zu
Eisenach.

2. Briefe mundirt. Ermer mit der Heilsberger In=
schrift. Rehbein. Rath Vulpius. Canzleyrath
Vogel. Riley Schiffbruch. Eschwege Brasilien.
Mittag zu zwey. Cammerdiener Lämmermann.
Allerley expedirt. Riley und Eschwege weiter
fortgelesen. Verschiedene Sendungen von Sere=
nissimo. Vorbereitende Gedanken für morgen.
Abends mit meinem Sohn. — An Mylius
und Cattaneo (an Canzleyrath Vogel abge=
geben) nach Mayland.
3. Allerley Expeditionen, morgen zu notiren. Rath
Vulpius. Mittag zu zwey. Nach Tische Canzler
von Müller: Expedition wegen des nachbarlichen
Baues. Fortgesetzte Studien an Howard. Abends
mit Ottilien.
4. Expedition an Färbern: Bibliothekseinrichtungen
und alia. Nebenstehendes vollendet: Paquet an
Staatsrath Schad nach Berlin, dessen Bücher
zurück gesendet. Director Schadow nach Berlin,
12 Thlr. für die Medaillen. Rath Schlosser
nach Frankfurt, Anweisung wegen Artaria.
Artaria nach Mannheim, Berechnung der acqui=
rirten Kupferstiche und Zurücksendung der übrigen.
An Weigel nach Leipzig, Assignation an Frege
auf 150 Thlr. Sächs. An Frege & Comp.,
dem vorigen inliegend, Anweisung. An Färbern
nach Jena. — Selbstvertheidigung des Hofrath
Fries, parodirt. Verhandlungen wegen des nach=

barlichen Baues. Mittag Dr. Rehbein und Bade=
inspector Schütz. Über Verbreitung der Tages=
blätter auf's Land. Nach Tische Hofadvocat
Hase wegen der Bau=Angelegenheit. Hofrath
Völkel. Kräuter, wenige Expeditionen. Abends
Florentinische Schule, dann mit August.

5. Friesens Selbstvertheidigung, parodirt; von Canz=
ler von Müller die wahre in Original und dazu
gehörige Acten. Den ersten Revisionsbogen vom
Divan beendigt und an Prof. Kosegarten ge=
sendet. Brief an Wesselhöft nach Jena, in=
liegend Brief an Prof. Kosegarten nach Jena
(mit dem 1. Correcturbogen vom Divan). Hof=
medicus Rehbein. Lieber, das Titelblatt des Divan
bringend. Durchsicht der Kapseln. Ältere und
neuere Manuscripte. Mittag zu zwey. Nach
Tische Portefeuille, Nachfolger Raphaels. Canzler
von Müller. Hofmedicus Rehbein. Altes und
Neues durchgesprochen. Abends mit den Kindern,
die herunter gezogen waren. Später Para=
lipomena.

6. Expeditionen: An Herrn von Odeleben zu
Klein=Waltersdorf, wegen der Mineralien. An
Canzleyrath Vogel, inliegend einige Zeilen
wegen Howard an Hüttner. An Prof. Labés
nach Jena, mit Raynouard Eléments de la Grammaire de la langue Romane avant l'an 1000.
An Pagen=Informator Sondershausen,

sein Melodrama zurück. An Luise Bary
nach Glogau. — Rehbein. Lieber. Oels. Spa=
zieren im Garten am Stern und dessen Nach=
barschaft. Nach 1 Uhr zu Hause. Genast zu
Tische. Alte Theatergeschichten, ingleichen von
mehreren gleichzeitigen Theatern. Nach Tische
niederländische Kunst. Mit meinem Sohn.
Abends die Gräfinnen Egloffstein und Frau von
Pogwisch.

7. Brief an Knebel mit dem Gerningischen. Andere
Expeditionen. In dem untern Garten: Umsicht
und Einrichtung. Nachher nach Belvedere. Mit
Serenissimo durch die Häuser. Über Heutiges
und Nächstes gesprochen. Zurück über Ober=
Weimar. Mittag zu zwey. Nach Tische Nieder=
ländische Schule. Abends Cammerrath Stichling
wegen Jenaischen Casse=Angelegenheiten. Später
Canzler von Müller, nachher mit meinem Sohne.

8. Allerley Expeditionen. Brief an Zelter in
Berlin mit Nachrichten vom alten Mayer zu
Bergamo. Vorbereitung zur morgenden Sen=
dung des Wagens nach Jena, um mancherley
herüber zu bringen. Rehbein. Brief an Schultz
nach Berlin concipirt. Vorsehendes durchgedacht
und geordnet. Betrachtung über Kindermährchen
für gebildete Personen und orientalische. Mit=
tag bey den Prinzessinnen. Zu Hause Cushings
Exotischer Gärtner. Abends mit den Kindern.

9. Promemoria wegen von Münchow für Ihro Kai-
serliche Hoheit. Myrons Kuh wieder gefunden
und zum Druck ajustirt. Myrons Kuh. Philostrats Gemälde. Götz von Berlichingen, mehrere
Manuscripte. Mittag zu drey. Kamen die Portefeuilles und anderes von Jena mit dem Wagen.
Einrangirt Kupfer. Geh. Rath von Einsiedel:
über Kunst und Tages=Vorfälle. Gräfin Julie
Egloffstein. Canzler Müller, Coudray und Rehbein.

10. Brief an Staatsrath Schultz. Abschrift des Promemoria wegen von Münchow. Dem jungen
Fürstenpaare aufgewartet. Mineralien vom Rhein
durchgegangen wegen der Sendung an Mawe.
Mittag zu drey. Divan erster Bogen letzte Revision. Niederländische Schule. Cushings Exotischer Gärtner. Abends Frau von Pogwisch und
Adele. Letztere blieb zu Tische.

11. Einige Expeditionen: Brief an Staatsrath
Schultz nach Berlin. An Färber letzte Revision des ersten Bogen des Divan. An Herrn
von Münchow. — Rehbein. Einiges in Bezug
auf die Fürstlichen Kinder. Mittag zu drey.
Nach Tische Badeinspector zu Berka. Rubriken
zu den Kupferstichen der Niederländischen Schule.
Abends Gräfin Egloffstein, Zelterisches Lied vorgetragen. Blieb zu Tische: Hofangelegenheiten
verhandelt.

12. Briefe und andere Expeditionen. Brief an Frege & Comp. nach Leipzig, die Deponirung meines Frankfurter Vermögens von 9000 Fl. Rhein. und drüber bey ihm betreffend. Um 11 Uhr in Belvedere. Großherzog und Großherzogin. Die beyden Ober=Hofmeisterinnen. Mittag zu drey. Nach Tische Niederländische Schule rubricirt. Abends Coudray, Rehbein und Fräulein von Milkau. Spät zu Bette.

13. Allerley Expeditionen. An Cammerrath Stich= ling allhier. Eingepackt auf morgen. Verschie= denes Geld zusammen gefordert. Matoische Mi= neralien etikettirt und eingepackt. Mancherley zusammengesucht. Bey den Prinzessinnen ge= speist. Die Oriental Field Sports vorgezeigt. Die Bossischen Durchzeichnungen des da Vinci= schen Abendmahls in drey Portefeuilles auf die Bibliothek gegeben. Niederländische Schule. Abends Adele Schopenhauer.

14. Anordnung zur Abreise. Unterwegs die nächsten Geschäfte und Expeditionen durchgedacht. Nach 12 Uhr in Jena. Erste Einrichtung. Mittag für mich. Auf die academische Bibliothek. Auf die Tanne, den Riß von Rom aufgeheftet. Natur= wissenschaftliche Papiere gesondert. Zu Herrn von Knebel, von Münchow und Kosegarten. Nachts den letzten Leipziger Kupferstich=Catalog durchgegangen.

1818. März.

15. Die nöthigsten Expeditionen fortgesetzt. Um 10 Uhr auf die Tanne. Buch der Liebe des Divans. Philostrats Gemälde ajustirt. Myrons Kuh abgeschlossen. Mittag bey Knebel, waren wir allein. Nach Tische auf die Tanne. Abends bey Frommanns. Die Häuptlinge der Studierenden.

16. Expedition an Knebel. Hofrath Voigt. Prof. Güldenapfel. Prof. von Münchow. Geordnet und beseitigt. Gegen 11 Uhr auf die Tanne. Brief an Zelter. Am Divan zurecht gerichtet, ingleichen an den übrigen Unternehmungen. Um 6 Uhr zu Knebel, Geh. Rath Schmidt und Roux. Nachts zu Hause. Weigels Note mit dem Auctionscatalog verglichen. Abbé Georgel Geschichte des Halsbandes.

17. Halsbandsgeschichte abgeschlossen. Prof. Lavés mit den ersten Bogen der Übersetzung des Abendmahls. Herr Obrist Swain von Dresden kommend mit Grüßen von seiner Mutter. Auf die Tanne. Sturm und gewölkter Himmel. Georgel, Ursachen und Anfang der Revolution. Divan Revision des zweyten Bogens. An Briefen weiter mundirt. Abends zu Knebel. Nachts zu Hause, französische Revolution von Georgel weiter gelesen. — An meinen Sohn nach Weimar, Notizen von meinem Zustand und einige Wünsche.

18. Divans zweyter Bogen letzte Revision. Buch=
binder mit den Medaillen=Kästchen. Geh. Hofrath
Stark, wegen der Prinzessinnen Aufenthalt und
sonst. Gegen 11 Uhr auf die Tanne. Brief=
abschriften und Concepte. Deßgleichen Nach=
mittags. Abends Sendung von Weimar. Wieder
dahin einiges. Kam eine Composition von Zelter:
Der neue Amor. Brief von Frau von Bren=
tano, Wein ankündigend. Van Dyck aus Car=
rara. — An meinen Sohn die nächsten
Expedienda durch Geh. Hofrath Stark. An
Zelter.

19. Die Museumsrechnungs=Extracte vorgenommen.
Abschluß und Bilance vorbereitet. Schröter wegen
der Zeddel des letzten Vierteljahrs. Nach 10 Uhr
Herr Geh. Cammerrath Stichling. Bibliotheks=
rechnung, mögliche Zahlung, Mangoldische Ver=
lassenschaft und was sonst hieher gehörig. Biblio=
theksgebäude zusammen besehen, alles nach der
Anordnung theils fertig, theils im Gange. Das
nächste Nothwendige besprochen. Anschläge zu
besorgen, Bericht zu erstatten. Zusammen ge=
speist. Über Staatsangelegenheiten. Fuhr ich auf
die Tanne. Bericht an Serenissimum wegen
der Flora Austriaca. Brief an Carus mundirt,
item an Zelter. Mehreres vorbereitet und ent=
worfen. Abends zu Knebel, Geh. Cammerrath
Stichling und Demoiselle Schorcht. Nachts für

mich, Relands Türkische Religion. — War auf der Tanne Prof. Renner bey mir gewesen, die osteologische Bestellung in Wien verabredet. — Geh. Hofrath Stark den dritten Bogen des Grunerischen Catalogs. Brief an Prof. Zelter.
20. Bibliotheks- und Museumsgeschäfte vorbereitet. Kam Herr Geh. Cammerrath Stichling. Mit demselben das Vorliegende durchgegangen und Übereinkunft getroffen. Vorher mit Meister Timmler wegen dem Eckpfeiler, dem Berappen des Gebäudes und Vertiefung des Hofes. Anschläge verlangt. Mit Stichling auf die Tanne. Einen Theil der angelangten Kupfer ausgepackt. Entoptische Farben vorgezeigt. Mittags beyde zu Tische in der Stadt. Schweizerreise, Fellenberg, Pestalozzi, Fürst Wrede und anderes. Nach Tische geschieden. Ich fuhr auf die Tanne, an der Sendung ausgepackt bis 7 Uhr. Abends einiges an meinen Sohn. Recapitulation der vorliegenden Geschäfte. Vergleichung der Bilder eines arabischen Manuscripts, das Heiligthum von Mecca vorstellend, mit den Relandischen Kupfern. Einige Capitel in Reland. — An meinen Sohn das dritte Heft von Kunst und Alterthum.
21. Zeitig auf die Tanne. Beschäftigung der neusten angekommenen Kupfer, nach Schulen und Meistern gelegt. Mittag für mich. Nach Tische Geheime

Hofrath Stark, wegen Döbereiners Tour nach
Weimar. Durchsicht der Blätter, allgemeine Be=
trachtung fortgesetzt bis zum Abend. Um 6 Uhr
zu Knebel. Unterhaltung über die hundert Wolfi=
schen Hexameter, Anfang der Odyssee. Zu Hause
L'Abbé Georgel erster Band erste Lieferung.
Sendung von Weimar.

22. Ostern. Die Belege der Museumsrechnung durch=
gesehen. Ordinaria mit dem Etat verglichen.
Extra=Ordinaria notirt. Frommanns Sohn von
Berlin kommend, dortige Begebenheiten erzählend.
Prof. Güldenapfel sich auf die Feyertage beur=
laubend. Bey Herrn Obrist von Lynker. Zu
Herrn von Knebel, wo Döbereiner mit speiste.
Auf die Tanne. Einiges über die neu angekom=
menen Kupfer. Abends zu Hofrath Voigt, große
Gesellschaft. Nachts Abbé Georgel. — An meinen
Sohn, Geschäftsanfrage und Sendung, Kühns
Quittung auf die 500 Thlr. auszuwechseln.

23. Die Rechnungs=Belege durchgesehn. Mit Rent=
amtmann Kühn über das Arrangement derselben.
Auf die Tanne. Prof. Renner, der nach Quer=
furt und Allstädt ging. Fortsetzung der Ord=
nung der Belege. Abbé Georgel bis zu Maurepas
Tod. Jacksons Blätter beschnitten und aufge=
heftet. Nebenstehende Expeditionen: An meinen
Sohn Desiderata. An Weigel nach Leipzig.
An Canzleyrath Vogel nach Weimar. — Zu

Knebel, über häusliche und öffentliche Angelegenheiten. Depesche von Serenissimo, Herrn von Schreibers letzten Brief betreffend.

24. Ging Färber nach Weimar. Ich beschäftigte mich mit dem Vorliegenden. Um 10 Uhr auf den Heinrichsberg, die eingesprützte Placenta der Stute zu betrachten. Auf die Tanne. Einige Capitel der Museums-Rechnung arrangirt. Die Kupfer sortirt und Preise bemerkt. Nach Tische fortgefahren. Abbé Georgel recapitulirt. Um 6 Uhr zu Frommanns. Nachts Carus Zootomie vorgenommen, osteologische Abtheilung.

25. Sendung von Weimar. Von Hammers Brief an Fürst Metternich, mit Holzstöcken. Frege Nachricht angekommener Gelder von Frankfurt. Briefe concipirt und mundirt. Regierungsbote mit Depesche von Canzlar von Müller. Durchsicht der Papiere und Kupfer. Carus Zootomie, Betrachtung über die Bedeutung der Wirbelknochen und was daran zu suppliren. Um 6 Uhr zu Knebel, war der Geh. Rath Schmidt daselbst. Französischer älterer Catechismus, worinnen Gautiers Farbenbekenntniß. Nachts starke Sendung von Weimar. Graf Redens Porträt; Beuthers Theater-Perspective pp. — Herrn Canzlar von Müller Rheinische Blätter zurück gesendet.

26. Vorarbeiten zur morgenden Sendung. Expedienda recapitulirt und notirt. Auf der Tanne waren

die Thürstücke vorbereitet. Concepte und Mundba daselbst fortgesetzt. Ingleichen Betrachtung der Kupfer und alles für morgen vorbereitet. Hofmechanicus Körner, den Metall=Planspiegel vorzeigend; wegen der Schmirgelbestellung nach England. Fortgesetzte Expeditionen. Bey Knebel, Bauers Ovidische Verwandlungen. Nachts den Wolkenboten wieder vorgenommen.

27. Nebenstehende Expeditionen ajustirt und gesiegelt. Doctor Roux einige Radirungen bringend. Auf das osteologische Museum, gewisse Betrachtungen anzustellen. Auf die Tanne, Sonderung der Museumsrechnung in untere Abtheilung der Capitel. Dr. Weller von Gotha kommend. Großer Brand in Herbsleben. Jacksons Holzschnitte vorgenommen. Kleiner Aufsatz deßhalb. Nebenstehende Expeditionen: Nach Weimar an meinen Sohn. An Ottilien preußische Tragödien und Brief. An Genast, Manfred und Abendmahl an Frau von Voigt. An Hofrath Meyer nach Stäfa, Abendmahl, dessen Rückreise, Kunstnotizen. An Frau von Brentano nach Frankfurt a. M., Dank für gesendeten Wein, Abendmahl. An Prof. Carus nach Dresden, Dank für die Zootomie, Sendung der Morphologie. — Ein Bote von Serenissimo wegen der Lucidi. Das Abendmahl betreffend den Aufsatz abgesendet. Arbeiten fortgesetzt. Das Paquet Abends durch die

Boten fortgeschickt. Malcolms Geschichte von Persien.

28. Nebenstehende Expeditionen bis zur Absendung eingerichtet: An Herrn von Flurl nach München mit zwey Medaillen. An Frau von Bechtolsheim nach Stetten wegen ihrer Gedichte. An Staatsminister von Voigt mit 36 Thlr. für die Medaillen. An Herrn von Trebra nach Freyberg, Döbereiners Elementarberechnung der reichen Minen des östlichen Amerika. — Sendung von Sömmerring mit seinen Dissertationen über die fossilen Eidechsen und Fledermäuse. Prof. Güldenapfel, über die nächsten Arbeiten. Die Rechnungen durchgegangen; Capitel und Unterabtheilungen gesondert. Auf die Tanne. Nach Tische an dem Geschäfte fortgefahren. Vorbereitung, manches dictirt. Nachts zu Hause, Persische Geschichte von Malcolm. Vordere fabelhafte Epoche.

29. Die Geschäfte wieder angegriffen. Kam mein Sohn, Unterhaltung mit demselben und auf der Tanne. Bey Knebels gespeist mit Bachmann. Niederländische Kupferstiche. Auf die Tanne, einiges eingeleitet. Abend unwohl, zeitig zu Bette.

30. Vorbereitung zu den nächsten Geschäften. Zum zweytenmal Löwenzahnextract getrunken. Auf die Tanne, die Rechnungsbelege nach dem Etat in Unterabtheilungen gesondert. Besuchte mich Hof-

rath Voigt und Geh. Rath Schmidt. Mittag für mich. Nach Tische Färber, gedachte Unterabtheilungen ausgeschrieben und summirt. Dr. Roux, Zeichnungen von Demoiselle Vogel bringend und die angekommenen Kupfer besehend. Obiges Geschäft fortgesetzt. Sechs Wochen in Paris 2. Theil. Abends bey Knebel. Nachts zu Hause, Sechs Wochen in Paris hinausgelesen.

31. Die Sendung auf heute Abend vorbereitet. Auf die academische Bibliothek, Äußeres betrachtet und überlegt. Auf die Tanne. Briefe dictirt, mundirt, Unterabtheilungen der Rechnungs=Capitel. Französische Übersetzung des Abendmahls. Zu Knebel, van der Meulen aufgenagelt. Geh. Rath Schmidt Geschichte der Bayreuther Emigrirten.

April.

1. Einiges expedirt und geordnet. Auf die Tanne. Philostrats Gemälde vorgenommen und unter wenige Rubriken geordnet. Dr. Weller, nachher Gesell von Körner. Ordnung der Rechnungsbelege fortgesetzt. Zu Knebel, über die große Composition von van der Meulen und Ähnliches. Abends große Sendung von Weimar.

2. Nachricht von der vorseyenden Expedition der Engländer nach dem Nordpol. Anderes von der gestrigen Sendung durchgesehen. Auf die Tanne.

1818. April.

Stallmeister Seidler. Philostrats Gemälde fortgesetzt. Mittag für mich. Nach Tische Prof. Hand, besprochen das Collegium über Alterthümer und dessen Arrangement. Der Prinzeßinnen Unterricht in der römischen Geschichte. Kosegartens Dissertation. Reisigs Talent und Charakter. Philostrat fortgesetzt. Bey Knebel, englische Expedition nach dem Nordpol. Nachts Sechs Wochen in Paris. — An Karl Ernst Schubarth nach Leipzig.

3. Heutige Expedition überdacht. An den Rechnungsauszügen und der Bilance gearbeitet. Bergrath Döbereiner von Weimar kommend und die Analyse der Brunnenwasser mitbringend. Bergrath Lenz, die Briefe des letzten Vierteljahrs und eingesendete Bücher mitbringend. Fortgesetzte Expedition bezüglich auf heute Abend. Auf die Tanne. Philostratische Gemälde vorgenommen. Sechs junge Leute von verschiedenen Academien, eingeführt durch Wesselhöft. Mittag für mich, sodann Dr. Weller, sodann mit Färber Philostrate und Expeditionen. Philostrats Protesilaus. Bey Knebel, aus den neuen mißwollenden Reisen einiges gelesen. Nachts Expeditionen: Serenissimo mit de Candolle Catalog und den Wasserlarven. Staatsminister von Voigt, Expedition nach dem Nordpol, Güldenapfel wegen der Buchdrucker, Körnerischen Gesellens Vergünsti=

gung. Meinem Sohn, Ermers Quittung, Postauslagen, 200 Thlr. für Kühn erinnert.

4. Die gewöhnlichen Geschäfte fortgetrieben. Canzlar von Müller. Unterhaltung mit demselben; mit ihm auf der Tanne. Bey Knebel gespeist. Abends für mich. Sendung von Weimar. Werners Gang-Theorie, Freiesleben Sächsische Zinnformation.

5. Die nothwendigsten Geschäfte durchgedacht und überlegt, sowie das von Weimar Gesendete und Berichtete. Rentamtmann Kühn die letzten Belege bringend. Bergrath Lenz zu Tische. Mineralogische Societät und Academica betreffend. Auf die Tanne, die dort sich befindenden Geschäfte beachtet. Auf morgen vorbereitet. Abends für mich, Wernerische Gang-Theorie.

6. Herrn Geh. Hofrath Stark, Bogen des Grunerischen Cataloges. Berichte wegen der Museen und academischen Bibliothek. Auf die Tanne. Bericht und Promemoria nach Weimar. Briefe. Die zwey Engländer von Weimar. Abends zwey Studierende: Friedrich Dieffenbach aus Königsberg in Preußen, Christian Bernhardi aus Zierenberg in Hessen. Mittags bey Knebel, Gräfin Egloffstein, Detail von Weimar. Abends das Gespräch über Kunst und Wissenschaft fortgesetzt. Nachts Verzeichniß englischer Bücher von Leipzig gekommen. — An den Herrn General=

Salinen-Administrator von Flurl nach
München, einen Brief nebst 2 Medaillen.
7. Vorarbeiten auf den Abend. Bey Zeiten auf die
Tanne, zurecht gelegt und überdacht. Auf die
academische Bibliothek, mit Timmler, Nürnberger
und Werner. Alles angesehn und durchgesprochen.
Auf die Tanne, Ordnung und Vorbereitung.
Mittags für mich. Um 3 Uhr Gräfin Egloff=
stein, um 5 Uhr Präsident von Ziegesar, Dr.
Weller. Nachher die drey Einleitungen zu den
Hauptberichtsbeylagen. Schärfere Ansicht der neu
erworbenen Kupfer aus der Italiänischen Schule.
Ankunft der 4000 Thlr. von Leipzig. Sieben
Uhr in die Stadt. Expedition nach Weimar.
Befand mich von einer Erkältung in der aca=
demischen Bibliothek nicht wohl. Legte mich
zeitig zu Bette. — An August Herrmann
in Birkenberge. An Dr. Müllner in Merse=
burg. An Staatsminister von Voigt. An
Geh. Hofrath Kirms. An Canzleyrath
Vogel. An Canzlar von Müller. Museums=
geschäfte an meinen Sohn.
8. Blieb den größten Theil des Tags im Bette. Be=
such vom Herrn Oberbaudirector Coudray. Canz=
lar von Müller schickte die mahländische Medaille
in Silber und die neusten Verfügungen wegen Preß=
frechheit. Das nächst zu Expedirende durchgedacht.
Sendung von Weimar. Abends leidliches Befinden.

9. Beschäftigung mit der Bilance, ferner mit den Extraordinarien. Prof. Güldenapfel wegen angebotenen Büchern. Der Herr Geh. Hofrath Stark von Weimar kommend. Mittag für mich. Nach Tische Fortsetzung der Arbeiten. Vorbereitung auf den Schlosserischen Brief und dessen Sendung zu antworten. Fortgesetzte Betrachtung der Geschäfte. Durch einen Husarn die Nachricht der Geburt eines Sohnes. Auf morgen verschiedenes zurecht gelegt.

10. Die Museumsbilance wieder angegriffen, weiter geführt, anderes auf heute Abend vorbereitet. Herr Frommann wegen vorsehender Druckschriften. Auf die Tanne. Lobenswürdiges Gutachten eines jungen Mannes über die Turnanstalten. Die Abendsendung zurecht gelegt. Zu Tische allein. Nach Tische mit Weller die Expedition, die nebensteht: Serenissimo die goldene Medaille nebst Promemoria nach zurück gebliebenem Concept. An Oberbaudirector Coudray wegen des Nachbarhauses. An Dr. Schlosser nach Frankfurt, einliegend an Artaria nach Mannheim; sämmtlich zurückbehaltene Concepte. An Kupferstecher Müller Auftrag wegen den Farbentafeln. Rentamtmann Kühn Quittung wegen 400 Thlr. Alles an meinen Sohn mit Promemoria. — Bergrath Lenz, die Sendung aus Norden ankündigend. Fortgesetzte Ex=

1818. April.

pedition bis zur Nacht. Aus der Druckerey den
1. Bogen Kunst und Alterthum, den 3. Divan
zur Revision. (Gegen Mittag war Frau Majorin
von Knebel mit den Kleinen auf der Tanne gewesen, Glück zu wünschen.)
11. Academische Bibliotheks-Geschäfte. Auf die Tanne,
Philostratisches. Von Knebel. Carue von Coblenz,
berühmter Wartburger sein Büchlein bringend.
Koppe von Kiel, in Heidelberg Studierender. Dr.
Weller blieb zu Tische. Fortgesetzte Arbeit. Gräfin
Egloffstein mit zwey Kindern. 5 Uhr in die
Stadt. Fortgesetzte Arbeit am Bibliotheks- und
Museumsgeschäfte. Böses Auge. Nachricht von
Weimar. Bald zu Bette.
12. Bibliotheksangelegenheit. Götze wegen der An-
schläge. Mit Dr. Weller bes. die Bibl. Angelegen-
heit durchbicktirt. Lenz zu Mittag. Mineral.
Gesellschaft. In der Arbeit fortgefahren. Das
Auge besserte sich. Färber war nach Weimar
gegangen. — Güldenapfels Bericht an Canzl.
Müller. An Coudray die Papiere wegen des
Hintergebäudes.
13. Vorbereitungen zu Sereniss. Ankunft. Auf die
Tanne. Aufputz derselben. Zu Tafel v. Zigesar,
Geh. Hofr. Starcke. Um sechs Uhr fuhren Ser.
ab. Zu Frommanns bis 9 Uhr.
14. Bibliotheks Angelegenheit. Erst für mich, dann
mit Weller. Pr. Güldenapfel. Pr. Bachmann.

Concepte, sodann corrigirt. Mit Pr. v. Münchow spazieren gefahren. Zu Knebel. Hr. Braun speiste mit. Varia. Zuletzt den neusten Zustand von den vereinigten Staaten. Nach Hause. Exped. nach Weimar: StMſtr. v. Voigt, Veter. Acten 2 Faſc., K. und A. III. Heft. Den Kindern Ankunft notificirt.

15. Beschäftigung mit Bibliotheks- und Museumsangelegenheiten, mehrere Registraturen deßhalb. Zu Mittag mit Dr. Weller. Nach Tische Bergrath Lenz. Arbeiten fortgesetzt. Gegen Abend die Wiener Sendung ausgepackt. Um die Stadt, in verschiedene Gärten, zu Rühlmann, Hofagent Weber, zu Harras. Nach Hause. Geordnet und eingepackt.

16. Die nöthigen Expeditionen vollführt. Die nebenstehenden abgeschlossen: An Berg-Commiſſär Köniz mit der silbernen Medaille. Ober-Berghauptmann Trebra mit dem 3. Stück Kunst und Alterthum. Herrn Director von Schreibers, osteologische Bestellungen, Notiz von der Ankunft der letzten Sendung. An Ferjentſćk Herrmann und Dorothea. An Geheime Hofrath Stark die Bogen N. O. des Gruneriſchen Catalogs. — Verordnung an Rentamtmann Kühn mit der Mappe, Rechnung und Belege. Nach 9 Uhr abgefahren, unterwegs Lenzens Wunsch beherzigt. Um 12 Uhr angekommen.

Den Garten beachtet. Die Wöchnerin besucht. Mit August gegessen. Das Nächste besprochen. Die nöthigsten Geschäfte durchgedacht und vorbereitet. Abends bey Herrn Staatsminister von Voigt. Jenaische Bibliotheks-Angelegenheiten besprochen. Abends mit August; war eine Sendung von Weigel angekommen.

17. Gedicht nach Jena durch einen Boten. Kam an: Beschreibung von Frankfurt durch Kirchner, der Rheinlauf erste Lieferung von Primavesi, fand sich vor die 2. Lieferung von Paulinzelle und die 1. Lieferung des Stielerschen Atlasses. An Serenissimum etwas von der Wiener Sendung. Betrachtung des Nächstbevorstehenden. Nach Belvedere. Die sämmtlichen Häuser durchgegangen. Zu den Prinzessinnen zu Tafel. Zu Hause. Im Garten mit August. Fernere Bewegung. Die Angelegenheit mit Dr. Artaria an Kräuter übergeben. Die niederländischen Kupfer vorgenommen. Canzlar von Müller. Abends bey der Wöchnerin, war Frau von Pogwisch gegenwärtig. Später mit August. Den neuen Leipziger Kupferstich-Catalog durchgesehen.

18. Schema für die Jenaischen Stunden der Prinzessinnen. Kam das Gedicht von Jena zur Revision nebst Bericht von Dr. Weller. An Dr. Weller das Gedicht revidirt zurück. Zum Handischen Promemoria. Zu J. K. H. der Großherzogin.

Sprach den Großherzog daselbst. Einleitung auf morgen. Zur Erbgroßherzogin. Kurze Unterredung. Assignation auf den Dienstag. Nach Hause. Die Schnecken-Sammlung bedacht. Kam Badeinspector Schütz von Berka. Speiste zu Mittag. Öffentliche Geschichten. Rentamtsverhältnisse. Pädagogische Kunststücke und Versuche. Einiges wegen den Jenaischen Angelegenheiten, Schriftliches an Geh. Cammerrath Stichling. Einige Portefeuilles durchgesehen. Bey der Wöchnerin. Mit meinem Sohn den Abend zugebracht.

19. Philostrats Gemälde zu redigiren begonnen. Um 9 Uhr zu Serenissimo. Viele zur Abschieds-Audienz. Hatte Artaria ausgelegt. Gemälde, Zeichnungen, Schnitzwerke, Majolika u. s. w. Mit Serenissimo nach Belvedere, die Häuser durchgegangen. Halb drey Uhr zurück. Mit dem Cammerrath zu Tische. Nach Tische Philostrats Gemälde wieder vorgenommen. Hofräthin von Schiller. Später Oberbaudirector Coudray. Kupfer durchgesehen. Blieben zusammen, besprachen Bau- und Landesangelegenheiten. — Brief und Vollmacht an Rath Dr. Schlosser, Frankfurt.

20. An dem Aufsatz über Philostrats Gemälde fortgefahren. Brief an Dr. Weller, academische Bibliothek betreffend. Zur Ordnung eines Conchylien-Cabinets römische Zahlen gemacht. Herku-

lanische Alterthümer durchgesehen. Artaria, wegen der unternommenen Porträte. Der Erbgroß=herzog. Um 1 Uhr ging ich spazieren, besuchte Frau von Stein. Mittag mit August. Herku=lanische Alterthümer in Bezug auf Philostrat durchgegangen. Neuer Kupferstich=Catalog. Fran=zösisches Portefeuille durchgesehen. Kam das Ge=dicht von Jena. Abends mit August. Mond=finsterniß.

21. Briefe dictirt. Lieber. Genast von Leipzig kom=mend. Mit meinem Sohn allerley besprochen. Um 11 Uhr Taufe, nachher Unterhaltung. Blieben zu Tische: Gräfin Henkel, Frau von Pogwisch, Günther, Rehbein und Rinaldo. Blieben noch länger beysammen. Um halb 6 Uhr mit der Frau Großherzogin und den beyden Frau Ober=hofmeisterinnen nach Belvedere. In den Treib=häusern. Später mit August.

22. Nachstehende Briefe couvertirt: Pfarrer Kirch=ner nach Frankfurt, Dank für dessen Beschrei=bung von Frankfurt und dessen Umgegend. Cammerrath Frege & Comp. nach Leipzig, Meldung der angekommenen 4000 Thlr. und weitere Bestellung. Hofrath Büsching nach Breslau. Prof. Nees von Esenbeck nach Sickershausen, Dank für die letzte Sendung, Acceptation des Werks: Über die Bebrütung des Hühnchens. Herrn Hofmaler Primavesi,

Dank für Rheinbeschreibung, nach Darmstadt.
Prof. und Bibliothekar Hesse nach Rudol=
stadt, Dank für Paulinzelle. Oberberghaupt=
mann von Trebra, das Gedicht eingesiegelt.
Hofrath Himly in Göttingen. Frau von
Brentano nach Frankfurt a. M. Herrn Ge=
heimerath von Sömmerring München, Dank
für die übersendeten Fossilien. — Visiten ge=
fahren. Daniell Voyage to China and India. Bey
den Prinzessinnen gespeist, obiges Kupferwerk vor=
gezeigt. Einiges geordnet. Im Garten. Abends
Frau von Pogwisch und Gräfin Egloffstein.

23. An dem Aufsatz über Philostrats Gemälde fort=
gefahren. Im Garten. Vor 11 Uhr zur Hoheit.
Blieb bis halb 1 Uhr. Mittag Ottilie bey Tisch.
Nach Tische Frau von Stein und Fräulein von
Staff. Im Garten mit dem Cammerrath, den
Lämmermannischen Bau beachtet. Hofmedicus
Rehbein, blieb zu Tisch.

24. Expeditionen wegen des Handischen Gesuchs.
Lieber. Im Garten. Herr von Struve und
Neveu. Bey den Prinzessinnen gespeist. Das
schöne Taubenwerk von der Bibliothek vorgezeigt.
Kam ein Taschenspieler. Um 4 Uhr zu Hause.
Im Garten mit August. Der Buchbinder klebte
die Etiketten auf die Kupferstich=Portefeuilles.
Vorher Geheimerath von Einsiedel. Später Grä=
fin Egloffstein. Endlich mit August allein.

25. Nebenstehende Expeditionen:
Erlaß an Prof. Hand,   } Hands archäologi=
 „   „ Rath Vulpius, } sche Vorlesungen
 „   „ Färbern,   } betreffend.
Das Promemoria an die Oberbaudirection mun=
dirt. Die Kupfer in die Portefeuilles gebracht. Zur
Abreise manches zurecht gelegt. Oels. Um 12 Uhr
Staatsminister von Fritsch. Leipziger Urtheil in
der Kotzebueschen Sache. Gräfin Egloffstein.
Nach 2 Uhr Geh. Cammerrath Stichling. Ottilie
speiste mit. Nach Tische Frau von Stein. Um
5 Uhr zum Staatsminister von Voigt. Zu Hause
das Nächste überdacht. Abends mit Ottilien.
Mein Sohn kam erst um 12 Uhr von Heusdorf
zurück. Halb 1 Uhr kam Großfürst Michael von
Eckardtsberge. Husaren und andere mit Pech=
fackeln entgegen. Vocal= und Justrumental=
Musik.

26. Aufsatz wegen der freyen Zeichen=Anstalt. Brief
an Gräfin von Egloffstein mit Allart van
Everdingens kleinen radirten Landschaften. Ermer
wegen dem Titelblatt zum Divan. Der Student
Nicolovius von Berlin, fuhr mit demselben nach
Belvedere. Er blieb zu Tische. Mein Sohn hatte
Hofdienst. Das alte neueingebundene Stamm=
buch. Nach Tische Gräfin Egloffstein. Mémoires
de Mme Manson. Um 8 Uhr der Canzler und
Adele. Ersterer blieb bis Mitternacht.

27. Vorbereitung zur Reise. Gegen 9 Uhr abgefahren. Den neuen Weg hinunter in's Mühlthal. Gegen 12 Uhr in Jena angekommen. Ausgepackt, das Nöthige besorgt. In's Heimsche Cabinet, war die Sendung des Herzogs von Egerton angekommen. Bergrath Voigt. Allein zu Tische. Dr. Weller, nachher geordnet und einiges expedirt. In die academischen Gebäude. Abends zu Hause. Samen ausgepackt. Vorbereitung auf morgen.

28. Acten durchgesehen, die nöthigsten bemerkt. Lieutenant Biertsch, Studierender in Leipzig. Expedition wegen den Stunden der Prinzessinnen. Auf die academische Bibliothek. Auf die Tanne, mit Dr. Weller bis nach 12 Uhr gearbeitet. Über den Jahrmarkt. Zu Knebel. Nicolovius. Mit Weller nach Tische auf die Tanne. Bis gegen 7 Uhr expedirt: Staatsminister von Voigt, Expedition in academischer Bibliothekssache. An Rath Vulpius Heidelberger Jahrbücher December, Grunerischer Catalog G—N. An meinen Sohn, verschiedene Aufträge. — Geiler von Kaisersberg christliche Pilgerschaft. Vom Abend heranziehender Regen, der jedoch nicht hernieder ging. Um Mitternacht Sturm.

29. Ganz früh Einladung vom Canzlar von Müller nach Dornburg. Brief an Boisserée. Grunerischen Catalog complet erhalten. Prof. Güldenapfel, Anordnung wegen der Bibliothek. Nach

Dornburg gefahren. Ober=Cammerherrin und
Julie. Zu Mittag geblieben, über Landschafts=
zeichnung, Politica. Die Lage des Cölestins
untersucht. Zurück, zu Knebels. Sendung von
Weimar. Ringkästchen, ingleichen Kästchen von
Freyberg, anderes, Ankündigung des Rath Vul=
pius.

30. Mundum des Briefs an Boisserée. Manuscript
zur Morphologie. Divan 4. Bogen revidirt.
Kam Rath Vulpius. Um 11 Uhr auf die aca=
demische Bibliothek, Übersicht und nächste Absicht
des Geschäftes mitgetheilt und Überlegung auf=
getragen. Für mich zu Tische. In die Museen.
Sendung von Egerton gesondert. Straußen=
Skelett besehn. War der junge Nicolovius gegenwärtig. Fuhr mit demselben gegen Winzerla,
dann auf die Tanne. Abends für mich zu
Hause. Das Morgende vorbereitet.

M a i.

1. Anfrage an Bergrath Döbereiner wegen des Me=
tallspiegels. An Kosegarten den vierten Bogen
des Divans. Von demselben Versteinerungen
von der Insel Rügen. Mit Lenz die Mineralien
aus Sicilien und der Insel Elba. Mit Dr.
Weller verschiedenes auf die academische Biblio=
thek bezüglich. Deßgleichen mit Vulpius. Johann
aus der Druckerey. Das Manuscript zur Fort=

setzung der Morphologie arrangirt. Die Folge
durchgedacht. Mittag für mich. Zu Frommanns,
kam Wesselhöft, um Aufschub des Druckes bittend.
Auf die Tanne. Kam Götze, mit demselben
spazieren aufwärts. Zurück auf die Tanne.
Schönster Abend. Zu Knebel, welcher durch
Discourse eines Reisenden sehr exaltirt war. Zu
Hause, Expedition nach Weimar, auf morgen
einiges zurecht gelegt. — An meinen Sohn.
Eingeschlossen: Heidelberger Jahrbücher an Sere=
nissimum. Kunst und Alterthum drittes Stück
an Boisserée mit Brief nach Heidelberg.

2. Herr von Reutern, nach der Schweiz und Italien
Abschied nehmend. Dr. Weber eben dahin. Dr.
Roux wegen der Staffage der Dornburger Land=
schaft. Superintendent   von Erfurt zu
seiner Stelle nach   reisend. Auf die
academische Bibliothek, mit den Angestellten all=
gemein übersehn und überschlagen. Mittag Prof.
Kosegarten, Orientalisches. Verhältnisse von
Greifswalde, der Insel Rügen u. s. w. Prof.
Hand wegen der Fürstlichen Kinder; diese waren
zu Mittage angekommen. Fuhr ich auf die
Tanne, studierte und ordnete die Kupfer. Abends
Sendung von Weimar. Böttigers Winkelmann.
Cotta's Ankunft in Stuttgardt.

3. Vierter Revisionsbogen des Divans abgesendet.
Der Vorzeit zweyten Bandes drittes Stück.

Schröter wegen seines Quartalgeldes. Baum, Anordnung wegen Bücherzahl. Von Hammers Redekünste Persiens. Mittag bey den Prinzessinnen. Nachher zu Knebel, wo Frau von Stein und von Schardt waren. Knebels Sohn und einige preußische Officiere. Auf die Tanne, von Hammer persische Litteratur. Behramgur und Dilaram. Major von Knebel. Shakespearesches kleines Gedicht. Kupferstiche, Italiänische Schule. Abends Rath Vulpius, Reformationsgeschichte.

4. Gezählte Buderische Bibliothek. Überlegung des Nächsten. Eberweins, Moltke, Leipziger und Weimarisches Theater. Dr. Weller wegen der Verhandlung mit den Handwerksleuten. Brief an Cotta. Das nächste Geschäft weiter geschoben. Mittag für mich. Sendung von Bremen. Abends zu den Arbeiten jenseits. Vorher die Prinzessinnen auf dem Museum. Auf der Tanne. Hammers Orient. Bey Knebel, über die morgende Sonnenfinsterniß. Nachts 5. Divansbogen.

5. Alles für heute zurecht gelegt. Dr. Weller mit den neusten Besprechungen der Handwerksleute. Vermehrungs- und Ausleihebuch mit Buchstaben bezeichnet. Dem Buchbinder manches übertragen. Dr. Roux wegen seiner Landschaft und den Stunden der Prinzessinnen. Götze wegen der vorgenommenen Erdarbeit. Mancherley Expeditionen. Mittag für mich. Calderon von Gries zurück

erhalten. Auf die Tanne. Von Hammers Orient. Nachts der Bibliothekar. Große Ereignisse aus kleinen Zufälligkeiten.

6. Mit Philostrats Gemälden beschäftigt. Mittag für mich. Gegen Abend auf die Tanne, an Philostrat fortgefahren. Nachts von Weimar Sendung. Ingleichen ein Nachtrag von Trebra.

7. Fortgefahren an Philostrat. Geh. Hofrath Schweitzer, nach Carlsbad Abschied zu nehmen. Mittag für mich. Zu Bergrath Lenz, welcher die nordischen Mineralien auspackte. Bey den Arbeitern an den Gipshöhlen. Auf die Tanne, Philostrat. Zu Knebel, über Kunst und Alterthum und Verwandtes. Nachts Sendung von Weimar, Englisches.

8. Philostrats Gemälde. Kam Hofmedicus Rehbein. Mit demselben auf die academische Bibliothek, nachher an die Gipshöhlen. Die letzten Vorrichtungen angeordnet. Auf die Tanne. Mit Rehbein herein gefahren zu Lenz, der die nordischen Mineralien auspackte. Mittag auf der Tanne gegessen, mit Dr. Weller nachgearbeitet. Um 4 Uhr die Prinzessinnen. Um 8 Uhr zu Knebel. Nebenstehendes nach Weimar: An Staatsminister von Voigt, autorisirte Quittungen, Lapidar-Inschriften für die alten Bibliotheksbesitzer. Geh. Cammerrath Stichling, Anschläge wegen Berappung des Carcergebäudes,

Notiz wegen der aufgehaltenen Museumsrech=
nung.

9. Die gewöhnlichen Arbeiten gefördert. Mittag
bey den Prinzessinnen. Bey Knebel Daniells
Reise nach China betrachtet, wo Nicolovius Ab=
schied nahm. Zu Frommanns, wo Madame
Schopenhauer mit Tochter sich befanden. Herr
Frommann war von Leipzig zurückgekommen.
Erzählung von dortiger Messe. Auf die Tanne,
zum ersten mal daselbst geschlafen.

10. Kunst und Alterthum 2. Bogen Revision. In
die Stadt, der Großherzogin aufzuwarten; sie
war in der Kirche gewesen. Einiges im Hause
geordnet. Auf die Tanne, Philostrats Gemälde
einzeln ausgeführt. Zu Knebel zu Tische. So=
dann mit Weller Philostratisches. Herr From=
mann Leipziger Geschichten. Briefe concipirt.
Nachts englisches Künstlerlexikon.

11. Philostrats Gemälde. Anderes vorbereitet. Kam
Oberbaudirector Coudray. Über Kunst aller Art.
Fuhr ich in das Stadt=Quartier, manches zu
ordnen und zu holen. Coudray fuhr mit mir
heraus. Weimarische Hofbaugeschichten. Nach
Tische Niederländische und Französische Schule.
Dr. Weller Abschrift des Vorspiels der Liebes=
götter. Coudray ab. Das Wetter, das sich
einige Tage her gehalten hatte, löste sich in
Regen auf. Das Barometer war bis 27" 7‴

gefallen. Zeitig zu Bette. — An Herrn von Cotta nach Stuttgardt laut Concept. An Auctionator Weigel nach Leipzig.

12. An Philostrat gearbeitet. Kam unvermuthet mein Sohn. Brachte mit demselben den Tag zu. Er schlief die Nacht auf der Tanne. Früh starker Nebel.

13. Früh starker Nebel. Zu den Gipsbrüchen. Gegen Löbstädt gefahren. Auf's Museum, die nordischen Mineralien betrachtet. Mittag bey Knebel mit Kosegarten. Fuhr mein Sohn nach Weimar. Abends Philostratisches vorbereitet. Brief von Frau von Brentano.

14. Die Philostratischen Gemälde fortgesetzt. Geh. Cammerrath Stichling über das Rechnungswesen überhaupt, besonders über die Bibliotheks-Rechnung. Dr. Weller mit dem Vermehrungsbuch. Griechisches. Zu Griesbachs Garten. Die jungen Herrschaften waren angekommen. Dort gespeist. Um 4 Uhr fuhren sie ab. Im Stadtquartier. Der Kutscher war von Weimar zurückgekommen und hatte die Niederländische Schule mitgebracht. Zu Hofrath Voigt. Richard über die Orchidee. Zu Bohns im Garten. Große Gesellschaft bis nach 10 Uhr.

15. Bey Zeiten die Arbeit angetreten. Philostratische Gemälde. Einige Briefe mundirt und vollendet. Rath Vulpius über die neusten Bibliotheks-

angelegenheiten. Allein gegessen. Dr. Weller
Concepte auf die Museen bezüglich. Um 6 Uhr
zu Knebel mehrere Personen, Fräuleins von
Brandenstein und Buchwald, Dr. Löbel und
Schwester, die Öttingischen Öconomen. Um 8 Uhr
nach Hause. Historische Anecdoten von Bilderbeck.
16. Philostratische Gemälde. Bey sehr schlimmem
Wetter den ganzen Tag zu Hause. Bergrath
Voigt. Vorbereitung verschiedener Arbeiten. Re=
visionsbogen von Kunst und Alterthum, drey.
Die Kupfer sortirt und in die Portefeuilles ge=
legt. Bilderbecks Historische Anecdoten durchge=
lesen. Die Sendung des Herzogs von Egerton
durchgesehn. Catastrophe des Grafen Essex. Sen=
dung von Weimar. Brief von Cattaneo aus
Mayland. Ankündigung des Dr. Börne in
Frankfurt.
17. Früh mit Baum Philostrats Gemälde. Die=
selben mit Färbern fortgesetzt, einiges gesondert
und geordnet. Mittag für mich. Cattaneo's
Brief und Mayländische Sendung überlegt, An=
ordnung deßhalb nach Weimar. Herzog von
Egerton Sendung, worauf Vulpius Abschluß der
hiesigen Bibliotheksgeschäfte. Dr. Weller 2 Pa=
quete nach Rußland abgeschlossen, mit Baum
Perseus und Andromeda. Aus der Stadt die
Nees von Esenbeckische Sendung. Betrachtung des
wechselseitigen Einwirkens der ältern sondernden

und der neuern entwickelnden Vorstellungsart. Zum Major von Knebel. Proceß des Bastide neigt sich zum Schluß, schöne Rede der Madame Manson. Nachts das Philostratische wieder vorgenommen so wie einiges aus der Sendung des Herzogs von Egerton.

18. Die Concepte Philostratischer Gemälde nochmals genau durchgesehen und an Wesselhöft geschickt, No. II. und III. Hernach No. IV. Herkules durchgedacht. Mit Rath Vulpius vergangenes und künftiges auf die Bibliothek Bezügliches durchgesprochen. Um 1 Uhr zu den Prinzessinnen. Im Stadtquartier, zu Frommanns, auf die Tanne. Dann Nicolovius, Thüringer Waldreise, Geologie, Botanik, Jean Paul etc. Das hohe Wasser stand 3 Fuß 10 Zoll.

19. Mit Baum verschiedene Expedienda: An Präsidenten Uwaroff nach St. Petersburg, Kunst und Alterthum 3. Heft, Aushängebogen vom Divan. General-Lieutenant von Klinger, Kunst- und Alterthum 3. Heft nach St. Petersburg. Quittung auf 500 Thlr. für die Museen an meinen Sohn. — Morphologie 7. Bogen. Philostratisches vorbereitet. IV. Hercules. Anderes beseitigt. Bibliotheksacten geheftet und eingerichtet, was bisher geschehen. Nach Dornburg, dort zur Tafel. Wieder herein gegen 7 Uhr, zu Knebel, von 8 Uhr zu Hause. Kunst und

Alterthum 4. Bogen. Schöne Mondnacht. Bedeutende Licht= und Schattenmassen.

20. Fortsetzung zur Morphologie. Nachher Dr. Halle aus Cassel. Auf die academische Bibliothek. Den Anfang des Pflasterns betrachtet. Gefahren gegen Winzerla. Mittag für mich. Dr. Weller. Brief an Trebra. Zu Knebel, wo sich Dr. Halle wieder einfand. Nachts die Sendung von Weimar. Vorarbeiten auf morgen früh.

21. Einige Briefconcepte mit Baum. Kunst und Alterthum Bogen 4 Revision. Vorbereitung zur Naturwissenschaft. Im botanischen Garten, zu Herrn v. Münchow. Gegen Winzerla, auf die Tanne. Tagesblatt von Gubitz. Mit Weller Briefe und Bericht wegen der academischen Statuten. Noch einige Munda. Briefe und Beylagen couvertirt. Mythologische Salbadereyen über Herkules, vom Hederich. Abends zu Knebel. Nachts der graue Mann und anderes auf die Zeit Bezügliches.

22. Die Angelegenheit der Statuten durchgedacht und am Bericht concipirt. Um 10 Uhr Ottilie von Weimar. Gefrühstückt. Spazieren gefahren und gegangen am rechten Saalufer hinauf, über die Burgauer Brücke auf Winzerla. Zum Neuthor herein, durch die Stadt auf die Tanne. Zusammen gespeist. Nach Tische Dr. Roux und Weller. Hofrath Voigt. Kupfer der Niederländischen

Schule besehen. Um 6 Uhr von Ottilien weg. Fuhr ich zu Frommanns, wo Methfessel Musik vor großer Gesellschaft gab. Bekanntschaft mit dem jungen Herrn von Gagern.

23. Den Bericht wegen ben Statuten und die Bey= lage weiter geführt. Nach der Stadt, Bibliothek, Pflastern des Hofes und anderes. Coudray an= getroffen. Mit demselben gegen Löbstädt. Den jungen Herrschaften begegnet. In den Gries= bachischen Garten, dort gespeist. Nach Tafel Coudray getroffen. Mit ihm spazieren. Zu Knebels, kam der Erbgroßherzog. Nach Hause. Kupferstiche arrangirt. Dr. Weller Munda. Abends für mich. Kleine Sendung von Weimar. Die currenten Geschäfte recapitulirt.

24. Mit Färber Phänomene des litterarischen Him= mels. Mit Johann aus der Druckerey das Nächste besprochen. Kunst und Alterthum erste Revision des 5. Bogens. Um 11 Uhr Frau von Voigt. Notizen von Carrara. Mit ihr zu den Gips= höhlen. Mittag für mich. Nach Tische Weller, Expedition nach Weimar vollendet. Abends zu Knebel. Nachts Bevorstehendes durchgedacht.

25. Nebenstehendes Paquet durch Frau von Voigt nach Weimar: Bericht wegen der academischen Statuten mit Beylagen. An Herrn Staats= minister von Voigt, Rücksendung des Groß= herzoglichen und Osannischen Briefs. Brief an

1818. Mai.

Boisserée. Zwey Bogen Grunerischen Catalog an Vulpius. Alles an meinen Sohn eingepackt. An Nees von Esenbeck nach Erlangen durch die Post. — Schluß=Columnen des 2. Bogens Morphologie in die Druckerey. Philostratische Gemälde, Capitel Herkules. Herr von Münchow über mathematische Chemie, Okens Systeme. Mittag für mich. Nach Tische Weller. Bildliche Darstellung des Herkules. Zu den Gipshöhlen mit demselben. Zu Knebel, französischer Criminalproceß, Aufklärung der Ursachen. Nachts Menagiana.

26. Herkules weiter bedacht. Revision Divan 6. Bogen. Assessor von Schiller. Rentamtmann Müller; Rentamtmann Lange; beyde wegen der ihnen obliegenden Rechnungen; mit letzterm über den Versuch, thönerne Röhren zu brennen. Mittag für mich, Abends bey Geh. Hofrath Voigt, wo die Prinzessinnen waren. Abends bey Knebel, war Kosegarten gegenwärtig. Nachts zu Hause, Revisionsbogen von Divan, Morphologie VI, 2. Menagiana.

27. Den Philostratischen Herkules durchgedacht. Um 10 Uhr in die Stadt. Einiges besorgt und mitgenommen. Mit Knebel in das Museum, dann zu den Gipshöhlen. Bey den Prinzessinnen gespeist. Betrachtungen über das Talent des Sebastian Bourdon.

28. Kamen die Kinder von Weimar. Ich brachte
den Tag mit ihnen zu, in und außer dem Hause.
August fuhr Abends wieder zurück.
29. Überfiel mich ein starker, höchst beschwerlicher
Catarrh, deßhalb auch Sonnabend der 30. und
Sonntag der 31. verloren gingen.

Juni.

1. Fuhr meine Schwiegertochter nach Tische wieder
nach Weimar und ich befand mich wieder etwas
besser.
2. bis 3. Juni verlorene Tage.
4. Ging es besser. Nach Tische Hofrath Voigt und
Frau. Abends waren da Major von Knebel,
Kosegarten und Weller.
5. Depesche an Minister von Voigt, mit Rücksendung der Stimme an den Zeitgeist, und Brief
an und von Cattaneo.
6. Philostratische Gemälde, Arbeit wieder vorgenommen. Anderes vorbereitet. Mittag für mich.
Abends Frau von Schiller und Major von
Knebel. Brannte Closewitz ab. Fortsetzung an
Molière.
7. Philostratische Gemälde. Brief an Trebra und
Schultz. Dr. Weller und Nicolovius. Um 11 Uhr
Frommanns. Gegen Mittag Orville, blieb zu
Tische, kam von Knebel. Gespräch bis 6 Uhr,
gingen beyde weg. NB. Rath Vulpius und Frau

waren Vormittag dagewesen. Beschäftigte mich Abends mit allerley Vorbereitung.

8. Brief an Rath Schlosser wegen des Kunstrohres. Brief an von Trebra mit einer Assignation von 50 Thlr. Brief an Schultz wegen der Berliner Reise. Etwas Kupfer einrangirct. Mittag für mich. Abends die Prinzessinnen, Frau von Knebel und Sohn. Hofrath Voigt, alsdann Dr. Weller und Herr Nicolovius.

9. Spazieren gegangen auf die östlichen Höhen. Rath Vulpius wegen der Bibliotheks-Angelegenheit. War die Großherzogin angekommen. Besuchten mich Frau von Pogwisch und Herr von Einsiedel. Fuhr ich zu Tafel. Um 4 Uhr wieder nach Hause. Arbeit mit Weller. Fuhr mit demselben spazieren gegen Wöllnitz. Abends Nicolovius und Weller.

10. Zur Beurtheilung Goethe's von Schubarth, Breslau. Endliche Bestimmung, wie es mit Translocation und Aufstellung der Bücher gehalten werden soll. Übersichtliche und vorbereitende Studien.

11. Früh spazieren gegangen. Anfang der Translocation der Bibliotheken. Hofmedicus Rehbein. Vimariensia. War der Kleine inoculirt worden. Dr. Faust von Marlowe. Rehbein zu Tische. Niederländische Kupfer. Gegen Abend Nicolovius,

Weller, Prof. Bachmann. Geschnittene Steine, Münzabgüsse. Revisionsbogen Divan 8, Kunst und Alterthum 7. Manuscripte des Divans zum 9. Bogen abgegeben.

12. Philostratisches. Vorbereitung an denselben Gegenständen. Herr Frommann wegen der Heilsberger Inschrift. Gegen Mittag in die Stadt, verschiedenes zu holen. Zu Tische für mich. Alles Bevorstehende durchgedacht. Die von Leipzig zu erwartende Kupferstichsendung aufgezeichnet. Rath Vulpius meldete die Ankunft der Mahländischen Sendung in Weimar. NB. Früh Morgens war Major von Knebel dagewesen. Abends Dr. Weller über die verschiedenen Arbeiten außerhalb und innerhalb der Bibliothek. Hofrath Stark.

13. Philostratisches. Abschluß des 8. Bogens Kunst und Alterthum. Divan 8. Bogen Revision. Das Fernere durchgearbeitet. Von Major von Knebel zu den Prinzessinnen zur Tafel. Zu Frommanns. Zu Knebel. Zu Voigt. Abends Dr. Weller. Nachts Ludolfs Schaubühne der Welt 1651.

14. Philostratisches, Schluß. Antikes und Modernes. Kam mein Sohn. Unterhaltung mit demselben. Um 11 Uhr in die Stadt. Bibliothek und osteologisches Cabinet. Auf der Tanne zu Tische. Drohende Gewitter, vorübergehender Regen. Amerikanische Freystaaten, Karte von Nordamerika durch Bertuch. Zu Herrn von Knebel. In

Harras und Webers Garten. Auf die Tanne.
Um 7 Uhr ritt mein Sohn weg. Von Schiller
und Weller. Ludolfs Schaubühne der Welt,
Jahr 1651.

15. Über den Widerstreit des Antiken und Modernen.
Nähere Betrachtung der amerikanischen Frey=
staaten. Um 11 Uhr auf die Bibliothek, die
neue Einleitung zu sehen. Zu Major von Knebel,
auf die Tanne. Entoptische Farben, Bibliotheks=
und Museums=Geschäft durchgedacht. Bergrath
Lenz wegen der Grunerischen Auction. Professor
Hand, verschiedene Angelegenheiten. Weltschau=
bühne 1652. Neues Testament mit Stereotypen.

16. Antikes und Modernes fortgesetzt. Kam Dr.
Seebeck, verhandelte mit demselben wissenschaft=
liche Gegenstände. Mittag für mich. Holte See=
beck bey Knebels ab. In der Bibliothek und in
die Museen. Zu Frommanns. War die May=
länder Sendung angekommen, nahm die Me=
daillen mit nach Hause, packte sie aus, Betrach=
tung darüber. Nicolovius und Weller. Cleave=
land Mineralogie und Geologie, Boston 1816.
Dasselbe Werk zu studiren fortgefahren bis zu
Nacht um 11 Uhr.

17. Zwey Briefe dictirt an Cogswell und Cat=
taneo. Divan Revision des 9. Bogens. Kam
Dr. Seebeck. Mit demselben in die Stadt. Über
beschränkten Zustand der physikalischen Wissen-

schaften, besonders der Farbenlehre. Seine Unter=
suchungen über die entoptischen Farben der ver=
schiedenen Crystalle, theils im natürlichen Zu=
stande, vorzüglich aber im natürlichen Zustande,
theils in gewissem Bezug gegen die Axe ange=
schliffen. Mit ihm in die Stadt, die Mayländische
Bücher=Sammlung näher betrachtet. Auf die
Tanne. Amerikanische Geologie. Zu den Prin=
zessinnen. Madame Batsch nahm Abschied. Nach
Tafel in's Heymsche Cabinet. Die Mayländische
Bücher=Sammlung nochmals betrachtet. Zu
Knebels. Auf die Tanne. Ordnung gemacht,
Medaillen betrachtet, Leben Bessarions und der
Gebrüder Barberini. Mit Weller einiges ge=
arbeitet.

18. Über Fortsetzung der morphologischen und natur=
wissenschaftlichen Abhandlung. Geologie der ver=
einigten Staaten. Inspector Götze, Dr. See=
beck, Oberbaudirector Coudray. Für mich, das
Nächste bedenkend. Johann aus der Druckerey.
Landrath von Lynker. Mit Färber einiges Ge=
schäft. Aufnahme der entoptischen Farben und
was dazu gehört. Das vervielfachende Rohr durch
Seebeck. Gegen Abend Major von Knebel und
Weller. Beschluß des heutigen Festes auf der
Landfeste.

19. Nebenstehende Expedition vorbereitet und abge=
schlossen: Expedition nach Weimar an meinen

Sohn, Brief an denselben mit mancherley Notizen. Orphisches an Ottilien. Staats=minister von Voigt, Rücksendung englischer Litterar=Notizen. Canzler von Müller wegen der Jenaischen Buchdrucker. — Verschiedenes die Bibliothek und Museen betreffend besorgt und eingeleitet. Dr. Seebeck über allgemeine wissen=schaftliche Verhältnisse, besonders über seine Studien und Versuche die abwechselnden entop=tischen Figuren und Farben der Crystalle be=treffend. Mittag für mich. 9. Bogen Divan, Bogen E. Naturwissenschaft. Der Prof. Kose=garten, orientalische Sprachen, Hackert Rabi=rungen. Dr. Weller. Blieben Abends. Kose=garten erzählte Pariser Studenten=Händel, be=sonders der Schüler orientalischer Sprachen. Haß derselben gegen Langles, Ehrfurcht gegen Sacy. Blieben bis gegen 10. Hinterließ Kose=garten den Anfang des Râmâyana.

20. Manuscript zu den Bogen F. G. Naturwissenschaft. Bergrath Lenz. Angekommene Mineralien aus Ungarn. Zu den sämmtlichen vorsehenden Druck=werken Manuscript vorbereitet. Billet an Wessel=höft. Antwort darauf. Dr. Seebeck. Krankhafter Elephantenzahn. Mittag für mich. Nach Tische mit Färbern auf die Museen=Geschäfte Bezügliches expedirt. Abends Nicolovius und Weller. Sen=dung von Weimar. Brief des Canzler von Müller.

21. Sämmtliche Geschäfte fortgeführt. Prof. Lavès die übersetzten Briefe bringend. Dr. Seebeck. Johann aus der Druckerey. Manuscript Divan 11., 12. Bogen eingehändigt. Herr Heiligenstädt, Vorschläge zu Staatsrechnungsformen von einem Leipziger Buchhalter. Die Fahnen des 8. und 9. Bogens Kunst und Alterthum durchgesehen. Beym Geheimen Hofrath Voigt zu Tische. Auf die Tanne. Mit Färbern manches durchgearbeitet. Major von Knebel. Neuestes Vorhaben mit demselben durchgesprochen.

22. Den 8. und 9. Bogen von Kunst und Alterthum besorgt, ingleichen die Nachricht wegen der Heilsberger Inschrift, morgende Geschäftssendung an Herrn Staatsminister von Voigt. Mit Prof. Lavès Briefe und der Aufsatz über das Abendmahl. Färber mundirte. Mittags bey den Prinzessinnen. Einige Mayländische Bücher geholt. Dr. Weller schrieb die französischen Briefe in's Concept. Blieb derselbe Abends. Nacht Boissard Römische Antiquitäten, besonders Opfergeräthschaften zu Erklärung des großen Kupfers in meiner Sammlung.

23. Nebenstehende Expeditionen ausgefertigt: Staatsminister von Voigt, 1) Jenaischer Museen-Etat und neue Rechnung, 2) Widerspenstige Jenaische Buchdrucker betreffend, 3) Bildhauer Kaufmanns Forderung. An meinen Sohn, aus-

zuwechselnde Quittung von 500 Thalern. An
Ottilien das Heft von Schubarth. — Professor
Lavés. Correctur der Übersetzung des Abend=
mahls. Professor Riemer über griechische Sprache
und was zunächst bey den Wörterbüchern vor=
geht. Mittag für mich. Boissard. Dr. Weller
die französischen Briefe. Einiges das Bibliotheks=
Bauwesen referirend. Abends bey Knebel Frau
von Schiller, Dr. Roux. Nachts Aushängebogen
von Divan und Kunst und Alterthum, ingleichen
von der Heilsberger Inschrift.

24. Professor Lavés die Übersetzung beendigt. Re=
vision der Heilsberger Inschrift. Um 10 Uhr auf
die academische Bibliothek, sodann zu Bischoffs,
ferner in die Schloß=Bibliothek, zu Major von
Knebel. Frau von Schiller. Nachricht von der
Geburt des Prinzen. Nach Hause. Anordnung
der Illumination. Zu den Prinzessinnen, da=
selbst verweilet. Nach Hause. Weller und Nico=
lovius, später mit denselben umhergefahren.
Nachts Sendung von Weimar.

25. Vorbereitung der morgenden Sendung. Kam die
Leipziger Sendung Kupfer, welche ich durchging.
Bogen 8 und 9 von Kunst und Alterthum.
Manches zum Einpacken und Fortsenden bereitet.
Nicht weniger die Expedition auf morgen weiter
geführt. Kunstgeschichte bey Gelegenheit der Leip=
ziger Kupfer. Abends Dr. Weller. Über die

Geschäfte und Begebenheiten der vergangenen Nacht.

26. Briefe concipirt, um alle vorseiende Geschäfte abzuschließen. Auf die academische Bibliothek, das bisher Geleistete zu sehen. Im Bischoffischen Hause; manches besorgt und angeordnet. Zu den Prinzessinnen zur Tafel. Mit Knebel auf die Tanne, die Kupferstiche besehen. Die Expeditionen ferner besorgt. Abends Hofrath Voigt und Dr. Weller. War der Wolfsschädel angekommen.

27. Die Portefeuilles gepackt und dieselben mit anderen Kisten und Geräthschaften nach Weimar mit der Kutsche gesendet. Sonstige Ordnung in den Papieren und Geschäften. Verschiedene Revisionsbogen. Um 1 Uhr zu Major von Knebel. Canzlar von Müller, der ältere Knebelsche Sohn und ein Officier von Erfurt. Nach Tische Herr von Münchow und Prof. Hasse, nachher Gräfin Egloffstein und Ober-Cammerherrin, mehrere Frauenzimmer aus der Stadt. Abends für mich, Sendung von Weimar. — An Serenissimum, academische Bibliotheks-Angelegenheit, zwey Medaillen von Mahland angekommen. Brief an Cattaneo und Cogswell, beydes an Rath Vogel zur weiteren Besorgung. An Rath Schlosser, Empfang der Schaurohre, Wunsch den Casse-Rest durch die Post zu erhalten. An

Cotta nach Stuttgardt, Schluß der neuen Melusine.

28. Weitere Vorbereitung zur Abreise. Geheftete Acten. Abschluß der Drucksachen. Mittag für mich. Von Hammers persische Dichtkunst. Abends Dr. Weller und Prof. Kosegarten, Hofrath Voigt und Alexander von Paris.

29. Wie gestern von Hammers persische Dichtkunst 1. Epoche. Einige kleine Dichtungen aufgeregt. Um 1 Uhr Serenissimus. Auf's Mineralien-Cabinet mit Prinz Christian. Zu den Prinzessinnen. Erbgroßherzog und von Ziegesar. Nach Tische Alexander und seine Künste. Auf die academische Bibliothek. Auf's osteologische Cabinet. Fuhren die Herrschaften mit Graf Etleben. Zu Knebel, wo von Münchow war. Tacitus Von berühmten Rednern. Abend von Hammer. Dr. Weller über die nächsten dringendsten Arbeiten.

30. Abgesondert und eingepackt. Des Aristoteles Buch über Verfassung, französische Übersetzung mit Glosse als Manuscript. In der Stadt einiges zu ordnen. Mittag für mich. Von Hammers persische Dichtkunst. Zu Herrn von Knebel. Auf die Tanne. Betrachtungen fortgesetzt über persische Dichtkunst. Kam Herr von Knebel und der Kleine. Vorher spazieren mit Nicolovius. Blieb für mich. Persische Geschichte.

Juli.

1. Den Kutscher nach Weimar mit dem letzten Gepäck. Alle Geschäfte und Rechnungen abgethan. Sehr heißer Tag. Bey den Prinzessinnen gespeist. Bey Frommann, Abschied zu nehmen. Bey Knebel deßgleichen. Abends für mich.

2. Abschied von denen Bibliotheks- und Museums-Angestellten. Um 8 Uhr abgefahren. Um 11 Uhr in Weimar. Die Lage des Haushalts besehen und besprochen. Mittags zu drey. Abends Hofrath Meyer. Mayländische Münzen.

3. Kam das Geld von Frege, 342 Thlr. Mit dem Auspacken fortgefahren und sonstige Ordnung gemacht. Kirchenrath Oberthür. Mittag zu drey. Nach Tische Kräuter. Acta Musei nationalis Hungarici T. I$^{\underline{um}}$. Halb 5 Uhr zu Serenissimo. Abends zu Tafel geblieben. Die Fürstliche Familie und Prinz Christian von Hessen-Darmstadt. Gegen Mitternacht nach Hause.

4. Sendungen von Jena. Fortgesetztes Aufräumen und Ordenen der Geschäfte, ingleichen Kupferstiche. Subbibliothekar Harter aus Landshut. Hofrath Jagemann. Mittag für uns. Frau von Pogwisch zur Suppe. Fortgefahren in den Frühbeschäftigungen. Canzler von Müller. Gegen Abend Hofräthin Schopenhauer und Tochter, um

Abschied zu nehmen. Frau von Pogwisch und
Gräfin Egloffstein zum Abendessen.

5. Johann von Jena: Aushängebogen und Revision
der Heilsberger Inschrift. Sachse mit den hiesigen
Bibliotheksbüchern. Verschiedene Concepte und
Expeditionen vorbereitet. Ermer wegen des Titels
zur Heilsberger Inschrift. Hofmedicus Rehbein.
Kupfer bey Seite geschafft. Mittag Hofrath
Meyer. Nach Tische Kupfer besehen. Abends am
Hof zur Taufe. Nachts mit den Kindern. —
Brief an Frege & Comp., Meldung der an=
gekommenen 342 Thlr. 16 Gr. Sächs. Brief an
Rentamtmann Kühn nach Heußdorf, Ein=
sendung der Rechnung.

6. Einige Geschäftssachen. Sendung von Jena, Be=
arbeitung derselben. Mittag mit Ottilien. Sen=
dung von Freyberg, die bestellten Mineralien;
Sendung von Frankfurt, das verlangte Geld.
Einige Expeditionen theils ausgeführt, theils vor=
bereitet. Hofrath Meyer, Coudray und die Gräfin
Egloffstein, auch Canzlar von Müller. Blieben
bis um Mitternacht. Gegen 2 Uhr zu Bette.

7. Mancherley Expeditionen. Hofmedicus Rehbein.
W. Schröder Steinmetz, der Rechte Doctor, und
R. F. Guyot, I. U. Stud., Taubstummenlehrer,
beyde aus Groningen in Holland. Blieben bis
12 Uhr. Einiges für mich expedirt. Persische
Dichtkunst. Vorbereitung des Schema. Mittag

zu drey. Nach Tische Frau Hofrath Schiller. Hall Reise nach der Westküste von Corea. Kupferstiche geordnet. Die Kinder gingen zum Bauchredner Alexander. Von Hammers persische Dichtkunst. Abends mit den Kindern.

8. Allerley Expeditionen. Bey Herrn Staatsminister von Voigt. Mittag mit den Kindern. Kupfer einrangirt. Nebenstehendes abgeschlossen: An Major von Knebel zu Jena, die Italiänische Reise. Brief an Herrn von Schreibers nach Wien. Brief an Herrn Rath Schlosser nach Frankfurt a. M. Brief an Bergrath Lenz in Jena, mit einem Stück Skorodith. Brief an Bergrath Döbereiner in Jena, mit einem Stück weißen sicilianischen Cölestin. An Herrn von Münchow daselbst. Bessel, Bradley'sche Astronomie in die astronomische Bibliothek gegeben. — Hofrath Meyer. Kupfer besehen. Hofmedicus Rehbein. Gräfin Lina Egloffstein. Ober-Cammerherrin von Egloffstein und Fräulein Milkau.

9. Schemata zur persischen Cultur und zum Bruderzwist. Bericht an Serenissimum wegen der disponiblen Summe im Museums=Etat. Hofrath Jagemann. Geh. Hofrath Huschke. Persische Geschichte. Mittag mit den Kindern. Nach Tische Kupferstiche. Hofrath Meyer. Später mit den Kindern. — Brief an Herrn Schubarth nach

Leipzig. Sendung an Färber durch einen Expressen, englische Journale u. d. g. enthaltend.

10. Abtragung des Löberthors zu Jena. Ältere fürstliche Anordnung wegen der von den Jenaischen Buchdruckern an die Bibliotheken abzugebenden Freyexemplare. Die nächsten Geschäfte vor dem Abgang nöthig durchgesehen und geordnet. Hofrath Jagemann das Porträt untermalt. Mittag zu drey. Brissonius über das persische Reich. Um 5 Uhr nach Belvedere, wo die Herrschaften sich einfanden. Abends mit den Kindern.

11. Sendungen von Jena: Carlsbader dießjährige Badeliste. Die sämmtlichen Manuscripte zu den vorseyenden Druckschriften revidirt. Die umherliegenden Kupfer in den Kasten gebracht. Mittag zu drey. Herodot. Hyde. Brissonius wegen des persischen Cultus. Um 4 Uhr auf's Kunstcabinet. Mit Hofrath Meyer. Halb 7 Uhr mit demselben nach Hause. Kunstwerke, Kunstgeschichte. Moralia.

12. Die gestern aufgezeichneten Rubriken wegen Ordnung des Kunstcabinets mundirt und einen Bericht an Serenissimum in dieser Angelegenheit concipirt. Mehrere Briefe. An Landes-Directionsrath Gille wegen des Jenaischen Druckwesens und der abzuliefernden Freyexemplare. Kupferstecher Müller. Im Kunstcabinet. Mittag bey den Prinzessinnen. Nach Tische

einige Expeditionen. Hofrath Meyer und Rehbein. Die Kinder kamen von Hof.

13. Schema über Cultus der Parsen. Briefe. Carln einige Briefe dictirt. Lieber. Auffatz über die Abtragung des Löberthors zu Jena. Mittag vor uns. Nach Tische der Badeinspector. Hofrath Meyer. Herr Mylius von Mayland. Abends: Frau von Pogwisch, die beyden Gräfinnen von Egloffstein zu Tische, ferner Canzlar von Müller und Fräulein von Milkau.

14. Communicat an die Kammer. Löberthors Abtragung. Alles Vorsehende durchgedacht und bearbeitet. Auf die Bibliothek. Gräfin Julie von Egloffstein zu Mittag, deßgleichen Madame Mylius von Mayland nebst Sohn und Dr. Schnauß, auch Hofrath Meyer. Nach Tische dem jungen Mylius die griechischen Münzen vorgezeigt. Im Garten und für mich mehreres vorbereitet. Gräfin Henkel und Frau von Pogwisch zum Thee. Blieben zum Abendessen. Nachts Sendung des 13. Bogen von Divan.

15. Expedition nach Jena. Verschiedenes von Serenissimo. Auf die Bibliothek wegen Auspackung der Mayländer Bücher. Nach Hause. Landes-Directionsrath Gille. Zu Staatsminister von Voigt. Mittag mit den Kindern. Mehreres expedirt. Rath Conta über die Jenaischen Ange-

legenheiten. Coudray und Hofrath Meyer. Des
Ersten Risse zum Haus vor dem Frauenthor.
Philostrats Gemälde. Religionsgebräuche der
neuern Parsen von Anquetil. — Dr. Weller,
Zurücksendung der Carlsbader Badeliste, Über=
setzung für Labés.

16. Allerley Expeditionen: Brief an Schadow nach
Berlin. Brief an Boisserée nach Heidelberg.
Brief an Vogel, allhier, die Mawische Expedi=
tion nach London betreffend. — Um 9 Uhr mit
Madame Mylius nach Jena. Zu Voigts. In
den botanischen Garten. Daselbst gefrühstückt.
Fuhr ich auf die academische Bibliothek, sodann
auf's Museum, woselbst ich Serenissimum und
sämmtliche Gesellschaft fand. Zu Knebel. In's
Bischoffische Haus. Bey den Prinzessinnen zur
Tafel. Kurzer Aufenthalt in der Stadt. Mit
Madame Mylius nach Weimar zurück. Abends
Anquetil du Perron.

17. Allerley Expeditionen: Paquets an Kosegarten
mit Hackerts Kupfern nach Greifswalde und an
Batzowsky mit Serenissimi Medaille nach Soo=
bar. — Rehbein. Um 11 Uhr bey der Erbgroß=
herzogin, daselbst Abschied genommen von dem
Erbgroßherzog und der Großherzogin. Mittag
zu zwey. Nach Tische Hofrath Meyer. Spazieren
gefahren die Erfurter Chaussee hin. Heranziehen=
des Gewitter. Nimbus in seiner größten Schön=

heit. Abends Gräfin Beust, Egloffstein und
Fräulein von Milkau.

18. Sendung an Serenissimum: Acten über das
Ordnen des Kunstcabinets, das Translociren der
Schloßbibliothek, dem Wellerschen Diario, über
die Abtragung des Löberthors. Sendung an
Staatsminister von Voigt: Acten über die
Statuten der philosophischen Facultät und alles
auf die Renitenz der Buchdrucker Bezügliches mit
Communicat an die Landesdirection. Albrecht
Dürers Werke durchgesehen. Um 11 Uhr Gräfin
Egloffstein, die Beschauung fortgesetzt. Mittags
Madame Mylius, Sohn, Familie Schnauß, Hof=
rath Jagemann. Nach Tische Herr Mylius. Hof=
rath Schwabe. Abends die Gräfinnen Egloffstein,
Frau von Pogwisch, Obercammerherrin von
Egloffstein. Canzler von Müller. Der junge
Herr von Humboldt, in preußischen Diensten.

19. Früh verschiedene Expeditionen: Herrn J. M.
Grubers Erben zu Lindau mit einer Rolle
Manuscript des Aufsatzes über Leonardo da
Vinci. An Herrn Gaëtano Cattaneo nach
Mayland. — Um 8 Uhr zu Serenissimo. Kam
Geh. Hofrath Stark von Jena zurück. Nach
Hause, Hofrath Jagemann zweyte Sitzung zum
Bildniß. Ober=Consistorial=Rath Günther, ca=
tholische Capelle, Vereinigung der Lutheraner und
Reformirten. Mittag mit den Kindern. Nach

4 Uhr weg gefahren. Nach 7 Uhr in Jena. Ord=
nung gemacht. Zu Knebels.

20. Verschiedene Aufsätze, Promemoria, Briefe conci=
pirt. Anderes bereitet und zurechte gelegt. Prof.
Roux wegen des zu radirenden Porträts. Hofrath
Voigt. Gegen 11 Uhr auf die Bibliothek. Bey
denen Prinzessinnen zu Tafel. Bey Frommanns.
Zu Hause, Lenz und Nicolovius. Mit letzterem
spazieren gegen Löbstädt. Bey Knebels. Abends
für mich.

21. Nebenstehende Expeditionen: An Hofrath Meyer,
Heilsberger Titelblatt. An Frau Brentano,
Kunstnachlaß in Frankfurt. An Hofrath
Schwabe, Aufsatz über die Mayländer Me=
daillen. An Minister von Reinhard nach
Frankfurt a. M., Kunst und Alterthum 1. Band,
Morphologie 1. Heft. An meine Tochter, Par=
titur von „Luftrum ist ein fremdes Wort" pp.
Ferner an dieselbe Aushängebogen von Divan
und von Kunst und Alterthum. — Mit Färber,
mit Dr. Weller. Bürgermeister Schäfer wegen
Abtragung des Löberthors. Rentamtmann Müller
wegen verschiedenen Rechnungsverhältnissen. Von
Münchow. Dr. Werneburg. Zu Major von
Knebel. Bey Tische war Dr. Roux, von Schiller
und Kleist. Nicolovius. Zur academischen Biblio=
thek, wegen der Farben des Gebäudes. Zu
Hause die Expeditionen geschlossen.

22. Fortgesetzte Expeditionen: Herrn Wilhelm Fenner in Bremen. Herrn K. G. Kelle, Pfarrer zu Kleinwaltersdorf bey Freyberg. — Schlösser Cruell. Dr. Weller. Schiller. Nicolovius. Bey den Prinzessinnen zur Tafel. Ober-Baudirector Coudray. Hof-Commissär Otto, wegen der arabischen und andern Manuscripte. Kam Hofmed. Rehbein mit dem Wagen. Sendung von Weimar. Alles abgeschlossen.
23. Früh von Jena. In Pöseneck. Abgefahren. In Schleiz.
24. Von Schleiz. In Gefell. In Hof. Daselbst verblieben.
25. Von Hof. Gefell. Asch, zu Mittag auf dem Schützenhof. FranzenBrunn. Gräfinn O'Donell besucht. Hptm. v. Seebach angetroffen.
26. Ab von Franzenbr. Durch Zwota. In Karlsbad. Bey den drey Mohren. Zusammen Graf Chotecks Weg. Zum Sprudel pp. Amtmann und Amtmannin.
27. Früh Neubrunn und Sprudel. Müllers Haus. Meyers Laden. Gräfinn Corneillan. Einladung von Reus-Lobenstein. Mit   wegen des Müllerischen Nachlasses. Bey Knoll. Mittags zu zwey. Auf der Wiese. Alte und neue Bekanntschaften. Genz und Adam Müller. Gegen das Posthaus. Nachts Jordanus Brunus.
28. Früh zu den Brunnen. Bar. von Reibniz.

1818. Juli.

Brief v. Schoppenh. Brief v. Sereniss. durch Stell. Hammers Persische Dichter. Visiten. Bey Fürst Metternich, den Fürstinnen Reus. Mittag zu zwey. Lymphatisches System der Weiber und Castraten. v. Hammers Pers. Dichtkunst. Mit der Fürstinn Reus auf den Posthof, später bis zum Hammer. Nachts mit Rehbein. Waren angekommen Martin und Marezoll. Vinariensia.

29. Brunnen getrunken. Viel spazieren. Graf Eg= loffstein. GartenInsp. Skell. Orientalische Poesie an Carl diktirt. Mit Rehbein zu Tische. Augusti von Breslau, Bernstein von Berlin waren gekommen. Mittag für uns. Das früh Diktirte korrigirt. Mit Rehb. zum Sprudel. An der Kirche hinauf. Prager Straße, um= wölckter Sonnenuntergang. Bey der Andr.Ka= pelle herab.

30. Zum Neubrunn. Durch Stadt und Wiese. Graf Palfy. Mad. Brede. Riß von Carlsb.

31. Zum Neubrunn. Fürst Metternich, Schwarzenb. Einladung. Probe Catalani. Bey dem reg. Fürsten v. Schwarzenberg zu Tafel. Die ganze Familie. Abends in's Töpelthal aufwärts über den Hammer. Nachts zweyte Probe Catalani.

August.

1. Graf Bouqoy. Instrument Arago's. Bey Feld=
marschall von Schwarzenberg zu Tafel. Conzert
Mad. Catalani auf dem Posthofe.
2. Fürst Metternich ab. Bey Graf Paar und
Bouqoy. Farbenlehre mit letzterem. Mittag
beym Fürsten Bentheim. Mit Gr. Bouqoy und
mit der Fürstl. Reußischen Familie bis Eich.
Dann auf dem Posthof.
3. Ausgesetzt. Doch am Brunnen. Mittag für
uns. Nach Tafel zu Feldm. Schwarzenberg.
Mit Graf Bouqoy und Paar nach Eich. Dort
die Gesellsch. Über den Hammer zurück.
4. An den Brunnen. Fürst Bentheim. Brief an
Dir. v. Schreibers nach Wien. Mit dem
v. Hammerschen Facsimile. Nachts langes Ge=
spräch mit Gr. Paar.
5. An den Brunnen. Mit Minister v. Schuck=
mann Promenade hinter dem Puppischen Saale.
Graf Bombelles und Gemahlinn. Mittag für
uns. Abends für mich spazieren. Frau von
Stael Considérations pp. II. Band. Kastanien=
rinde.
6. Am Brunnen. Mit Gr. Bouqoy Farbenlehre.
Bey Fürst Schwarzenberg dem reg. zur Tafel.
Gräfinn Bombelles pp. Sie sang. Kam M.
Catalani. Sang gleichfalls. Abends mit Gr.

Paar nach dem Posthof. Mit Gesellsch. zurück.
De Stael dritter Theil angefangen.

8. Halb eilf Graf Bouqoy, fortgesetzt Farbenlehre.
Prof. Schweigger Apparat zu den entopt. Far=
ben. Kiste mit getrockneten Früchten, Trüffeln
und Gestein nach Weimar. Bey Feldmarschall
zu Tafel. Abends mit der Familie in's Töpel=
thal aufwärts.

9. Ausgesetzt. Zu Hause beschäftigt. Teller zur
Farbenlehre. Graf Bouqoy. Mittag bey Pr.
Biron. Abends mit Graf Paar. Prager Straße.
Crystallisirter Gyps Maschau bey Podersam bey
Saaz. — Gemahlter Becher an Gr. O'Donel
durch Deny. An dieselbe Gedicht, durch die
Post. An Dr. Schopenhauer Dresd.

10. Schweiggers Apparat weiter durchversucht und
durchgedacht. Vinzenz, Decorationsmahler in
Prag, kleine Seite, neue Gasse No. 92, Erfinder
von Tafeln aus Flechtwerck. Zeigte Muster vor.
Mittag zu Hause. Nach Tische Faust. Abends
Vorlesung bey Fürst Jos. Sch.

11. Conzepte dicktirt. Samml. überdacht und com=
pletirt. Entoptische Farben. Gebadet. Mittag
auf dem Posthofe mit Gr. Bouqoy und Paar.
Bey Fürstinn Reus, daselbst zum Thee. Zu Fuße
herein. Persische Dichtkunst.

12. Am Brunnen. Gr. Bouqoy. Farbenlehre. Mit=
tag zu Gr. Czernin. Engländer Whale. Das

Staelische Werck geendigt. Gr. Paar wegen morgen und übermorgen. Für mich. Persische Dichtkunst. Entweri.

13. Am Brunnen. Mit Min. v. Schuckmann auf der Wiese spazieren. Mit Gr. Paar und Bouqoy auf dem Posthof gespeist. Weiter Spaziergang über Findlaters Tempel. Zeitig zu Bette.

14. Sendung nach Weimar vorbereitet: Merckw. Gefäß S. Curiositäten. Zu Hr. v. Odeleben. Bey F. Jos. Schwarzenb. zu Tafel. Abends Vorlesung Herrm. und Doroth. Abschied vom Fürsten Feldmarschall.

16. Fürst Joseph bey mir. Erzählung des Pariser Schröckensfestes. Bey Fürst Joseph zu Tafel. Mit Gr. Paar Prager Straße. Abschied des Grafen. Bronze Statue der Vestalinn. Gedicht zum Dancke.

17. Iphigenie neugriechisch. Fürst Metternich bey mir. Gesandte Gordon dazu. Mittag bey Gordon. Fürst M. Capodistrias, Gr. Zichy, Genz pp. Abend auf die Prager Straße. Allein.

18. Briefe abgeschlossen: An Geh R. v. Hoff durch Dr. Weller zu Jena. Grafen Paar Gedicht. Gräfinn Loeben Gedicht. Gebadet. Zu Gordon. Gespräch über Persische Poesie. Er war im Lande gewesen. Bey Feldm. Blücher, den ich Whistspielend fand. Bey Capodistrias zu Tafel. Von Genz pp. Abends auf der Prager Straße. Mit

Rehbein über die Bronze Statue und die Italiänischen Zunamen.
19. In Erwartung der Gräfinn O'Donel. Für uns gegessen. Nachts Sendung vom Fürsten Metternich. Jahrbücher der Literatur. Einige Rezensionen gelesen.
20. Edinburgh Review. Jahrbücher der Literatur. Hr. v. Schütz. Kr.Secr. Fritsch. Für uns gegessen. In der Prager Kunsthandl. Einiges geseilscht. Abends auf dem 3 Kreuzberg allein.
21. Am Brunnen mit Schweigger und Weiß. Frl. v. Vit. Briefe von Fr. v. Hopfgarten, v. Nicolovius.
22. Am Brunnen. v. Hammers Persische Poeten. Ankauf der Alterthümer. Mittag für uns. Abends mit Weiß, v. Schütz, Solger gegen Fischern. Nachts mit Rehbein.
23. Am Brunnen. Mit Graf Capodistrias. Mit Prof. Schweigger und andern. v. Hammers persische Dichtkunst. Mit Franz Reupel Böhmische Geologie. Mit demselben auf Ellenbogen, in der Fabrick der Gebr. Haidinger. Feldspatcrystalle. Steinkohlen. Betrachtung über die große Mulde dieses nützliche Fossil enthaltend. Im Regen zurück.
24. Viele Briefe von Weimar geschrieben und gesendet. Betrachtung darüber. Mineralien geordnet. — Assignation auf 200 fl. an Zimmer und Sohn. An Frege Meldung.

25. Zeitig aufgestanden. Nach Schlackenwalde über Ellenbogen. Auf der Hauptgasse mit Rehb. spazieren. Bergmeister Beschorner kam. Zu ihm in's Haus. Schöne Mineralien besehen. Für uns zu Tische auf dem Rathhause. Nach Tische mit dem Bergmeister durch den Ort auf die Höhe. Übersicht der Localität des Stockwercks pp. Zurück. Notiz von manchen einbrechenden Fossilien. Abgefahren. Ellenbogen. In der Porzellan Fabric. Hr. Haidinger. Feldspat= (vielmehr Schrift=Granit) Gang nächst derselben. Glimmerkugeln im Granit. Zurück. Sehr schöner Abend.

26. Zum Brunnen. Vorbereitung umzuziehen. Graf C. Distrias bey mir. Wegen pädagogischen Unterrichts der Gr. Mittag zu zwey. Regen. Prof. Weiß. Schöne chrystallographische Unterhaltung. Abends Briefe geschrieben. Wiederholung des Vorübergegangnen.

27. Am Brunnen. Mad. b'Orville von Offenbach. Pr. Schweigger seinen neusten Apparat vorzeigend. Heruntergezogen. Das entoptische pp. Wesen nochmals durchgedacht. Die Einfalt anerkannt. Mittag zu zwey. Nach Tische für mich. Das entoptische Wesen durchgedacht.

28. Zu Hause getrunken. Brief von Dorow wegen der Wiesbadner Ausgrabungen. Prof. Dietrich, von Comotau. Graf Egloffstein. Dictirt An=

fang der Zinnformation. Briefe nach Hause. Mittag für uns. Prof. Weiß. v. Schütz. Franz Reupel, die geologische Karte von Böhmen bringend. Abends für uns. Nachtmusic.

29. Zu Hause getruncken. Sendung nach Hause. Prof. Schweigger. Entoptica. Bey Zimmer. Mittag für uns. Prof. Weiß. Diamante. Chrystallisationen und deren Entwicklungsfolge. Jahrbücher der Literatur. Müllerische kleine Sammlung, ajüstirt. Münze Alexanders erhalten, verlohren, gefunden.

30. Getruncken, an den Brunn. Gräfin Jaraczewska, Unterhaltung über deutsche Literatur. Der Dame Geschmack und Einsicht bewundert. Abschied von Reupel. Erinnerung an Tomascheck. Mit Genz auf der Wiese. Rosenquarz vom Fürsten Metternich. Ondine französisch zur Hälfte gelesen.

31. Ondine bis zu Ende. Für mich spazieren bis zum Posthof. Mittags für uns. Die gewöhnlichen Studien fortgesetzt. Abends Ondine zum Buchbinder. Mit Schweigger und nachher Schütz über den Posthof. Abend Promenade u. s. w. nach Haus. Verkältung empfunden.

September.

1. Wuchs das Übel nach schlechtem Schlaf. Vorkehrungen dagegen. Anschwellung des Zahnfleisches. Professor Weiß. Zeitig zu Bette. Ge-

schwulst der ganzen rechten Seite bis an's Auge. Vorkehrungen. Spiritus Mindereri. Taſſe Flieder=thee. Extractum Hyoscyami.
2. Keine Beſſerung. Emulſion pp. Die Nacht durch=aus ſchlaflos und ſehr ſchlimm.
3. Früh Blutigel. Schnelle Beſſerung. Ruhig ab=gewartet. Von 4½ Uhr bis 11 Uhr anhaltend geschlafen und ſo die ganze Nacht mit wenig wachen Zwiſchenräumen. NB. War der Brief von Schadow angekommen mit der Notiz des glücklichen Guſſes. Denſelben an Graf Noſtiz mitgetheilt, der ihn mir wiederbrachte und kurze Zeit blieb. Solches geſchah früh.
4. Abermals Blutigel geſetzt. Beſte Würckung der=ſelben. Aufgeſtanden, der Geſchwulſt fiel ſicht=lich. Den Tag allerley angeknüpft und fort=geſetzt. Beſuche abgelehnt. Abends neben=ſtehende Briefe: An die Kinder nach Weimar. An den Major von Knebel nach Jena durch Madame Weiß.
5. Viel Beſſerung. Das Nächſte bedacht. Herrlicher Tag. Orientalia. Ondine abgeſendet an Gräfinn Jaraczewska. Mittag zu zwey. Nach Tiſch Prof. Weiß böhmiſche Chryſolite. Nachrichten von Joachimsthal. Briefe dictirt.
6. Darſtellung entoptiſcher Farben=Quelle. Pr. Weiß Böhmiſche Steinchen. Commerzienrath Neumann von Prag. Spitzen Induſtrie auf Brüſſeler Fuß.

Fallen und Steigen des Courses. Jetzt im
Eger Kreis 19000 klöppelnde Personen. Mittag
für uns. Sodann allein. Divan. Hafis. Gedichte
mundirt. Entoptica. Graf Keller und Frl. Vit.
7. Zu Hause getruncken. Persische Dichtkunst und
Geschichte. Prof. Weiß Böhmischer Obsidian.
Reg.=Dir. v. Schütz. Bey Capodistrias. Zu zwey
Mittags. v. Nostiz. Fortgesetzte Studien. Abends
entoptischer Farben Urquell. Prof. Weiß. Pro=
testantismus, Catholic. pp.
8. Zu Hause getruncken. Trzcinski, Canonicus von
Cracau, pensionirter Professor. Anno 1812 ge=
sehen. Verrückt. Persische Dichtkunst. Bey
F. Blücher. Mittag für uns. Prof. Weiß Chry=
stallographie. Dessen Lebenswandel und Schweizer
Reise 1806. Kam 12 Tage nach dem Berg=
sturz in die Gegend. Obrist v. Nostiz. Gedicht
für Biron. Auf ein Billet von Gräfinn Ja=
raczewska. — Bergmeister Beschorner
Schlackenwalde.
9. Persische Dichtkunst. An Pr. Biron Gedicht
durch Gräfinn Jaraczewska. Perf. D. fortgesetzt.
Fürst Bl. Medikus. Geburtstags Feyer
und Leben d. General=Chirurgus Görcke. Mittag
für uns. Perf. D. fortgesetzt. Abends Pr. Weiß.
Französische Gelehrten. Ausschließende Sinnes=
Art.
10. Fürst Blücher fuhr ab. Graf Nostiz nahm noch

Abschied. Persische Dichtk. Charactere der Sie=
ben. Zeitläufte. Eingepackt manches. Mittag
allein. Fortgefahren. Gute Ansicht und För=
derniß. — Abgesendet zwey Kisten Mineralien
nach Weim.

11. Fortgefahren Pers. Dichtk. Geh. R. Behrends
von Berlin. Mit Rehbein. Physiologica. Patho=
logica. Mittag zu zwey. Fortgefahren Paradies.
Hafisens Character. Eingepackt. Pers. fortgesetzt.

12. Eingepackt den Schweigg. Apparat. Nebenstehen=
den Brief: Des Herrn Fürsten Metternich
Durchl. Sonstiges Einpacken und Abschließen.
Visiten Karten p. p. c. Kam der Kutscher von
Weimar. Mittag für uns. — Medaille an
Grafen Bouqoy Prag.

13. Früh ab von Carlsbad. Mittag in Zwote.
Abends in Franzenbrunnen. Professor Weiß
speiste mit uns zu Nacht.

14. Zeitig von Franzenbrunnen. Um 10 Uhr im
Schießhause vor Asch. Nach 12 Uhr abgefahren.
Mit Sonnen=Untergang in Hof. Abgestiegen im
Hirsch.

15. Zeitig von Hof. Zeitig in Schleiz.

16. Früh von Schleiz. Mittag in Pösneck, wo noch
die Ehrenbogen der durchgegangenen Herzogin
von Coburg standen. Mit Sonnen=Untergang
in Kahle. Abgetreten bey Hofmedicus Rehbeins
Schwager, Justiziarius Hermann.

17. (NB. Auf der ganzen Tour hauptsächlich orientalische Dichtkunst bedacht; in Kahle das Haupt-Schema geschrieben.)

Zeitig in Jena. Auf der academischen Bibliothek. Gefüttert auf der Ölmühle; kamen die Kinder gefahren, mit ihnen nach Weimar, wo wir gegen 2 Uhr ankamen. Mittags mit den Kindern. Ausgepackt, über das Bisherige, Äußeres und Inneres, gesprochen.

18. An Graf von Edling: Ausrichtung von Graf Capodistrias. Agenda. Mit Auspacken fortgefahren und Zurechtlegen. Von Schwerdgeburth Myrons Kuh, von Ermer das Titelkupfer zur Heilsberger Inschrift. Mittag für uns. Nach Tische einiges auf morgen vorgearbeitet. Acten, die neue academische Einrichtung betreffend, von Serenissimo. Hofrath Meyer. Abends Frau von Pogwisch, später Gräfin Lina und die Kinder. NB. War morgens Staatsrath Beck bey mir gewesen und hatte das Diplom der Petersburgischen Mineralogischen Gesellschaft überbracht.

19. Nebenstehende Expeditionen: An Dr. Weller nach Jena, Jordanus Brunus, autorisirte Quittungen, Aufgabe zur Vorbereitung des medicinischen Auditoriums. An Frommann, Nachrichten und Anfragen wegen der vorzunehmenden Druckgeschäfte. An Major von Knebel, für Bernhard die kl. Vorschriften. — Sonstiges aus-

gepackt und geordnet. Badeinspector und Nico=
lovius. Dieselben blieben zu Tische. Die Frau
des Badeinspectors. Schütz spielte auf dem Flü=
gel. Mit Hofrath Meyer die Angelegenheiten der
Zeichenschule durchgesprochen. Kam Canzler von
Müller. War Frau Hofrath Schopenhauer an=
gekommen. Die Kinder kamen mit Nicolovius
aus dem Schauspiel.

20. Erlaß und dergleichen Expeditionen: Erlaß an
Kühn in Heußdorf, wegen abzulegender Museums=
rechnung. Brief an Frommann in Jena, mit
dem Ende des Manuscripts zum 15. Bogen des
Divans. — Rentamtmann Müller, Hofrath Jage=
mann. Hofmedicus Rehbein. Geh. Hofrath Kirms.
Mineralien von Koblenz. Einiges darüber an
Serenissimum, ingleichen den Hüttnerischen
Brief wegen der Elginischen Marmore. Das Vor=
sehende durchgedacht und geordnet. Bergmeister=
leben in Marienberg von Trebra. Jenaische
neue Statute. Mittag Nicolovius. Nach Tische
französisches Portefeuille, besonders Sebastian
Bourdon. Zeichnungen des in der Frühe dage=
wesenen jungen Kaufmann. Abends Hofrath
Meyer, Coudray. Wegebau und anderes. Zeitig
zu Bette.

21. Expeditionen allerley Art. Den gestrigen Erlaß
an Rentamtmann Kühn in Heußdorf abgesendet.
Carlsbader Gestein und Incrustazien an die Prin=

zeſſinnen. Rehbein. Paralipomena, das Bisherige einrangirt. Trat John seine Geschäfte an; mit ihm verschiedene Briefe und andere Expeditionen. Die Gebrüder von Struve und Fräulein. Von Trebra's Bergmeisterleben. Mitgebrachte Mineralien einrangirt. Mittags für uns. Nach Tische im Garten. Abends Hofrath Meyer und Rehbein.

22. Sieben persische Hauptdichter. Fortsetzung mit John. Einige Briefe concipirt. Mittag zu drey. Nach Tische im Garten. Canzler von Müller. Kam der Kaiser von Rußland an. Abends Hofrath Meyer. Blieb derselbe zu Tisch. Kamen die Kinder aus dem Wilhelm Tell. Bidpai für mich.

23. Sendung von Frommann. Bearbeitung mehrerer auf Jena bezüglichen Papiere. Briefe, Abschriften und sonst. Aufsatz: Antik und Modern. Prof. Hegel und Frau, von Heidelberg nach Berlin gehend. Mittag zu drey. Nach Tische mit Kräuter. Neue Acquisitionen für's Museum. Lied: Höheres und Höchstes. Fabeln des Bidpai. Hofrath Meyer. Anmeldung der jüngeren Fräulein Pogwisch von Erfurt her. Blieb Hofrath Meyer; kamen die Kinder aus der Komödie.

24. Verschiedenes auf den Druck der Hefte bezüglich, auf die Jenaische Bibliothek und Museen. Dergleichen mit John. Marquis de Bombelles, öster-

reichischer Gesandter. Tigridia pavonia blühte recht schön im Garten. Bücher von der Bibliothek sich auf die vorliegenden Studien beziehend. Ottilie nach Erfurt, die Schwester zu empfangen. Stelle aus Byrons Manfred übersetzt. Liliacées par Redouté. Abends kamen die Frauenzimmer und die Familie speiste mit uns.

25. Orientalia. Nachtrag zum Divan. Nachher mit John dasselbe. Bis zu Mittag damit fortgefahren. Geh. Cammerrath Stichling wegen Jenaischen Angelegenheiten. Herbelot. Abends Hofrath Meyer. Transport der Statue Heinrichs IV. zu Paris. Blüchers Statue und dergleichen mehr. Die Kaiserin von Rußland war gekommen. Madame Catalani sang bey Hofe.

26. Nebenstehende Expeditionen: An Frommann, Gedicht zum Divan, Fortsetzung von Kunst und Alterthum. An Dr. Weller, autorisirte Quittungen, einiges wegen der nächsten Geschäfte. An Färber, autorisirte Quittungen. An Kosegarten, wegen des arabischen Gedichtes. NB. Alles an Färber eingeschlossen. — Mit John Orientalia. Schmeller mit zerläsperten Kupferstichen. Mittag zu vier. Nach Tische mit Kräuter Orientalia. Papadopulos und Gigas. Hofrath Meyer. Zeichenschule. Aufgehobene Ausstellung. Versetzungen. Herbelot.

27. Orientalia, nachher mit John fortgefahren. Ver=

schiedene Personen. Der Kaiserin Leibarzt. Barclay de Tolly. Herr von Fürths. Mittag zu vier. Sendung von Paris angekommen. Abends Hofrath Meyer. Sodann mit den Kindern.

28. Expeditionen. Brief an Graf Reinhard in Frankfurt a. M., mit der Abschrift: 1.) der Aufnahme und 2.) eines Schreibens des Groß-Canzlers Herzog von Tarent, 3.) Schreiben des Herzogs von Richelieu an Treitlinger, 4.) deutsches Concept, Schreiben an den Groß-Canzler und mein curriculum vitae. Um 11 Uhr Staatsminister von Voigt. Mittag zu vier. Prof. Dietrich von Comotau; Geheimerath Einsiedel. Mehrere Damen, unter andern eine Demoiselle d'honneur der Kaiserin. Von Trebra Marienberg. Zeitig zu Bette.

29. Serenissimo das Ehrenlegionszeichen vorgelegt. Von Höchstdemselben die Genehmigung erhalten. Mit John Orientalia. Mittag zu vier. Nach Tische mit Kupfern beschäftigt, ingleichen denen englischen Reisebeschreibungen. Abends Hofrath Meyer. Über den Abschluß der heurigen Ausstellung. Rehbein. Die Kinder kamen von der Mutter.

30. Einige Expeditionen nach Jena. Brief an Herrn Rath Dr. Vulpius. John Abschrift der Statuten des Ehrenlegionordens. Bey Serenissimo. Coudray und die Darmstädter Handwerker wegen

Tapezieren und Goldputzens. Nach Belvedere.
Prinzeß Auguste Geburtstag. Sämmtliche Herrschaften zu großem Frühstück. Den kleinen Prinzen besucht. In die Gewächshäuser. Iusticia cristata blühend. Serenissimus; polnische Damen.
Spät nach Hause. Mittag mit den Kindern.
Fuhren die Frauenzimmer nach Belvedere. Abends mit Kräuter Orientalia. Hofrath Meyer. Die Kinder kamen aus Hedwig.

October.

1. Allerley Expeditionen. Erlaß an Rentamtmann Müller in Jena mit 106 Thlr. p. (geht künftigen Sonnabend mit der Post dahin ab). Rehbein brachte Ringe von Predari. Abschrift von Götz von Berlichingen. Herr von Vitzthum und Dr. Nöhden. Ging ich allein in den untern Garten. Mittag zu drey. Mein Sohn war in Magdala mit der Bau-Commission. Nach Tische Brief von Graf Brühl wegen Aufführung der Lila und Antwort. Oberbaudirector Coudray, Hofrath Meyer. Hofmedicus Rehbein. Clementine und Adele.
2. Rechnungswesen, die Jenaischen Museen betreffend. John schrieb an Götz von Berlichingen für Leipzig. Zwey Schweizer, Heinr. Bodmer von Zürich und Daniel Fiffel von Chur, in Bergamo wohnhaft, Kaufleute. Bey der Frau Erbgroßher-

1818. October.

zogin. Besuchte mich der junge Osann, Chemiker, nach Erlangen gehend. Nicolovius mit uns zu Tische. Carlsbader Suite ausgepackt. Staatsrath Schweitzer machte Visite. Mit Kräuter einige Briefe. Kam mein Sohn von seiner Expedition zurück. Abends zu drey.

3. Orientalia. Kam der letzte Bogen vom Divan von Jena. Hofrath Jagemann, den Grafen Cicognara anmeldend. Bey Staatsminister von Voigt, Prof. Dietrich von Comotau zu Tische. Graf Cicognara und Geheimerath von Einsiedel. In der Oper: Sargino, bis zum 2. Act. Abends des Grafen Dandolo Werke über den Seidenbau. — Brief an Renner, mit einem Stück englischen Journals. Empfehlungsschreiben für den jungen Osann an Schweigger in Erlangen.

4. Orientalia. John schrieb am Götz fort. Rath Conta, Votum in der Güldenapfelischen Angelegenheit. Abgesendet. Mein Sohn trat den Hofdienst an. Mittag zu drey. Nach Tische Saadi's Rosengarten. Einige Kupfer einrangirt. Orientalische Lecture und Betrachtungen fortgesetzt. Abends mit Ulriken. Die Herzogin von Cumberland war bey Hof gewesen.

5. Abschluß der Bilance und Extraordinarien=Rechnung bey den Museen. Schluß=Votum wegen der academischen Statuten concipirt und mundirt. In das Römische Haus, wohin der Großherzog

mit dem Herzog und der Herzogin von Cumber=
land später kam. Nach Hause. Mittag zu drey.
Frau von Stein. Adele Schopenhauer; letztere
sah einige Kupferstiche. Schreiben und Sendung
von Duwaroff. Votum Professor Güldenapfel
betreffend. Abends Gräfin und Graf Henkel.
Mein Sohn spät vom Hofe.

6. Die Acten an Conta. Liebesgeschichte von Saadi.
Die Museumsrechnung zur Revision. Hofbild=
hauer Kaufmann wegen der Thürstücken. Orien=
talia mit John. Mittag zu drey. Affirmatives
Billet von Conta. Orientalia revidirt. Große
Gesellschaft zum Abendessen. Spät zu Bette.

7. Nebenstehendes: An Grafen Brühl in duplo
nach Berlin und Seifersdorf. An Färber und
Weller nach Jena. Communicat an die Cam=
mer mit der Museumsrechnung von 1817—1818,
dem Kabisiusischen Kaufbrief u. d. g. — Sodann
mit John den Museumsbericht aus dem älteren
Aufsatz in's Concept geschrieben. Das Fehlende
an Kunst und Alterthum überdacht. Mechanicus
Ctteny von Jena, der nach Dresden reisen wollte.
Kam Staatsrath Schweitzer. Zu den Prinzes=
sinnen nach Belvedere. Dr. Röhden daselbst.
Nach Tische Prof. Hand und Musikdirector Häser.
Besuchte den kleinen Prinzen. Nach 4 Uhr wie=
der zu Hause. Schema zu Classisch und Ro=
mantisch in Italien. Ähnliches fortgesetzt. Com=

barbische Schule betrachtet. Abends Herr von Groß zu Tische. Ulrike erzählte manches von Paris, von Groß von Berlin.

8. Zum letzten Bogen von Kunst und Alterthum: Blüchers Statue. Mit John: Ausgrabungen; Classik und Romantik in Italien. Mittag zu drey. Nach Tische Kupferportefeuilles, Hofrath Meyer. Ging um 8 weg. Mit Ottilien. Später kam August vom Hof.

9. Classisch und Romantisch in Italien. Rath Vulpius von Jena zurück. Mit John Obiges fortgesetzt. Ausgrabungen. Mittag zu drey. Nach Tische Kupfer sortirt und einrangirt. Okens 6. Heft 1818. Den Museumsbericht völlig ajustirt und geheftet. Rabeners und Gellerts Bildnisse von Minister von Fritsch erhalten.

10. Kam das Titelblatt zum Divan von Ermer. Ausgrabungen. Brief. Sendung an Minister von Voigt. Vorbereitung der Jenaischen Sendung für morgen. Communicat an die Landes=Direction wegen der Jenaischen Buchdrucker. Fortsetzung des Manuscripts zu Kunst und Alterthum. Jenaische Berichte, die academische Bibliothek betreffend. Nächste Woche ist darüber völlige Aufklärung zu erwarten. Mittag zu drey. Kräuter brachte die Hackertsche Zeichnung. Zu Kunst und Alterthum. Einige Tecturen zu den niederländischen Künstlern. Kam Hofrath

Meyer. Derselbe und Gräfin Lina Egloffstein
zu Tische.
11. Brief an Eichstädt für Herrn Staatsminister
von Voigt mundirt. John mundirte die Bey=
lagen zum Museumsbericht. Classiker und Ro=
mantiker in Italien. 10. Revisionsbogen nach
Jena. Mayländische Litterar=Notiz. Zu Mittag
Dr. Röhden und Hofrath Meyer. Nach Tische
Kupfer einrangirt. Abends Hofrath Meyer. —
10. Revisionsbogen von Kunst und Alterthum
4. Stück nach Jena an Wesselhöft.
12. Recension von Tolstoy's Basrelief für Kunst und
Alterthum. Verschiedene Munda. Mayländische
Relation an Serenissimum. Dank an Staats=
minister von Fritsch wegen der Porträte.
Staatsministers Voigts Brief an Eichstädt ab=
gesendet. Viele Acten geheftet. Papiere gesondert.
Besuch bey Geh. Staatsrath Schweitzer; nicht
angetroffen. Gräfin Henkel und Frau von Stein
besucht. Letztere zurückbegleitend im Garten.
Mittag zu vier. Nach Tische mit Kräuter Tec=
turen zu den Kupferstichen. Dr. Müllers Paris
im Scheitelpunkte. Hofrath Meyer. Die Kinder. —
Paquet an Wesselhöft nach Jena mit 1400
Stück Abdrücken von Myrons Kuh, zum 4. Heft
von Kunst und Alterthum geheftet.
13. Allerley Expeditionen: Paquet an Herrn Lorenz
Pansner zu St. Petersburg, Dank für das

übersendete Diplom und beygelegte Hefte über die Carlsbader Gebirgsarten. Herrn Grafen Paar nach Wien, Kästchen mit kleinen Geschenken durch Herrn von Schreibers. — Acten rubricirt. Um 9 Uhr zu Serenissimo. Um 11 Uhr zurück. Wenig spazieren. Zu Hause das Vorseyende durchgedacht und gefördert. Mittag zu drey. Nach Tische das Nothwendigste fortgesetzt. Einige Lecturen zu niederländischen Meistern gefertigt. Oberbaudirector Coudray, Dr. Nöhden. Abends zu vier.

14. Allerley Expeditionen. Paquet an Wesselhöft, Manuscript zu den beyden letzten Bogen von Kunst und Alterthum. Den Bericht an die Landesdirection wegen Renitenz der Buchhändler vollends concipirt. Notiz zu den Museums-Acten. Um 10 Uhr zur Großherzogin, K. H. Kam der Großherzog. Zu Hause. Besuch von Christ aus Chur, studirt in Berlin. Prof. Hand. Herr von Münchow. Blieb zu Tische. Nach Tische Kupfer einrangirt. Abends Hofrath Meyer, blieb zu Tische.

15. Einladungskarten geschrieben zum Souper auf morgen Abend. Färber von Jena, Relationen von dortigen Vorfallenheiten, Vorbereitungen zum Fest des 18. Octobers. Herr Geh. Assistenzrath von Hoff. Mittag zu den Prinzessinnen. Dr. Nöhden und Prof. Hand. In die Gewächshäuser;

zurück. Tecturen geschrieben. Abends allein.
Die Kinder kamen spät von Hofe.

16. Schema zum Jenaischen Bibliotheksgeschäft. Übersetzung des Schreibens des persischen Gesandten zu St. Petersburg. Anmerkungen zum Divan revidirt. Mittags zu vier. Nach Tische Tecturen zu neuern deutschen Künstlern. Das Kupferwerk der von der Venetianischen Academie der Kaiserin von Östreich verehrten Kunstwerke. Hofrath Meyer. Abends Gesellschaft. Spät zu Bette.

17. Fuhr nach Berka; auf dem Badeplatz. Den Auftrag von der Erbgroßherzogin überlegt. In Badeinspectors Haus. Zurück. Mittags zu vier, außerdem noch Frau von Pogwisch und Nicolovius. Project zum Redouten-Aufzug. Abends Hofrath Meyer, über die Einleitung der Festlichkeiten.

18. Hofmedicus Rehbein. Brief an Prof. von Münchow. Adresse an Grafen Paar nach Wien. Manuscript zum letzten Bogen über Classisch und Romantisch durchgesehen. Den Redoutenaufzug in seinem Entwurf weiter verfolgt und für Hofmarschall Bielke mundirt. Brief an Hofmarschall von Bielke mit dem Entwurf zu einem Redouten-Aufzug. Prof. von Münchow. Mittag zu drey. Einführung des französischen Gesandten Latour Maubourg. Kupfer

durchgesucht. Annales du Musée français durch=
geblättert. Oberbaudirector Coudray, die vor=
zustellenden Tableaux beredet. Canzler von
Müller. Über von Humboldts und Gagerns
Schriften. Abends die Feuer zu sehen die Er=
furter Chaussee hingefahren.

19. Verschiedene Expeditionen. An Conta, Anfrage
wegen eines Holzdeputats. Kupferstecher Müller.
Italiänischer Romanticismus. Zur Erläuterung
des Divan. Mittags zu vier. Nach Tische Annales
du Musée français, auch von der Bibliothek
mehrere neue Kupferwerke. Index und Übersicht
über Cattaneo's italiänischen Aufsatz. Hofrath
Meyer. Neues Kunstheft. Abends bey Frau
von Heygendorf mit Serenissimo.

20. Expeditionen. Brief an Trebra concipirt. Um
10 und ½ zur Erbgroßherzogin. Die beyden
fürstlichen Herren daselbst gefunden. Der Groß=
herzog ging nach Langensalze zur Revue. Kam
von Färber eine Relation, wie der 18. October
von den Purschen in Jena gefeyert worden. Mit=
tags zu vier. Das vorsehende Festwesen be=
sprochen. Redouten=Aufzug. Index zu Cattaneo's
Aufsatz. Canzlar von Müller, Hofmarschall von
Bielke wegen der Redoutengeschichte. Abends:
Frau von Pogwisch, Hofräthin Schopenhauer
und Tochter. Fräulein von Miltau.

21. Nebenstehende Expeditionen besorgt: 1) Paquet

an Grafen Paar nach Wien, Tobakskopf und
Brief, auch einige geschriebene Blätter von Schu=
barth. 2) 700 Abbrücke von Myrons Kuh an
Wesselhöft. 3) Erlaß an Güldenapfel.
4) Erlaß an Färber. 5) Brief an Prof.
Laves. 6) Die Bogen N.—3. vom Grunerischen
Catalog an Dr. Weller (in dessen Paquet
auch No. 3, 4 und 5 beygelegt). Außerdem an
Wesselhöft Schluß=Manuscript von Kunst und
Alterthum 4. Stück (letzteres durch die Boten).
Herrn Oberberghauptmann von Trebra,
Dank wegen seines Bergmeisterlebens. — Mit
John an den Nachträgen zum Divan. Mysti=
cismus persischer Dichtkunst: Attar, Rumi. Re=
douten=Aufzug schematisirt. Mittag zu vier.
Vorbereitungen fortgesetzt mit Kräuter. Ober=
baudirector Coudray und Meyer wegen der dritten
Feyerlichkeit bey Hof. Letzterer blieb zu Tische.
Den Aufzug durchgesprochen.

22. Bemerkungen zum Divan. Redouten=Aufzug
schematisirt. Mit John das Schema zum Nach=
trag des Divan. Die Kapitel danach revidirt.
Zu den Prinzessinnen nach Belvedere. Fand da=
selbst den Erbgroßherzog nebst Gemahlin, auch
Gräfin Ebling. Zurück. Arbeit an dem Orienta=
lischen fortgesetzt. Mit Kräuter dergleichen be=
handelt und abgeschrieben. Mein Sohn kam von
Nieder=Roßel zurück. Abends zu vier. Notiz was

am heutigen Tage wegen des Aufzugs geschehen.— Kästchen und Ordenskettchen an Bury & Comp. in Hanau.

23. Anmerkungen zum Divan. Mit John damit fortgefahren. Grohmann in Memoriam Ebelingii, ingleichen Carus von den Naturreichen. Mittag zu vier. Ward die Besetzung der Aufzugsrollen besprochen, die Tabellen verfertigt und das Ganze durchgedacht. Hofrath Meyer. Canzler von Müller, Herr von Gagern in Jena studirend. Die Elfenbein=Statuen von Predari. Abends zu vier.

24. Sachse brachte die elfenbeinern alten Schnitzbilder, sendete solche an Staatsminister von Voigt. Kam Dr. Weller von Jena und wurden mit ihm die Jenaischen Angelegenheiten durchgesprochen, auch mehrere Concepte gefertigt. Blieb solcher zu Mittag. Ging Abends zu Herrn Staatsminister von Voigt. Im Theater die Müllerin.

25. Mit Dr. Weller die Jenaischen Geschäfte bearbeitet. Canzler von Müller und Herr von Gagern. Professor Zelter kam an. Unterhaltung mit demselben bis zu Tisch. Mittag zu fünf. Neuere Florentiner. Oberbaudirector Coudray und Zelter. Späterhin einige Musik.

26. Früh mit Dr. Weller abgeschlossen. Ging derselbe nach Jena zurück. Mit Zelter über Ober=Weimar in den unteren Garten gefahren. Zu

Tische allein. Die Kinder speisten bey Canicoff.
Nach Tische neuere Florentiner fortgesetzt. Zelter
ging in's Theater. Hofrath Meyer bey mir.
Abends zu sechs, waren Frau von Pogwisch und
Fräulein von Milkau gegenwärtig. Hatte mich
Herr von Bielke nach Tafel besucht.

27. Expedition wegen Schmellers Anstellung. An
Vogel wegen der Medaillen. Brief und elfen=
beinern Schnitzbild an Staatsminister von
Voigt. Mit Zelter nach Belvedere gefahren.
Daselbst die Gewächshäuser besehen. Mittag zu
fünf. Nach Tisch Zelter nach Jena. Die Gem=
men, vom Hauptmann Germar überreicht, be=
trachtet und abgedruckt. Abends Orientalia.
Kam Ottilie und erzählte verschiedenes.

28. Briefe; andere Expeditionen. Mit John Schema
zum Jenaischen Bibliotheksbericht. Der Eng=
länder Harc Naylor, welchen vor 15 Jahren
in Lauchstädt gesehen, und der unterdessen Europa
durchreist und Asien berührt. Zu Mittag Nico=
lovius. Entoptische Versuche. Hofrath Meyer.
Notiz wegen Güldenapfel. Tabellen von der
Hoheit zurück. Abends Nicolovius und Kinder.
Früh an Staatsminister von Voigt das byzan=
tinische elfenbeinerne Basrelief gesendet.

29. Verordnung an Güldenapfel, das aufgehobene
Verhältniß zur Jenaischen Allgemeinen Litteratur=
zeitung betreffend. Dasselbe an Rath Conta ge=

1818. October.

meldet. Verschiedenes wegen des Aufzugs. War Ulrikens Geburtstag. Schmeller für seine Anstellung dankend; Aufträge übernehmend. Adele Schopenhauer die sprossenden Pflanzen betrachtend. Mittags Frau von Pogwisch, Hofrath Meyer, Nicolovius. Heidelberger bürgerlicher Krieg zwischen Adel, Bürgerschaft und Studenten, in der Eleganten Zeitung 1818, No. 185. Nach Tische mit Meyer über die nunmehrige Bestimmung der Tableaux. Mit Kräuter Jenaische Bibliotheks-Acten. Schmeller Silhouetten von den kleinen Statuen. Oberbaudirector Coudray und Meyer. Herr und Frau von Savigny vom Rheine kommend. Blieben sämmtlich zum Abendessen. War auch Zelter zurück. — Brief an Zelter nach Berlin. Brief an Grohmann nach Hamburg. Brief an Carus nach Dresden. Brief an Conta allhier.

30. Einige Expeditionen. Brief an Boisserée vollendet. Erlaß an Prof. Güldenapfel wegen Erstehung medicinischer Werke aus der Grunerischen Auction und dazu zu verwendenden 400 Thlr. concipirt. Um 9½ mit Prof. Zelter nach Berka; halb drey Uhr zurück. Frau von Pogwisch zu Tische. Den Aufzug vorgenommen. Hofmedicus Rehbein. Prof. Renner, die ausgegrabenen Knochen beschaut. Abends Gräfin Henkel, Frau von Pogwisch, Hofmedicus Rehbein und Prof. Zelter zu Tische.

31. Ottiliens Geburtstag. Mit John verschiedene Expeditionen Jena betreffend. Kunst und Alterthum 4. Stück, Bogen 11 und 12 Revision. Zu Mittag bey den Prinzessinnen. Bey der Rückkunft mehrere Gäste gefunden: Gräfin Henkel, Gräfin Julie von Egloffstein pp. Canzler Müller. Hofrath Meyer. Nach dem Schauspiel mit Zelter zu Frau von Heygendorf. Spät zurück. — Brief an Boisserée nach Heidelberg. Brief an Lenz nach Jena. Erlaß an Güldenapfel in Jena, wegen Ablösung von der Mitarbeit an der Jenaischen Allgemeinen Litteraturzeitung.

November.

1. Die sämmtlichen Glieder und Gliederungen des Redouten-Aufzuges berichtiget, geordnet und aneinander geklebt. Expedition der Grunerischen Auctionssache. Hauptmann von Germar, wegen den geschnittenen Steinen und dem Redouten-Aufzug. Ottilie mit Zelter und Nicolovius in die griechische Capelle. Mittag sämmtlich zu Tische. Die Kupfer des Campo Santo zu Pisa angesehen. Für mich. Mit Zelter Abends am Clavier. Vom Ursprunge des Chorals, einstimmig, mehrstimmig, figurirt. Eine feste Burg ist unser Gott aus G dur und A moll. Letzteres ursprünglich und höchst bedeutend. Später die Kinder vom Hof. Zelter um 10 Uhr abgereist.

2. Nebenstehende Expeditionen: Dem Hauptmann von Germar die Ringe zurück. Dem Erbgroßherzog das Stammbuch zurück. An Canzler von Müller, das neueste Urtheil von Kotzebue's contra Luden. Quittung an Vogel über die Medaillen. Billet an Hofrath Meyer. Durch Dr. Weller: Erlaß an Güldenapfel wegen zu erstehenden Sachen aus der Grunerischen Auction. Eine Abschrift davon und begleitendes Handbillet an Hofrath Fuchs. — John verschiedene Briefe dictirt. Kräuter mit Ottilien das Redouten-Personal weiter berichtigt. Mittag zu vier. Nach Tische Dr. Weller. Ihm Nebenstehendes aufgetragen. Hofrath Meyer. Abends Sappho.

3. Den Brief an Geh. Rath von Willemer in Frankfurt mundirt. Mit John: Expedition auf morgen, die Jenaische Absendung vorbereitet. Anfang des Bibliotheksberichtes. Rath Vulpius. Prof. Riemer, wegen des Aufzugs. Gedicht desselben zur ersten Charade. Hofrath Voigt von Jena; über die Angelegenheiten des botanischen Gartens. Fortgesetzte obige Arbeiten. Mittags Hofrath Voigt. Über Jenaische Verhältnisse. Naturwissenschaft im Sinken. Geschichte und Politik im Steigen. Die Tagebücher rubricirt. Hofrath Meyer, Berichtigung unserer Redouten-Requisiten. Oberbaudirector Coudray. Blieb Hofrath Meyer. Die Kinder waren auf dem Ball.

4. Nebenstehende Expeditionen: Erlaß an Müller, Bezahlung des Plumpbrunnens betreffend. Erlaß an Färber, denselben Gegenstand ingleichen die Gartenmauer Betreffendes. Brief an Malincroth. An Wesselhöft 11. und 12. Correcturbogen, zum Schluß=Manuscript. An Professor Lavés, wird ein Nachtrag zu einer Übersetzung gewünscht. An Bergrath Lenz Briefe von Bleyberg und Köniß zurück; Belobung wegen vollbrachter Reise. — Außerdem Ordnung in den Acten gemacht und vieles heften lassen. Am Concept zum Bericht fortgefahren. Kam das Hamburger Stickbuch. Mittag zu vier. Nach Tische Herr Canzlar von Müller. Mit Kräuter den Jenaischen Bibliotheksbericht. Einiges wegen des Redouten=Aufzugs. Abends mit den Kindern.

5. Den Bericht an Serenissimum die Jenaischen Bibliotheksangelegenheiten betreffend vollends mundirt. Schmeller. Zu Herrn Staatsminister von Voigt. Den Bericht abgegeben. Anderes besprochen. Mittag zu vier. Verschiedenes über den Aufzug. Expedition wegen der Aufschrift der Rescripte. Stanzen zum Aufzug mundirt. Brief an Nees von Esenbeck concipirt. Hofmarschall von Bielke. Hofrath Meyer. Empfehlung für den jungen Heß an Antolini nach Mayland. Den Redouten=Aufzug mit Hofrath Meyer be=

sprochen. Kamen die Kinder später von Graf
Edling. — Brief an Geh. Rath von Willemer
nach Frankfurt a. M., mit zwey Bogen des
Divan.

6. Erlaß an Güldenapfel wegen Golii Lexicon
für Kosegarten. Brief an Nees von Esenbeck voll=
endet. Verschiedenes wegen dem Aufzug besorgt.
Die Kleider kamen von der Hoheit. Rudolf
brachte Hofrath Meyer 200 Thlr. zu kleinen Aus=
gaben. Mittag zu drey. August bey Hofe, Ein=
führung des bayerischen Gesandten. Der Stadt=
musikus Aghte, wegen der Musik zum Aufzug.
Rudolf, wegen Requisiten an uns abzugeben.
Gräfin Lina von Egloffstein die Lombardische
Schule durchgesehen. Abends zu Tische die Kinder
und Adele.

7. Vorbereitung auf Jena. Kleine Expeditionen,
auf den Aufzug bezüglich. Rudolf brachte Re=
quisiten. Im Garten das Bevorstehende durch=
denkend. Badeinspector Schütz. Am Flügel die
musikalischen Gespräche, welche Zelter eingeleitet,
weitergeführt. Mittag zu fünfen. Allerley Re=
douten= und Maskengespräche. 15. Aushänge=
bogen des Divans war angekommen, 12. Bogen
von Kunst und Alterthum 4. Heft ging revidirt
zurück. Mit dem Redouten=Aufzug und Ein=
tragen der Rubriken beschäftigt. Brief an Nees
von Esenbeck fortgesetzt. Hofrath Meyer, Re=

douten=Conferenz mit den Kindern. Abends, was in der Abwesenheit zu thun, mit den Kindern besprochen. — An Färbern, meine Ankunft auf morgen gemeldet und mancherley bestellt.

8. Früh aufgestanden. Letzte Vorbereitung zur Abreise nach Jena. Aufträge und Anordnungen. Halb zehn Uhr abgefahren. Die bevorstehenden Arbeiten überdacht. Zum erstenmal den neuen Weg. In Jena angelangt bey Bischoffs, ausgepackt. Auf die Bibliothek gefahren, alles flüchtig besehen. Zu Knebel. Nach 3 Uhr zu Hause, Serenissimum abgewartet. Mit Höchstdemselben über die nöthigsten academischen Angelegenheiten. Bey dem Herzog von Meiningen. Zu Frommanns. Abends für mich.

9. Zwölfter Revisionsbogen von Kunst und Alterthum an Frommann nebst Anfrage. An Prof. Hand griechische Inschrift. An Prof. Kosegarten den Brief des persischen Gesandten. Rentamtmann Müller, Besoldungs=Etat, Manuale zur dießjährigen Rechnung. Prof. Hand. Hofrath Voigt. Bergrath Döbereiner. Bey dem Herzog von Meiningen, wohin die Grafen Edling und Lurburg kamen. Auf dem Museum. Mittags für mich. Einiges vorbereitet. Abends Professor Kosegarten, Michaelis Grammatik und Freytags arabisches Gedicht; Dr. Weller, Nicolovius. Nachts Feyerstunden von Alexander von Einsiedel.

10. Golius an Kosegarten, ingleichen nochmals den
Aufsatz des persischen Gesandten. Rentamtmann
Lange, Etat und Manuale bringend. Auf die
Bibliothek, die Eröffnung des kleinen Cabi=
nets in das medicinische Auditorium besorgend.
Spazieren gefahren um die Stadt und in die
Gegend Lobstädt. Mittag für mich. Neue Auf=
klärung über das Gleichbleiben und Umkehren.
Nachmittag auf's Bibliotheksgebäude, den Fort=
gang der Arbeiten besehen. Nähere Bestimmung
der neuen Thüre. Bey Major von Knebel, den
ich im obern Zimmer fand. Von Nürnberg an=
gelangter guter Rheinwein. Abends zu Hause.
Prof. Kosegarten über die Propheten und andere
Orientalia. Das polyglottische Sieges= und Frie=
dens=Gedicht von Breslau durchgegangen.

11. Mit Dr. Weller alles bisher Verabredete und
Angeordnete recapitulirt, darüber einen Aufsatz
der Folge nach gefertigt. Etats, Manuale und
sonst an die Rentamtleute zurück. Dr. Roux
wegen seiner anzutretenden Zeichenstunden. Alles
concipirt und mundirt und den morgenden Ab=
gang vorbereitet. An Färber die von Serenissimo
mitgebrachten Muscheln. An Bergrath Döbereiner
Tellur. Einige entoptische Entdeckungen. Mittags
bey des Herzogs von Meiningen Durchlaucht. Nach=
mittags für mich. Abends Dr. Weller, Zustand
des Geschäfts und Academie überhaupt besprochen.

12. Vorbereitung zur Abreise. Prof. Güldenapfel. Dr. Weller. Baum. Färber. Alles Nöthige besorgt. Um 9 Uhr abgefahren. Um 12 Uhr in Weimar. Ausgepackt und eingerichtet. Mittag zu drey. Villacher Bleyspate. Jenaische Bibliotheksacten ajustirt. Das Portefeuille Raphaels Zeitalter und Nachfolger durchgesehen. Briefe von Herrn von Preen und Schadow, die Fortarbeit an der Blücherschen Statue betreffend. Catalog der Berliner Ausstellung. Meyer und Ulrike zu Tisch. Die Kinder kamen spät von Hof.

13. Agenda aufgezeichnet. Verordnung an Rentamtmann Müller. Empfangene und ausgegebene Medaillen. Oels. Rehbein. Herr von Helldorf. Der Theater-Schneider, Schmeller. Expedition der französischen Briefe. Mittag Prof. Melos. Die beyden jungen Dufours, Herr von Groß. Nach Tische Adele Schopenhauer. Der Theaterschneider wegen Helldorfs Maske. Brief an Graf Reinhard zu concipiren angefangen. Oberbaudirector Coudray über die Festlichkeiten und Vorbereitungen dazu. Hofmedicus Rehbein. Blieben beyde Abends zu Tisch.

14. Der Theaterschneider wegen Helldorfs Maske, Schmeller wegen der Stickerey dazu. Expedition nach Jena. Fürst Reuß. General Grabowski und Neffe. Brief an den Herzog von Tarent gesiegelt und Herrn Geheimerath Voigt übersendet.

Erziehungsaufsatz. Zu Mittag bey denen Prin=
zessinnen. Siebzehnter und achtzehnter Band
meiner Werke angekommen. Die Kinder hatten
Probe auf dem Schloß. Dr. Weller wegen Jenai=
scher Geschäfte. Hofrath Meyer wegen des Auf=
zugs. Il matrimonio secreto. — An Frommann,
nach dem Concepte. An Kosegarten, nach dem
Concepte.

15. Brief an Graf Reinhard mundirt. Genast, über
Leipziger Theater und dergleichen. Mit Fürst
Reuß nach Belvedere gefahren. Serenissimus
waren reitend daselbst. Graf Luxburg, Canzler
Müller und Froriep traf man. Halb zwey zu=
rück. Mittag zu vier; manches am Aufzug regu-
lirt. Oberbaudirector Coudray. Abends bey
Frau von Heygendorf.

16. Nebenstehende Expeditionen: Brief an Herrn
von Münchow nebst Billet. Erlaß an Rent=
amtmann Müller, das Deputat für's Museum
betreffend. Beydes an Färber adressirt. — Letzte
Jenaische Acten ajustirt. Zu morgender Ab=
fahrt mich vorbereitet und alles beseitigt. Mit=
tag zu vieren. Mit den Kindern die Completi=
rung des Aufzugs besprochen. Darauf bezügliches
Gespräch bey Hof erwähnt. Vorbereitung zur
morgenden Reise. Abends mit Hofrath Meyer;
über den Aufzug. Hof= und Familiengeschäfte.
Zeitig zu Bette.

17. Vorbereitung zur Abfahrt. Einiges wegen Förderung der Reboute. Um eilf Uhr in Bercka. Einrichtung. Begonnen an der Bearbeitung des Aufzugs. Mittag zu drey. Die Arbeit fortgesetzt. Abends Music. — Brief an Graf Reinhard nach Frankfurt a. M.
18. Fortgesetzte Dichtung. Den Wagen nach Weimar. Choräle. Mittag zu drey. Abschriften. Ausarbeitung. Marpergers vollkommner Capellmeister. Musikalische Unterhaltung. Fortgearbeitet. Schlechte halbe Nacht.
19. Fortgefahren. Die Einleitung vollbracht und mundirt. Bey schlechtem Befinden zu mancherley gelangt. Abends Music.
20. Am Geschäft. Kam HofM. Rehbein. Gebrauch von Mitteln. Mittag zu vier. G. Hofr. Huschke im Nachhausefahren von München. Abends Music. Seb. Bach. Ph. E. Bach. Mozart. Bethoven.
21. An der Arbeit. Mittel gebraucht, nach Vorschrift. Mercklicher Besserung. Langsam vorgerückt am Gedicht.
22. Wie gestern. Gelang manches. Kam Dr. Weller. Jenaisches Geschäft besprochen. Bote von Weimar. Antwort. Mittag zu vieren. Sodann das Ganze überdacht und die Hauptthemata festgestellt. Die Übersicht aufgeklärt.
23. Ritt Dr. Weller fort. Las Musarion theilweise. Abrastea. Bearbeitete einiges am Aufzug. Mit-

tag zu brey. Fortgesetzt gelesen. Abends Hamann. In Weimar Ankunft der Kaiserin Mutter Abends gegen 6 Uhr.

24. Aeon und Aeonis. Vorhergehendes. Hamann.
25. Wie immer. Kam Ulrike. Den Maskenzug durchgesprochen, in allen seinen Theilen. Einige Gedichte gelesen. Abends Hamann.
26. Fortsetzung. Sodann Hamann nach Jahren gesondert und betrachtet.
27. Fortsetzung. Spazierengefahren. Brief nach Weimar. Brief an Dorow. Hamann studirt.
28. Fortsetzung. Spazierengefahren gegen Tannrode. Cid von Herder. Russische Geschichte.
29. Einiges. Russische Geschichte. Hamann. Brief an Esenbeck.
30. Die Kinder. Das Geschäft mit ihnen verhandelt. Vorgelesen die Auslegung.

December.

1. Vorläufige Anzeige, dictirt und mundirt. Russische Geschichte.
2. Epilog. Geologie von Nordamerika.
3. Wallenstein.
4. Demetrius. Kamen Gräfinn Julie Egloffstein, Frl. v. Werther, Adele Schopenhauer. Die Rollen wurden gelesen und besprochen. Nach Tische fuhren sie ab. Ulrike hatte Nachricht von der ferneren Einrichtung des Zugs gebracht. Haydn Sonaten.

5. Übersicht des Ganzen. Hie und da nachgeholfen. Eingepackt.
6. Früh von Berka ab. In Weimar angelangt. Mehreren Frauenzimmern ihre Rollen zugetheilt und mit ihnen durchgegangen. Mittag zu vieren. Den Festzug durchgesprochen. Hofrath Meyer. Dr. Weller. Canzler von Müller. Ersterer blieb bis 8 Uhr und wurde der bisherigen Ereignisse gedacht.
7. Prosaisch-summarische Darstellung des nächsten Maskenzuges. Zugleich fing John die Abschrift des poetischen Theils an. Lieber mit Itinerarien und Berathung hierüber. Professor Bröndsted aus Kopenhagen, mit einem Reisegefährten. Abdrücke von Gemmen. Umstände der Ausgrabung von Phigalia. Mittag zu vier. Den Maskenzug und was darauf bezüglich besprochen. Abschriften fortgesetzt. Oberbaudirector Coudray, die vorsehenden Züge besprochen. Hofrath Meyer. Mit demselben das Vorliegende beredet. Abends mit den Kindern zu vieren.
8. Das Programm des Aufzugs ajustirt und Herrn von Bielke zugesendet. Legationsrath Palmer, mit seinen geschnittnen Steinen. Mittag: Major von Pogwisch. Herr Canzlar von Müller. Oberforstmeister von Fritsch wegen seines Anzugs. Abends auf dem Schloß die Charade: Apollodorus.

9. Einige Briefe concipirt. Das Original und Mundum des Aufzugs ajustirt. Holdermann. Der Theaterschneider. Der Stadtmusikus und der sublime Herr von Arnim. Auf dem Schloß. Zur Gräfin Lieven. Die Hoheit kam und die Fürstlichen Kinder. Mit der Hoheit zur Kaiserin. Prinz und Prinzeß von Mecklenburg daselbst. Bey den Prinzessinnen gespeist. Mit Dr. Röhden über holländische und englische Litteratur. Russische Costumes p. Genast und Häser. Cammerassessor von Schiller. Häser sang. Zum Abendessen Gräfin Lina von Egloffstein. — Brief an Kosegarten nach Jena.

10. Legationsrath Palmer die 16 ersten Bände meiner Werke zugesendet. Derselbe machte mir einen Besuch. Das Manuscript ajustirt. Dasselbe vom Buchbinder zurück. Frau Staatsminister von Fritsch. Ihre Kinder. Fräulein von Staff, von Werther und Adele Schopenhauer. Letzteren neues Manuscript gegeben. Mittag zu drey. Nach Tische am Geschäft fortgefahren. Coudray und Meyer. Canzler von Müller, welcher zu Tische blieb.

11. Rollen abgeschrieben und im Einzelnen probirt.

12. Einiges supplirt und probirt.

13. Probe von Herderischen und Wielandischen Darstellungen. Das Patent für die Kaiserin wegen Mineralog. Mitglied entworfen und durch einen Expressen wegen des Druckes nach Jena gesendet.

Mittags Hofrath Meyer. Abends Herr von
Wangenheim und Canzlar von Müller.

14. Abschrift einiger Rollen, unter andern von Faust.
Baurath Steiner. Fräulein Staff und Seebach.
Herr von Arnim. Billets an Meyer, Fritsch und
Kirms. Mittag zu drey. Nach Tische Eichhorns
Holländische Litteratur. Hofrath Meyer, drey
Überwürfe für die Träume bringend. Verhand=
lung wegen der Reisetafeln. Ottilie kam spät
aus den Schulen, wo die Kaiserin den Abend
zugebracht hatte.

15. Allerley Expeditionen. Briefe u. d. g. Abschluß
des Gedichtes. Gräfin Julie Egloffstein. Herr
Binder. Amely Seebach. Die Autographa per=
lustrirt. Mittag zu drey. Nach Tische Auto=
grapha. Canzler von Müller. Oberbaudirector
Coudray. Abends Dappers Asien. Vorher Räthin
Vulpius und die Putzmacherinn Liebisch.

16. Nebenstehendes: Brief an Cotta in Stuttgardt,
mit dem Programm zum Redouten=Aufzug. An
Lenz, die beyden Medaillen nach Bleyberg. An
Güldenapfel autorisirte Quittung. An Dr.
Werneburg die an ihn gerichteten Briefe zurück.
— Bronzen des 16. Jahrhunderts betrachtet. Nach=
richt von den gestrigen Feyerlichkeiten in Jena
durch Rath Vulpius. Die Gläser nach der neuen
Methode von Galland und Cherveux. Mittag
zu zwey. War Verkauf beym Frauenverein ge=

wesen. Gräfin Lina Egloffstein mit dem Auf=
trag von der Hoheit.

17. Die Kaiserin auf der Bibliothek. War ich mit
Vorbereitungen zum Zuge beschäftigt. Mittag
Dr. Weller. Nach Tische Canzler von Müller.
Herr von Baumbach. Abends allein. Kam Dr.
Weller von der Charade.

18. Die letzten Besorgungen wegen des Aufzugs.
Von halb 10 Uhr bis gegen 1 Uhr Probe auf
dem Stadthaus. Mittag Weller und Nicolovius.
Kräuter completirte das gute Exemplar der Ge=
dichte zum Aufzug. Um 6 Uhr Versammlung
der Masken in der Gallerie der Großfürstin.
Um 8 Uhr der Aufzug. Ball bis Morgens.

19. An dem Gedicht des Aufzuges corrigirt. Mit
Kräuter über den gestrigen Aufzug gesprochen.
Um 1 Uhr zu J. M. der Kaiserin, gegenwärtig
die Erbgroßherzogin. Mittag zu vier. Nachher
Prof. Bachmann. Meyer, Coudray, Rehbein und
Canzler von Müller. Gräfin Julie Egloffstein.
Herr Staatsrath von Willamoff, Gräfin Caro=
lina von Egloffstein, Frau von Pogwisch. Die
drey letztern blieben zu Tische.

20. Einige Briefe. Rehbein. Nicolovius beurlaubte
sich. Einleitung in mehrere neue Geschäfte. Mit=
tag zu vier. Hofrath Meyer. Brachte Münder=
loh den Venetianischen Pferdekopf. Betrach=
tungen über denselben. War früh Professor

Renner da gewesen. Abends Ball bey Hofe. Nahm die Kaiserin Abschied.

21. Staatsrath Willamoff und Staatsrath und Leib=
arzt . . . . . . Um halb Zwey bey Gräfin Lieven.
Mit der Hoheit zur Kaiserin. Gegen halb Drey
zurück. Mittag zu vier. August nach Hofe. Ab=
reise der Kaiserin, welche um 5 Uhr mit Geläute
aller Glocken, wie bey ihrer Ankunft, erfolgte.
Hofrath Meyer. Canzler Müller, Lieutenant
von Knebel. Zum Thee bey den Kindern. —
Brief an General von Klinger in St. Peters=
burg. Brief an Graf Reinhard nach Frank=
furt a. M. (Zu beyden das Programm zum
Redouten=Aufzug gelegt.)

22. Rath Völckel. Güldenapfels Jena an die Hoheit
abgesendet. Frau von Bechtolsheim. Dr. Nöden.
Geh. Canzl. Weber. Mittag zu vier. Adele.
Die Kinder Abends bey St. M. v. Voigt. Für
mich. Divan vorgenommen. Nachtrag und Er=
läuterung.

23. Einige gestrige concipirten Briefe mundirt und
abgesendet: Brief an Frommann, Brief an
Penzel, Brief an Renner in Jena. — Des
Divans Erläuterungen durchgedacht. Abschrift
des Maskenzugs fortgesetzt. Mittags bey den
Prinzessinnen. Ein großes Portefeuille durch=
gesehen und an dessen Brauchbarkeit gedacht.
Brief an Schubarth. Hofrath Meyer, August;

1818. December.

besonders den Venetianischen Pferdekopf beachtet. Gräfin Lina zum Abendessen.

24. Prosaischer Theil zum Divan. Promemoria wegen des Löberthors. Fortgesetzte Abschrift an den Gedichten zum Aufzug. Frau von Wolzogen und Frau von Schiller. Mittag zu vier. Nach Tische Jones asiatische Poesie. Hofrath Meyer, mit demselben Orientalia. Abends Bescherung und Gesellschaft. Nachts für mich Voigts Naturgeschichte. — Brief an Schubarth nach Leipzig.

25. Briefe an Knebel und Weller. Zu Serenissimo. Über die bisherigen Besuche, Feste und sonstigen Gegenstände gesprochen. Kam Bertuch und Kruse. Mittag Dr. Nöhden. Abends Rehbein, Coudray und Meyer, Canzlar von Müller; blieben zu Tische.

26. Nebenstehende Expeditionen: Brief an Major von Knebel. Brief an Dr. Weller. Brief an Lenz. — Quartalextract der Museumsrech= nung von Jena. Genast. Rehbein. Das Per= sonal des Redouten=Aufzugs aufgezeichnet. Ge= heime Hofrath Kirms. Porzellan=Gemälde von der Großherzogin nebst Billet. Untersuchung desselben. Mittag zu vier. Nach Tische Lom= bardische Schule. Abends für mich, dann mit den Kindern.

27. Porzellainmaler Schmidt. Am prosaischen Theile

18*

des Divan fortgefahren. Über Glas-, Porzellain-
und Emaille-Malerey, Aufsatz, durch das gestern
übersendete Pariser Porzellangemälde veranlaßt.
Johannes Schulz und Hofrath Meyer. Kotzebue's Reise nach Persien. Mittag zu vieren.
Niederländisches Portefeuille. Fortgesetzte Lecture. Hofrath Meyer. Betrachtung über das
Porzellan-Gemälde und anderes.

28. Rehbein. Aufsatz über Glas-, Emaille- und
Porzellanmalerey mundirt. Brief an Serenissima
concipirt. Das Personal des Redoutenaufzugs
aufgezeichnet. Kotzebue's Reise nach Persien.
Mittag zu vieren. Nach Tische Portefeuilles
durchgesehen. Abends die Frau Ober-Cammerherrin und beyden Gräfinnen von Egloffstein
und Canzler von Müller.

29. Expedition an Serenissimus und Sere-
nissima. Orientalia, besonders den Koran.
Herr von Münchow. Mittag der Badeinspector.
Hofrath Meyer. Gegen Abend Dr. Nöhden.
Niederländische Kupfersammlung, Kriegs- und
Friedensereignisse, auch Carricaturen vorstellend.

30. Orientalia: Mahomet und Koran, den Morgen über fortgesetzt. Kam Dr. Weller. Einiges
wegen dem Löberthore besprechend. Die Blüthe
von Bryophyllum calycinum (Curtis Botanical
Magaz. Vol. 34, Pl. 1409). Bey den Prinzessinnen gespeist. Nach Tische Lecture des

Korans fortgesetzt. Abends mit August deßgleichen.
31. Orientalia weiter bearbeitet. Rehbein. Darin bis Mittag fortgefahren. Mittag für uns. Nach Tische Portefeuilles durchgesehen. Abends Rehbein und Hofrath Meyer. Die Kinder waren auf den Sylvesterball gefahren, wo sie bis am Morgen verblieben.

Agenda

1817.

1817.

Foliobogen, halbbrüchig beschrieben, enthält auf der ersten Seite *g**):

Agenda b. 8. Febr. 1817.

*Kupferwerck von der B.
*Munda an Kirms
*Münchow. Vortrag
 Schütz Noten Music=Zeitung
*Brentano Rochus.
*Zahlung Müller.
*Zahlung Timmler
*Autographa Ordnung
 Mnemosyne
*Bogen 9 nach Jena
*Real Catalog
*Serenissimo. Salzw.
*Zelter
*Rabe
 Mollerische Hefte
*Nordlicht
 Zwey erste Bände M. W.
*14 Band Cotta
 Münchow Wolcken
 Uhr
 Sachse Remun.
 Petschaft Jena
 Herrenh. Gedicht
 Ubaldo
 Partheyenwuth

*) Das als erledigt Gestrichene ist mit * bezeichnet.

Nees v. Esenbeck
Rablof
Krickeberg
Auf der zweiten Seite von Kräuters Hand:
*Seebeck, Majolika und Würstchen
*Einzelne Majolika
*Atlas Bezahlung dafür
*Übrige Angebotene

*Herr von Terschau Dank
*Herr von Luck
*Cotta 14. Band der alten Ausgabe
*Rhein und Maynheft.
*Kanzleyrath Vogel 12 Carolin von Dr. Seebeck in Nürnberg.
*M. v. Knebel: Notiz von der Majolika.
g: v. Luck
   Seebeck Dank für P. VII
   Hr. Schorn zu Castell.
von Kräuters Hand:
b. 16. Febr.
Notiz Pinusarten
*Anfrage bey Johler und dem Glaser.
*Serenissimo wegen Campbell und Fellenberg.

Lesarten.

Der Text des vorliegenden Bandes ist bearbeitet von Ferdinand Heitmüller; die Anmerkungen und Lesarten sind, mit Benutzung von Aufzeichnungen des Genannten, hergestellt von Julius Wahle. Auch diesmal ist mit Dank die Beihülfe zu erwähnen, die das Bürgermeisteramt von Karlsbad durch Übermittelung der Curliste von 1818 geleistet hat. Redactor des Bandes ist Bernhard Suphan.

Seit 1797 verwendete Goethe zu seinen Aufzeichnungen den Gothaischen verbesserten Schreib-Calender. Vom 21. März 1817 ab tritt eine Änderung ein. An diesem Tage verzeichnet das Tagebuch von Kräuters Hand: Von hier an ist ein besonderes Heft als Tagebuch geführt worden. Vom 21. März ab, an welchem Tage sich Goethe zu längerem Aufenthalte nach Jena begab, treten Foliobogen in Gebrauch, die später zu Heften zusammengenäht wurden. Diese Bogen sind halbbrüchig beschrieben: auf der rechten Hälfte sind die Eintragungen, auf der linken die Expeditionen, Briefe und ähnliches. In der Zeit der längeren Aufenthalte in Jena 1817 und 1818 wechseln die Schreiber, deren sich Goethe bedient, sehr häufig; und dadurch sind die Aufzeichnungen dieser Jahre besonders instructiv für die Art, wie die Tagebücher zustande kamen. Besonders die Niederschriften des Jenaischen Bibliotheksschreibers Michael Färber beweisen durch ausserordentlich zahlreiche Hörfehler, die von Goethe bei der sehr sorgfältigen Durchsicht des Geschriebenen corrigirt wurden, dass diese Partien dictirt sind, und zwar von Goethe, der sie wahrscheinlich von Kladden, Notizzetteln oder -Bogen abgelesen hat. Kräuter, der in den vorausgegangenen Jahren viel für Goethe geschrieben hatte, war geübter im Hören und Schreiben, und daher sind seine Niederschriften verhältnissmässig rein; ihm waren viele Namen und Begriffe, die Färber nicht kannte, schon geläufig. Alle jene theilweise recht drolligen Verhörungen Färbers aufzuführen, wäre sinnlos; einige besonders starke Fälle mögen hier als Beweis für die obige Behauptung aufgeführt werden. Für meteorologische (44, 14) hört und schreibt er: mit Herpologische, und ebenso 166, 27; für zur Rückkehr der (54, 25): zurückkehrte; für Byron (56, 3 u. ö.): Beyeren, worin sich, wie öfters bei Verhörungen, Goethes Aussprache besonders deutlich kundgibt; für Vinci (140, 13): Wünsche; für Raumer (141, 14) Raungwer (verhört wegen undeutlicher Aussprache); für Dohm (164, 9): Thon; für Preise (187, 9): Reise; für der Philister (42, 20): der Flistern; für Boisserée (25, 27): Bafferae. Dazu kommen noch Fehlschreibungen, die mehr durch das thüringische Ohr des Schreibers als durch Goethes Aussprache veranlasst sind: Studirente, Meballe, verbobene, Expedienta, Superinbentenb und ähnliches.

Doch ist dieses nicht die einzige Art, in der die Tagebücher entstanden sind; streckenweise sind sie auch von Goethes Aufzeichnungen unmittelbar abgeschrieben. Diese letztere Form ist aber nicht immer so deutlich zu erkennen, wie es in Färbers Niederschriften die erstere ist.

Den Schluss des Bandes bildet ein Nachtrag zu 3, 314: Tagebuchaufzeichnungen vom 28. November bis zum 10. December 1800, die in Schlossbau-Acten nachträglich gefunden worden sind.

Es bedeutet g eigenhändig mit Tinte, g^1 eigenhändig mit Blei, g^2 eigenhändig mit rother Tinte Geschriebenes; *Cursivdruck* bezeichnet Lateinischgeschriebenes, Schwabacher Ausgestrichenes der Handschrift. — Die Sonntage sind wie in den vorigen Bänden durch Fettdruck des Datums ausgezeichnet.

1817.

Januar.

1, 15 Über die Kupferstiche vgl. 5, 293, 24. 25 und Anmerkung dazu; vgl. auch Kunst und Alterthum 2. Heft, 1817, S. 171 ff. 2, 10 Miscellen nach Collectane[en] 14 Der Maler Joh. Erdmann Hummel (vgl. Allg. Deutsche Biogr.

13, 387) hatte, mit Brief vom 24. December 1816, in Burys Auftrag zwei der Churprinzessin von Hessen gehörige Gemälde an Goethe zur Ansicht überschickt: das eine, die Königin von Holland, gemalt von Bury, das andere, von Hummel, „ein Versuch Mond- und Kerzenlicht zusammenzustellen". Dieser Versuch gehört zu dem von Goethe in dem Abschnitt „Farbige Schatten" (Weim. Ausg. II 1, 30 ff.) behandelten Problem.   20 Immanuel Steiner, vgl. 5, 289, 2 und Anmerkung dazu. Steiner hatte (27. December 1816) eine ausführliche Geschichte seiner Künstlerlaufbahn an Goethe geschickt.   22 Über das St. Rochus-Bild vgl. Kunst und Alterthum, Heft 2, 178 ff.   3, 10 Odyssee: vgl. 5, 298, 6 und 8.   13 Stich der Sixtinischen Madonna von F. Müller (vgl. 11, 11. 12 und Über Kunst und Alterthum 2. Heft 165 ff.). Ein Stich von Raphaels Dresdner Madonna hängt in Goethes Salon.   25 Auf der Innenseite des Vorderdeckels ein Blatt mit der Aufschrift g: Music am 12. Jan. 1817 darunter von unbekannter Hand das Verzeichniss: Gräfinn Henckel Frau von Scharbt   die Pogwische Familie   die Niebeckersche Familie   die Schopenhauerische Familie   die Schillersche Familie   die Egloffsteinsche Familie   Gräfinn Beust   Mlle Rebeaux   Herr v. Groß   Herr v. Hopfgarten   Herr Uschmann   Herr Eberwein   4, 1. 2 Goethe kaufte eine kostbare Majoliken-Sammlung (vgl. Schuchardt, Goethes Kunstsammlungen 2, 347—364) um 200 Rthlr. von dem Hauptmann von Derschau in Nürnberg; Seebeck vermittelte den Kauf (vgl. auch Annalen Weim. Ausg. 36, 125).   2. 3 Diese Notizen verarbeitete Goethe in dem Abschnitt „Frankfurt am Main" (Kunst und Alterthum 2. Heft 200 ff.).   8 Joh. Houels, Reisen durch Sizilien, Malta und die Liparischen Inseln. Eine Übersetzung aus dem französischen Originalwerke von J. H. Keerl mit 5 Karten, Gotha 1797 (das Original: Voyage pittoresque des Isles de Sicile, de Malte et de Lipari, 4 Vol., Paris 1782—89).   19 vgl. Annalen Weimar. Ausg. 37, 132. 21. 22 A. W. von Schlegels ausführliche Recension von Niebuhrs Römischer Geschichte erschien in den Heidelberger Jahrbüchern 1816 Nr. 53 u. 54.   5, 3—9 von der Hand des Schreibers Ernst Carl Christian John.   3. 4 Der Divan von Mohammed Schemsed-din Hafis. Aus dem Persischen zum

288 Lesarten.

ersten Male ganz übersetzt von Joseph von Hammer, 1812 (vgl. Noten und Abhandlungen zum West-östlichen Divan, Weim. Ausg. 7, 231 ff.). 16 An Jarid nach An Ritter in Dresden 24 Carl — 27 Atlas *g* 6, 1 Wohl der Ornithologe Friedr. Aug. Ludw. Thienemann (vgl. Allg. Deutsche Biogr. 38, 1). 11 Veterinär-Anstalt in Jena. 15. 16 Joh. Friedr. Meckel hatte Casp. Friedr. Wolfs Aufsatz über die Bildung des Darmkanals im bebrüteten Hühnchen übersetzt, Halle 1812 (vgl. Goethes Werke II 6, 150). 24. 25 Zürcherische Beyträge zur wissenschaftlichen und geselligen Unterhaltung herausgegeben von J. J. Hottinger, J. J. Stolz und J. Horner, Zürich 1815—1816. 25 David Brewster, A Treatise on new philosophical Instruments, for various purposes in the arts and sciences with experiments on Light and Colours. Edinburgh 1813 (vgl. Annalen a.a.O. S. 211). 7, 8 *metallica* nach *numismatica* 17 Über Goethes Antheil an dem Zustandekommen des Blücherdenkmals in Rostock vgl. 5, 188, 14 und Anmerkung dazu. 19 Goethe hatte im September 1816 den Cölner Maler Maximilian Heinrich Fuchs, den er bei seinem Besuch in Cöln und Bonn schätzen gelernt hatte (vgl. Hemp. 26, 271), ersucht, ihm ein Blumenstück von Segers, das er bei einem Kaufmann in Cöln gesehen hatte, anzukaufen, als Vorlage zum Unterricht für junge Damen. Das von Goethe gewünschte Bild war nicht mehr zu erhalten, weshalb Fuchs ein anderes Blumenstück, das den Namen des holländischen Blumenmalers van Huysum trug, für Goethe ankaufte. 21 spazieren nach mit ihm 8, 1 Die an Rochlitz zum Binden geschickten (vgl. 5, 298, 2. 3 und 299, 4. 5) und von Kappelmann (vgl. 5 und Briefwechsel mit Rochlitz S. 154 f.) gebundenen Werke. 15 Gemeint ist wohl: Alois L. Hirt, Bilderbuch für Mythologie, Archäologie und Kunst, Berlin 1805 und 1817. 23—25 Über die Belehnung vgl. Annalen a.a.O. S. 131. 9, 1 Großherzogin nach Erbgroß 7. 8 Herbelot vgl. 5, 148, 6 und Anmerkung dazu.

Februar.

9, 9 Stadelmann wurde von Goethe auch als Schreiber, besonders auf Reisen, verwendet. 9. 10 vgl. Werke 4, 59. 14. 15 Der Fürstlich Thurn- und Taxis'sche Wirkl. Geh.

Rath und Generaldirector der Thurn- und Taxis'schen Post, Alexander Freiherr von Vrintz-Berberich, war am 30. Januar mit dem Grosskreuz des Falkenordens ausgezeichnet worden. 3 Über die geplante neue Theatereinrichtung vgl. Wahle, Das Weimarer Hoftheater unter Goethes Leitung, Schriften der Goethe-Gesellschaft 6, 326.   21 Boisserées Aufsatz über den Strassburger Münsterbau (vgl. S. Boisserée 2, 158). 10, 3 Chr. v. Tennecker, Die sicherste und einfachste Heilmethode der Pferdekrankheiten etc. 1. Heft Dresden 1815, N. A. Leipzig 1816.   6 Dieser Vortrag abgedruckt Goethe-Jahrb. 10, 114; die Verordnungen (11) vgl. ebenda S. 116. 18. 19 Diese Tabellen sowie Vorschläge über Besetzung und Ausstattung der Oper Athalia (von Poissl) haben sich erhalten in einem Fascikel „Hoftheater Intendanz Acta. Monatliche, Wöchentliche, tägliche Beschäftigungen 1817." 22 Mollers Hefte, Denkmäler deutscher Kunst hatte Goethe zuerst im November 1815 kennen gelernt (vgl. 191, 10. 11 und Anmerkung dazu).   11, 2. 3 Genast war mit Rescript vom 6. Februar seiner Stellung als Regisseur enthoben und an seiner Stelle war Oels zum Regisseur ernannt worden (vgl. C. Genast, Aus dem Tagebuch eines alten Schauspielers 1, 283 ff.).   7 Mit nach Reh (Ansatz zu Rehbein?)   9. 10 Über das Nordlicht vgl. Annalen a.a.O. S. 126.   11. 12 vgl. zu 3, 13.   16 Goethe bearbeitete Kotzebues Schutzgeist, der gegen des erstern Willen zum Geburtstag der Grossherzogin aufgeführt worden war, und dessen übergrosse Länge Anstoss beim Publicum erregt hatte; diese Bearbeitung erscheint im 13. Band, 2. Abtheilung, der Weimarischen Ausgabe. 12, 11 Abend nach Arbeit   13, 8—10 vgl. Annalen a.a.O. S. 133.   23 Joh. Campbell, Reisen in Süd-Afrika. Aus dem Englischen mit Karten, Nürnberg 1816.   15, 15. 16 Über die Proben zum Schutzgeist vgl. Vor den Coulissen, herausgegeben v. J. Lewinsky S. 279 f. (auch bei Biedermann, Goethes Gespräche 3, 273 f.).   16, 24 Joseph Reade, Experimental outlines for a new theory of Light, Colours and Vision: with critical remarks, on Sir Isaac Newtons opinions and some new experiments on radiant coloric. London 1816 (vgl. Annalen a.a.O. S. 121).   24. 25 Fr. Zach, Monatliche Correspondenz zur Beförderung der Erd- und Himmelskunde

Band 1—28, Gotha 1800—1813. 26 Fr. Chr. Schlosser, Ständische Verfassung, ihr Begriff, ihre Bedingung. Frankfurt a. M. 1817. 28 — 17, 1 𝔐ajolifa von Johns Hand. 16 Peucer hatte seine Übersetzung von Voltaires Semiramis bereits im Sommer 1815 Goethe vorgelegt, die geplante Aufführung war aber nicht zu Stande gekommen. Jetzt versuchte Peucer neuerdings Goethe dafür zu interessiren. 26. 27 Eduard Bancroft, Experimental Researches concerning the Philosophy of permanent colours, and the best means of producing them, by Dyeing, London 1813 (vgl. Annalen a.a.O. S. 121). 27. 28 Kotzebues Almanach dramatischer Spiele zur geselligen Unterhaltung auf dem Lande, Fünfzehnter Jahrgang, Leipzig P. G. Kummer, 1817 enthält „Die Bestohlenen" von Kotzebue. Goethe bearbeitete auch dieses Stück für die Weimarische Bühne.

März.

18, 6 Joh. sic. 18 Der Dresdner Kupferstecher Joh. Ad. Darnstädt schickte mehrere von ihm gedruckte Blätter: Cölner Dom, zwei Blätter nach Dietrich (vgl. Schuchardt, Goethes Kunstsammlungen 1, 112 Nr. 64), 2 Blätter nach Pinacker und 1 Blatt nach Klengel (vgl. Schuchardt a.a.O. S. 129 Nr. 253). 19, 4. 5 von Johns Hand. 10 𝔓rof. nach 𝔐itta[g] 8 𝔇erſelbe — 9 benſelben von Johns Hand. 21 Pacis annis 1814 et 1815 foederatis armis restitutae monumentum orbis terrarum de fortuna reduce gaudia gentium linguis interpretans pp. curante Joa. Aug. Barth. Vratislav. 1817. Das Buch war vom Verfasser an Goethe gesandt worden. 20, 21. 22 Goethe hatte (7. Januar) bei Emanuel Steiner in Winterthur zwei Bilder bestellt; Steiner hatte auch noch Zeichnungen und einige Radirungen, letztere als Geschenk für Goethe, beigelegt. 22, 22. 23 Carl August hatte auf Vorschlag des Oberconsistoriums, die Erhaltung alter kirchlicher Kunstdenkmale und Anlage eines kirchlichen Antiquitätenkabinets betreffend, an die Immediat-Commission für Wissenschaft und Kunst die Aufforderung gerichtet, sich darüber zu äussern; auf den von der Commission erstatteten Bericht hin wurde Vulpius der Auftrag ertheilt, ein Verzeichniss aller kirchlichen und weltlichen Monumente, die unter bibliothekarischer Obhut stehen, zu verfertigen. Die Acten sind vereinigt in einem Faszikel „Das Auffinden und Erhalten alter kirchlicher Kunst-Denkmale, so wie die Anlegung eines deutschen Antiquitätencabinets betr. 1817". 23, 8 F. G. Welcker, Sappho von einem herrschenden Vorurtheil befreit, Göttingen 1816 (vgl. Brief an Meyer 7. Juni, Briefe von und an Goethe S. 111). 18 Hier beginnen die Eintragungen in die Foliohefte, die bis zu Goethes Tode verwendet worden sind. Das erste Heft enthält die Aufzeichnungen vom 21. März bis zum 3. October; auf dem ersten Blatt steht — mit Ausnahme des Wortes Tagebuch — von Goethes Hand: Jenaisches Tagebuch [Tagebuch von Färbers Hand]. Vom 21. März 1817. April. May. Juni. Juli bis 7 August. — Sept. Weimar. Die Eintragungen sind bis zum 15. Juni (62, 1 Zurück incl.), wo nichts anderes gesagt wird, von der Hand des Jenaischen Bibliotheks- und Museumsschreibers Michael Färber. 27 Der Wolkenbote, Megha-Duta vgl. Annalen a.a.O. S. 127, Noten und Abhandlungen a.a.O. S. 239, und den Aufsatz „Indische und chinesische Dichtung", Hemp. 29, 811. 24, 1 Geschäftsregistratur von gestern *g* für Tagebuch und Geschäftsregistratur von gestern 2 Heil *g* über Veterinär 5 Zu *g* aus Zum 6 Kalibasa *g* aR für eine verschriebene Form dieses Namens. 13 dem ... Auditorium *g* aus ben ... Auditorien 20 wegen *g* über Wegen deren 21 der Wege *g* üdZ 25, 3. 4 Bertram — Seidler *g* Über das englische Drama Bertram von Maturin und Goethes Versuch einer Übersetzung desselben vgl. Suphan, Goethe-Jahrb. 12, 12 ff. 21 Über den Besuch der beiden Genaste vgl. Genast, Aus dem Tagebuch eines alten Schauspielers 1, 287 f. 26, 12—15 Fische von Stadelmanns Hand. 19 *g* Zwischen 19 und 20 von Hof. Geh. Legationsrath Professor Güldenapfel, Geh. Hofr. Starcke, Loyswell und Thorndicke zwey Amerikaner, mit denselben auf dem Museum, bey Major von Knebel zu Mittag, 20 Frau] Fr *g* üdZ 23 — 27, 7 *g* 27, 2 v. *g* üdZ GehL.R. *g* nachträglich eingesetzt. 10 vgl. 5, 235, 12 und Anmerkung dazu. 28, 7 James Rennell, Memoires of a map of Hindostan, London 1783 (neue Auflagen 1788, 1793, 1800). 11 — Weimar zusammengezogen aus Nebenstehende Expeditionen und Ex-

pebition nach Weimar. 26 *No g* üdZ   zwei *g* unterstrichen.
28 — 29, 3 *g*
April.
29, 8 und Rudolstadt *g* aR   14 nähere nach mehr   23 Über Goethes Beschäftigung mit Thomas Campanella vgl. Annalen a.a.O. S. 127.   25 Große nach Cants   30, 2 die *g* aR   18 Bestellung *g* üdZ   31, 7 Schultz, Über physiologe Gesichts- und Farbenerscheinungen hatte Goethe 1816 in Schweiggers Neuem Journal für Chemie und Physik XVI, 2, 121—157 zum Abdruck gebracht (vgl. Briefwechsel zwischen Goethe und Schultz S. 140 ff.).   15. 16 Pfirsiche an den *g* aR für Ceppiche [darüber Pfirsiche] an den   26 Erste Fassung der „Geschichte meines botanischen Studiums", wie sie 1817 in den morphologischen Heften erschienen ist (vgl. Werke II 6, 389).   32, 10—14 vgl. Goethes Briefwechsel mit Rochlitz S. 162 f.).   16 den *g* üdZ   23 besonders nach die Physik h   28 sich *g* üdZ Irrthümern über Wirkungen, dieses unterstrichen mit einer geschlängelten Linie.   33, 13 James Sowerby, A new elucidation of colours, original prismatic and material; showing their concordance in three primitives, Yellow, Red and Blue; and the means of producing, measuring and mixing them: with some observations on the accuracy of Sir Isaac Newton, London 1809. (vgl. Annalen a.a.O. S. 121).   27 Allein *g* aus allein nach für mich   12 Thieranatomie — 13 ihm aR — mit ihm *g* für Canzlar von Müller   20 Geologie *g* über Theologie   21 vgl. Annalen a.a.O. S. 127.   24. 25 Sam. Chr. Lucae, Anatomische Untersuchungen des Thymus in Menschen und Thieren. 2 Hefte, Frankfurt a. M. 1811 u. 1817.   27 Joh. Friedr. Blumenbach, Handbuch der vergleichenden Anatomie und Physiologie. Göttingen 1804. 35, 10 Rotanba — 18 aR   20. 21 Henr. Bern. Ruppii, Flora Jenensis Jen. 1745.   36, 25 Sereniſſimo — 27 Aufträge *g* 37, 7 Protogaea sive de prima facie telluris et antiquissimae historiae vestigiis in ipsis naturae monumentis dissertatio ex schedis manuscriptis in lucem edita a Chr. L. Scheidio. Göttingen 1749.   8 Gemeint ist des Franzosen Etienne Louis Malus Entdeckung von der Polarisation des Lichts durch Reflexion (vgl. auch Annalen a.a.O. S. 122 und Brief an Boisserée 1. Juli, S. Boisserée 2, 178).   16 behaupten *g* aus

Behauptung 18 ſetzen *g* aus ſey 29 Von *g* aus von nach waren bey ben *g* aus beym 38,1 Inſtrumenten danach geweſen 38,2 Der Neugrieche ist Papadopulos, der Übersetzer der Iphigenie ins Neugriechische (vgl. Annalen a.a.O. S. 132 f.). 5.6 Döbereiner, Anleitung zur Darstellung und Anwendung aller Arten der kräftigsten Bäder und Heilwasser. Jena 1816. 7 Die Nebenverzeichneten Expeditionen fehlen; dafür steht auf der unbeschriebenen Seitenhälfte zum 16. g^1, stark verwischt und schwer lesbar:

b. 16 Apr
Cotta
Aus m. Leben 3 Ih
Factor
Steiner Winterth
Schreiben
Zahlung
Fellenberg
Boiſſerée
Briefe Zelter Bohns
Calender von 15
1816
1817

Die Eintragung vom 16. bildet die erste Seite eines Blattes; die zweite Seite trägt auf der äusseren sonst unbeschriebenen Seite von Färbers Hand den Entwurf eines noch ungedruckten Briefes von Goethe an Niebuhr, darüber *g*: (*NB* wird nicht inſerirt) 16 G. Fr. Jäger, Über die Missbildung der Gewächse, 1812 (vgl. Werke II 6, 175 ff. u. 252). 39,24 — 40,6 *g* 20 R. Amtm.: Rentamtmann. 40,2 Radirungen von Castiglione in Goethes Besitz vgl. Schuchardt a.a.O. S. 28 f. Über Radirungen von Castiglione äussert sich Goethe Hemp. 28, 564. 26—28 *g* 26 „Schicksal der Handschrift" Werke II 6, 131 ff. Anat.: Anatomie. 41,3—5 vgl. Annalen a.a.O. S. 129. 14 eine *g* üdZ 15 andre *g* über eine auf *g* üdZ 16 autoriſirt nach und die andern 200 Thlr. 23 Zu *g* aus Zum 42,5 Gemeint ist der Abschnitt „Priorität" in dem Aufsatz „Meteore des literarischen Himmels" (Werke II, 11, 247; vgl. Annalen a.a.O. S. 126). 7 Adrian Beier (1634—1712), Jurist in Jena, hatte eine Menge Schriften über Handwerker veröffentlicht. 25 Joseph Adams, Memoirs of the life and doctrines of the late John Hunter, 1816 (vgl. Annalen a.a.O. S. 128). 27. 28 Memoirs of the life and writings of Benjamin Franklin etc. written by himself to a late period and continued to the time of his death by his grandson William Temple Franklin. London 1817 (vgl. Annalen a.a.O. S. 129). 43, 9 vgl. zu 42, 5. 17—19 J. M. D. Herold, Entwicklungsgeschichte der Schmetterlinge. Physiologisch und anatomisch bearbeitet. Cassel und Marburg 1815 (vgl. Annalen a.a.O. S. 119). 20 Herr nach und Doctor 22 vgl. Werke II 6, 137 ff. 23. 24 Über die Einrichtung der Veterinärschule vgl. Annalen a.a.O. S. 118. 26 C. F. Wolf vgl. Werke II 6, 148 ff. 44, 15 Gemeint ist das Napoleon zugeschriebene Manuscript venu de Sainte-Hélène d'une manière inconnue, Londres 1817, welches seiner Zeit grosses Aufsehen erregte (vgl. auch Annalen a.a.O. S. 129).

Mal.

44, 23. 24 vgl. zu 37, 8. 21. 22 hydraulischen über traurige 22 Voigt g aR 45, 1—9 g 7 Bey nach Aber 8 Goethe war von der kais. königl. mährisch-schlesischen Gesellschaft des Ackerbaues, der Natur- und Landeskunde zu Brünn (vgl. 5, 218, 1. 2 und Anm.) zum Ehrenmitglied ernannt worden (vgl. Chronik des Wiener Goethe-Vereins vom 15. Sept. 1891 S. 32). 10 Während g aR für Wegen 26 zum g über zur 46, 7 Goethes Aufsatz „Deutsche Sprache" (Hemp. 29, 245 ff.), geschrieben im Anschluss an Karl Ruckstuhls Aufsatz „Von der Ausbildung der deutschen Sprache in Beziehung auf neue, dafür angestellte Bemühungen" (erschienen in Ludens Nemesis 8. Band 3. Stück) war bestimmt für das 2. Heft Kunst und Alterthum, erschien aber erst im 3., 1818, S. 39 ff. (vgl. Hirzel, Karl Ruckstuhl S. 17 f. und 5, 232, 10). 13. 14 vgl. zu 6, 15. 16. 23 im g aus in 26 vgl. zu 42, 5. 47, 24. 25. „Erste Bekanntschaft mit Schiller" (vgl. Annalen a. a. O. S. 246 ff.), zuerst gedruckt unter dem Titel „Glückliches Ereigniss" im ersten Heft „Zur Morphologie" (1817) S. 90 ff. als Schluss der Abhandlung „Metamorphose der Pflanzen". 48, 2. 3 Den Kantischen Einfluss auf seine Studien legt Goethe dar in den im

2. Heft „Zur Morphologie" (1820) erschienenen Aufsätzen „Einwirkung der neuern Philosophie", „Anschauende Urtheilskraft", „Bedenken und Ergebung" (Werke II 11, 46 ff., vgl. dazu S. 377 ff.).   7 Fr. Siegm. Voigt, Grundlage einer Naturgeschichte, als Geschichte der Entstehung und weitern Ausbildung der Naturkörper. Frankfurt a. M. 1817 (vgl. Annalen a.a.O. S. 126).   19. 20 Löbenstein-Löbel Ed. Leop., Die Anwendung und Wirkung der Weine in lebensgefährlichen Krankheiten und über deren Wirkung, nach eigenen Ansichten und Erfahrungen, Leipzig 1816, erschien 1817 in französischer Übersetzung. Löbenstein-Löbel ist also ein und dieselbe Person.   21. 22 vgl. zu 44, 15.   23. 24 vgl. Goethes Briefe an Chr. G. von Voigt S. 369.   49, 3 Briefe— 6 Stamm=Bücher *g*   7 Ging *g* aus Bin   10—17 von Kräuters Hand.   27 Werke 3, 101.   50, 5 Schütz von Ziebingen vgl. Annalen a.a.O. S. 133.   6 Rahmens *g* aus Rahms   9 Marbles *g* aus Marmes   Mit den Elgin Marbles (vgl. Annalen a.a.O. S. 124) beschäftigte sich Goethe eingehend schon 1816 (vgl. 5, 225, 19. 20 und Anm. dazu). Die Beschäftigung damit im März 1817 (vgl. Brief an Meyer 23. März, Briefe von und an Goethe S. 107) erwähnt das Tagebuch nicht. Von Meyer liess sich Goethe senden die „Denkschrift über Lord Elgins Erwerbungen in Griechenland nach der zweiten englischen Ausgabe bearbeitet. Mit einer Vorrede von C. A. Böttiger und Bemerkungen der Weimarischen Kunstfreunde, Leipzig und Altenburg 1817." Im Anschluss an diese Studien entstand im Juli 1817 der Aufsatz „Verein der deutschen Bildhauer" (Hemp. 18, 381 ff.) der erst nach Goethes Tode gedruckt worden ist.   27 Georges Louis Marie Dumont de Courset, Le Botaniste cultivateur, ou description, culture et usage de la plus grande partie des plantes étrangères, naturalisées et indigènes, cultivées en France et en Angleterre, rangées suivant la méthode de Jussieu, Paris 1798, 1802, 1805, 5 Vol. Mit diesem Werke beschäftigte sich Goethe schon im December 1813 (vgl. 5, 88). 51, 10 darnach in Jena zu studiren macht mir doppelte Freude, da wir vor so viel Jahren durch   12 von *g* über an   13 Jm *g* aus Jn   18 von *g* über in   26 Jm *g* aus Jn   52, 1 Daniel Eremita, eigentlich L'Ermite, Belgischer Latinist, geb. 1584.

Goethe entlieh der Bibliothek am 21. Mai seine „Aulicae vitae ac civilis libri IV", 1701.   8 bem Stahlspiegeln   13 bem *g* aus ben   54, 14 auß nach von   21 ben *g* üdZ

Juni.

55, 18. 19 Begebenheiten des Capitains von der Russisch-Kaiserlichen Marine Golownin, in der Gefangenschaft bei den Japanern in den Jahren 1811, 1812 und 1813 nebst seinen Bemerkungen über das japanische Reich und Volk und einem Anhange des Capitains Rikord. Aus dem Russischen übersetzt von Dr. C. J. Schultz, Leipzig 1817. 56, 27 Heinr. Aug. Otto Reichard, Malerische Reise durch einen grossen Theil der Schweiz, vor und nach der Revolution. Mit 56 Kupfern, Jena 1805.   57, 1 Zur Kenntniss der böhmischen Gebirge, Separatabdruck aus dem ersten Heft Zur Naturwissenschaft.   59, 4. 5 Chr. Wilh. v. Hufeland, Erläuterungen seiner Zusätze zu Stieglitz Schrift über den animalischen Magnetismus. Berlin 1817. 1816 war von demselben erschienen: Auszug und Anzeige von Dr. Stieglitz Schrift über den thierischen Magnetismus.   60, 1 bem *g* über Derwechflung des   1. 2 Bebürfniß *g* aus Bebürfnißes   2 reflectirenden *g* aus reflectirten   25. 26 Archiv für den thierischen Magnetismus von C. A. v. Eschenmayer, D. G. Kieser und F. Nasse; die Zeitschrift begann 1817 zu erscheinen. 26 Elphinstone, Geschichte der Englischen Gesandtschaft an den Höfen zu Kabul, im Jahre 1808. Aus dem Englischen mit Anmerkungen von Fr. Ruhs, Weimar 1817 (vgl. Annalen a.a.O. S. 129).   61, 4 In die Lücke zu ergänzen: Günther (vgl. F. J. Frommann, Das Frommannsche Haus und seine Freunde. 2. Aufl. S. 137).   6 Mentens] Mengbens *g* aus Mengtens   Menken schickte einige Skizzen von den für die deutsche Übersetzung von Giambattista Castis Fabelgedicht „Gli Animali parlanti" bestimmten Radirungen an Goethe mit der Bitte um ein Urtheil. Goethe äusserte sich darüber in Kunst und Alterthum 1. Band 3. Heft S. 70 ff. (Hemp. 28, 560 ff.)   9 Bey ben *g* aus Behm   7. 14. 15 vgl. zu 25, 3. 4.   11—19 *g*   15 Mengben *g* aus Mengeben; diese Schreibung des Namens auch Annalen a.a.O. S. 125; Menten aber ist die richtige.   27. 28 J. Mart. Wagner, Bericht über die

Aginetischen Bildwerke im Besitz S. K. H. des Kronprinzen von Baiern; mit kunstgeschichtlichen Anmerkungen von Schelling, Tübingen 1817. 62, 1 Zu — 85, 14 erpebirt von der Hand Kräuters. 62, 7 Der Stein mit der räthselhaften Inschrift (vgl. 5, 228, 18. 19 und Anmerkung dazu), aus der Kirche in Heilsberg war nach Weimar gebracht worden. Einem (ungedruckten) Schreiben an Director von Schreibers in Wien (9. März 1817) hatte Goethe eine Copie der Inschrift beigelegt, mit der Bitte zur Auflösung dieses Räthsels behülflich zu sein. Fürst Metternich legte die Inschrift dem Orientalisten J. von Hammer vor, der in einem Briefe an Metternich vom 7. April eine Deutung versuchte. Dieser Brief wurde 1818 bei Frommann in Jena gedruckt (8 Seiten gr. Folio) mit einem Nachwort von Goethe (vgl. Hemp. 29, 244 f.). Die Unterhandlungen mit verschiedenen Gelehrten dauerten bis 1819. Alle auf die Inschrift bezüglichen Schriftstücke sind vereinigt in einem Faszikel „Die Inschrift von Heilsberg". 12 Peter Pindar — Schriftstellername des Satirikers Wolcot — Works, London 1816, 4 Vol. (vgl. Annalen a.a.O. S. 128). 27 Trauung Augusts von Goethe mit Ottilie von Pogwisch. 63, 10 Völfel *g* aus Volfel 11 Dosen *g* aus Tosen 14 Nachrichten — 16 überhaupt aR 64, 22. 23 vgl. das Billet an Eichstädt 20. Juni (Briefe an Eichstädt S. 209 f.). 66, 8 zu einem Präparate üdZ 9 Die nach Einen Theil 26 C. F. v. Volney's Reise nach Syrien und Ägypten in den Jahren 1783, 1784 und 1785. Aus dem Französischen übersetzt. 1. u. 2. Theil Jena 1788, 3. Theil 1801. 67, 25 ben] bie (thüringisch). 68, 2 ausgefüllt nach und zwar im 69, 28 Brocchi, Conchiologia fossile Suabapennia, 2 Vol. i. fig. Milano 1814. 70, 2. 3 Boisserée hatte aus dem Mai 1817 erschienenen Werke Hegels „Encyklopädie der philosophischen Wissenschaften im Grundriss" einige Blätter geschickt (vgl. S. Boisserée 2, 175 u. 177), wahrscheinlich die das Licht und die Farbe behandelnden Paragraphen 318 und 320, sowie den Abschnitt, der Hegels Polemik gegen Newtons Lehre von der Bewegung der Himmelskörper enthält (Absolute Mechanik § 270). Vgl. auch Goethes Brief an Hegel vom 8. Juli (Briefe von und an Hegel, herausgegeben von Karl Hegel 2, 7) und S. Boisserée 2, 177 f. u. 187.

10 gefunden aR für empfangen   Henry Pottinger, Reisen durch Belutschistan und Sinde. Aus dem Englischen. Weimar, 1817.   14 Professor Bojani *g* aR

Juli.

73, 2 Die schottischen Balladen hatte ihm Henriette Schubart selbst übersandt; über H. Schubart vgl. B. Augusti, Erinnerungsblätter aus dem Leben einer deutschen Frau, S. 41 u. ö.   74, 15 Peter von Cornelius, Bilder zu Goethes Faust, gestochen in Rom von Ruscheweyh, 3 Lieferungen, Frankfurt a. M. 1817.   18 Über den Expeditionen steht, auch von Kräuters Hand: Zum Dienstag Nachmittag.   75, 10 Madame de Genlis, Abrégé des Mémoires ou journal de M. de Dangeau, extrait du manuscript original, 4 Vol. 1817.   12 Vulpius schreibt, Weimar 9. Juli, an Goethe: „Ew. Excellenz sende ich hierbei von Hoffmanns [Buchhändler in Weimar] erhaltene 3 deutsche Sprachlehren; unter welchen dieselben sich eine wählen können; die Reinbeckische [Deutsche Sprachlehre zum Gebrauch deutscher Schulen, Lübeck 1802] ist besonders immer als gut und brauchbar gerühmt worden".   76, 7. 8 von Minister von Voigt aR   24 J. Friedr. Wilh. Charpentier, Beobachtungen über die Lagerstätte der Erze, hauptsächlich aus den Sächs. Gebirgen. Ein Beytrag zur Geognosie. Leipzig 1799 (vgl. Annalen a.a.O. S. 119).   25 Joh. Philipp Abelin, Historische Chronik oder Beschreibung der Geschichte vom Anfang der Welt bis auf das Jahr 1619; eine Fortsetzung erschien und zwar 1633 der 2. Theil (1629—33), 1635 der erste Theil (1619—1629) unter dem Titel: Theatrum Europaeum (vgl. Allg. Deutsche Biogr. 1, 18 f.).   77, 7 Jn's — 8 gefahren aR   15 Michel Adanson, Histoire naturelle du Sénégal, Paris 1757.   21. 22 Joh. Georg Breidenstein, Praktische Grundzüge der deutschen und französischen Wortfolge und des deutschen und französischen Volks. Giessen 1817.   24 Reise nach His[toire]   78, 9. 10 Geognostische Umrisse von Frankreich, Grossbritannien und einem Theil von Deutschland und Italien von K. v. Raumer und M. v. Engelhard 1816. 79, 6 Über die Unterstützung, die Goethe bei seinen Arbeiten über die entoptischen Farben durch Professor Roux erfuhr vgl. Annalen a.a.O. S. 123.   12 Karl Wilh. F. Solger, Philosophische Gespräche 1. Samml. Berlin 1817.   19 Cuviers nach Juli   21. 22 Malcolmi üdZ   80, 10. 11 „Verein der deutschen Bildhauer" (Hemp. 28, 381 ff.; vgl. auch zu 50, 9). 81, 17 mit nach Zurück   18 Abend nach 9 Uhr   21 J. B. Biot, Traité de Physique expérimental et Mathématique, 4 Vol. Paris 1816.   82, 9 Die vier englischen Schriftsteller sind: Bancroft, Sowerby, Reade und Brewster (vgl. Annalen a.a.O. S. 121).   83, 8 I. Newton, Philosophiae naturalis principia mathematica. London 1687.   18 Megha-Duta. vgl. zu 23, 27   23 von nach und   24 Joh. Bapt. von Spix, Cephalogenesis, sive capitis ossei structura, formatio ac significatio per omnes animalium classes, genera ac aetates digesta, atque tabulis illustrata, legesque simul psychologiae, cranioscopiae ac physiognomiae inde derivatae. München 1815. Das Buch war Goethe von Perthes zugesandt worden (vgl. auch Goethe an Meyer 7. Juni, Preller, Ein fürstliches Leben S. 119). 84, 23 Joh. Heinrich Menken überschickte mit Brief vom 15. Juli einige Blätter seines Sohnes: „Drei kleine Zeichnungen zu Reinecke Fuchs nach meiner Invention und eine Zeichnung mit Kosacken von ihm selbst."   85, 14 Um — 15 weg g   Von 15 Entoptische an wieder von Färbers Hand.

August.

87, 3. 4 Der Brief Hegels (20. Juli) abgedruckt im Goethe-Jahrb. 12, 166 ff.   6 Morphologisches nach Mittag für mich   23 nach Lieutenant freier Raum; der Lieutenant war Marcel Püttmann, Schultzens Schwager (vgl. Briefwechsel zwischen Goethe und Staatsrath Schultz, herausgegeben von Düntzer, S. 65).   89, 9 *Alstroemeria* nach Latemf   91, 10—132, 6 besorgt von Kräuters Hand.   91, 16 Über Alhazen vgl. Werke II 3, 165.   92, 14—15 Concepte zusammengezogen aus Expedition an Schulin nach Frankfurt nach dem Concepte und An Dr. Schulin nach Frankfurt a. M.   20 Joh. Fr. John, Handwörterbuch der allgemeinen Chemie. In alphabetischer Ordnung, 4 Bände, Leipzig 1817—19; der Verfasser hatte das Werk an Goethe geschickt.   94, 2 lies Raumer,   95, 13—14 Ems zusammengezogen aus Brief an die Hoheit nach Ems und Brief an die Fr. Erbgroßherzogin Kaiserl. Hoheit in Ems aR   96, 3. 4

Heim, Geologischer Versuch über die Bildung der Thäler durch Ströme, Weimar 1791. 16 schriftstellerischen nach Kunst 97, 2. 3 Über Jagemanns Kreidezeichnung und Müllers Stich vgl. Zarncke, Kurzgefasstes Verzeichniss der Originalaufnahmen von Goethes Bildniss S. 39. 14 zusammengezogen aus Brief an Major von Knebel und Brief an Knebel aR 18. 19 vgl. Boisserées Brief an Goethe 17. August 1817 (S. Boisserée 2, 187). 98, 20—22 Johanna Schopenhauer, Reise durch das südliche Frankreich, Rudolstadt 1817. 99, 3. 4 Über das Phänomen des Jagemannischen Ateliers vgl. Goethes Brief an Schultz vom 7. September (Briefwechsel zwischen Goethe und Schultz S. 157) und den Abschnitt „Wichtige Bemerkung eines Malers" in der Abhandlung über die entoptischen Farben (Hemp. 36, 498 ff.). 9. 10 Angekommen nach Wieder 10 daselbst üdZ 13 Herr üdZ 14 Nachmittags 2 Uhr aR 26 Güte — 27 Heftes aR 100, 4 Das Schema zum Aufsatz über Paulinzelle — über Goethes Aufenthalt daselbst vgl. Annalen a.a.O. S. 130 f. — hat sich — in Kräuters Niederschrift — erhalten; es lautet:

Paulinzelle
den 28. August 1817.

Frühere Versäumniß.
Veranlassung.
Gewohnheit diesen Tag im Freien und in der Einsamkeit zuzubringen.
Geschäftsreise meines Sohns nach Ilmenau.
Verabredung.
Abfahrt den 27. früh.
Chaussee nach Berka.
Lobenswerthe Anlage.
Badeort.
Lustort.
Chaussee nach Tannroda.
Erinnerung bey derselben.
Durch Tannroda.
Ermahnung an den künftigen Besitzer.
Weniges bis zu Ende des Territoriums.
Crannichfelder Flur.

Unerträglich-gefährliche und ängstliche Flecke.
Ein feindlicher Ingenieur mit 100 Mann setzte sie in wenigen
    Tagen für ewige Zeiten in Stand.
Warum der Fürst in Friedenszeiten nicht auch einmal rasch zum
    5   Besten der Unterthanen verfährt.
Landräthliche Betrachtungen.
Frage wie man dazu komme.
Übergang von ästhetischer Beschaulichkeit der Gegend zur geologischen.
Unmittelbar sich anschließende ökonomische Betrachtungen.
10 Rationelles der örtlichen Zufälligkeiten.
Dreimal durch die Ilm.
Vorauszusehen die Nothwendigkeit.
Befriedigung dabey.
Einsicht daß dies nicht zu ändern.
15 Unterschied einer solchen Beruhigung gegen rechtmäßige Forderung
    des zu leisten möglichen.
Stadt Ilm.
Benutzung des Aufenthalts.
Zu wissenschaftlichem Nachdenken.
20 Was am meisten interessirt tritt in der Einsamkeit hervor.
Farbenlehre durchgedacht.
Den 28. früh kamen H. Ob. Frstmstr. von Fritsch und mein Sohn.
Fahrt nach Paulinzelle.
Überraschende Lage.
25 Angenehmer ruhiger Eindruck der Überreste des Kirchengebäudes.
Eigentlich keine Ruine.
Niemals zerstört noch zusammen gestürzt.
Das Fehlende ward abgebrochen zu neuerm Gebrauch.
Völlige Reinigung der Area, kurzer Rasen daselbst.
30 Bezug auf den Grundriß.
Aufriß.
Zeit der Erbauung: Anfang des 12. Jahrhunderts.
Höhe zur Breite.
Runde Bogen.
35 Große Kapitäle und dünne Säulen.
Reinlichste Steinarbeit.
Schöne ruhige Conception.
Angenehmer Eindruck daß noch alles auf sich selbst ruht.
Balkendecke.

Lage des Ganzen zur Gegend.
Wild scheinend, auch nicht so einsam als man denken möchte.
Sanftes Thal nach Morgen zu gegen die Saale laufend.
Zusammenfließende Bäche, hinreichend eine Mühle zu treiben.
Bezug aufs Ilmthal. 5
Oberwärts Königsee 2c.
Unterwärts Stadtilm.
Einsen [so!] aus dieser Gegend.
Überraschung eines festlichen Frühstücks.
Betrachtungen über die Ansichten des Gebäudes. 10
Lage der Kirche gegen Morgen.
Mahlerische Ansichten der verschiedenen Tageszeiten.
Die günstigste bey hoher Mittagssonne.
Kleiner Garten.
Amtmann. 15
Einsiedeley.
Erneuertes Wohlleben der Mönche.
    Weimar b. 30. Aug. 1817.

5 Leonhard hatte die von ihm in Gemeinschaft mit J. K. Kopp und K. L. Gärtner verfasste „Propädeutik der Mineralien", 1817 überschickt.   9 Mittag für uns aR   13 Über die Luftfahrten der Bürger Garnerio und Robertson vom Herausgeber. Annalen der Physik, herausg. von L. W. Gilbert, Bd. 16 (1804) 1. Stück S. 1 ff.   14 angestellten üdZ

September.

101, 16 Der Pfingstmontag. Lustspiel in Strassburger Mundart, fünf Aufzügen und Versen. Strassburg 1816. Der Verfasser war Professor Arnold in Strassburg. Goethes ästhetische Betrachtung darüber erschien in Kunst und Alterthum 1820 2. Band, 2. Heft S. 122 ff. (Hemp. 29, 468 ff.; vgl. auch Annalen a.a.O. S. 129).   26 „Vorschlag zur Güte" Werke II 11, 65 ff.   102, 25 Ter—26 Musik aR   26 Sämmtliche—103, 1 munbirt aR   22 Robillard-Perouville et Laurent, Le Musée français. Recueil complet des Tableaux, Statues et Bas-Reliefs qui composent la collection nationale. Avec l'explication des sujets et des discours historiques sur la peinture, la sculpture et la gravure par S. C. Croze-Magnan,

Visconti et Eméric David. Paris 1803—1809, 5 Vol. 104,6.7 vgl. Goethes Briefe an Schultz vom 3. u. 7. September (Briefwechsel zwischen Goethe und Staatsrath Schultz S. 156) und Annalen a.a.O. S. 123 f. 105, 25. 26 vgl. zu 47, 24. 25. 107, 15 Halb—16 Bau·Expeditionen aR 108, 4 Yoricks Reise aR 8 neuste üdZ 23. 24 zusammengezogen aus Brief und Brief an Herrn Carl Kalisky zu Magdeburg aR 109, 5 „Bildungstrieb" Werke II 7, 71 ff. 22 Brief—23 München zusammengezogen aus Brief und Brief an Fräulein Luise Seibler in München aR 26 Rath — 28 Zelter aR 110, 42 Cattaneo] Catalani, dieses wohl falsch. Zu Cattaneo, dem Director des Münzkabinets in Mailand, war Carl August, der vom Juni bis September am Rhein, in der Schweiz und in Oberitalien gewesen war, in nähere Beziehung getreten. 13 Eine Niederschrift Goethes „Wirkung der Electricität auf die Pflanzen" befindet sich in einem Jenaischen Actenfaszikel „Acta die von Ihro Kgl. Hoheit unmittelbar befohlenen Beziehungen nach aussen ingl. innere kleine betr. 1815—20". 111, 8 Antonio Labacco, L'Architettura, Roma 1552. 9 auf nach und Coudray Ausstellung nach Baustätt 112, 5 Rath fehlt 10 zu aus zum 12 Brief—13 (laut Concept) zusammengezogen aus Brief an Rittner und Brief an Rittner in Dresden (laut Concept) aR 13 Paquet—15 besorgt zusammengezogen aus Paquet an Staatsrath Schulz vollends besorgt und Paquet an Schulz nach Berlin mit dem Apparat zu den entoptischen Farben aR 23. 24 Die Medaille zum Reformations-Jubiläum (vgl. Goethe an Voigt 8. Juli, Goethes Briefe an Chr. G. v. Voigt S. 375 f.) 113, 12 mit nach zu 16 Creuzer hatte geschickt: Frau Wyttenbach, geb. Gallien, Théagène, Paris 1815 und Banquet de Leontis, Paris 1817; die zwischen ihm und Gottfr. Hermann gewechselten Briefe „Über Homer und Hesiodus vorzüglich über die Theogenie", Heidelberg 1817; ferner eine Recension von Creuzer und eine die Heidelberger Universität betreffende Schrift (vgl. Fr. Creuzer, Aus dem Leben eines alten Professors S. 113 f.). 17 G. Hermann, Dissertatio de mythologia Graecorum antiquissima. Leipzig 1817 (vgl. Annalen a.a.O. S. 129). 114, 10 De Candolle, Catalogus plantarum horti botanici Monspeliensis. Monspeliensis 1813. 13 beschaut über bedacht 115, 1 Popp lies Poppe. Die Frankfurter Gesellschaft zur Beförderung nützlicher Künste etc., deren Secretär Poppe war, hatte Goethe zum Ehrenmitglied ernannt. 10 — 14 vgl. Goethes Brief an Voigt 3. Oct., a.a.O. S. 378.

October.

116, 5. 6 James Dallaway, On statuary an Sculpture among the ancients, with some account of Specimens preserved in England. London 1816. 9 The united Antiquities of Attica; comprising the architectural remains of Eleusis, Rhamnus, Sunium and Thoricus. By the Society of Dilettanti. London 1817. 10 Brief—11 Heidelberg zweimal notirt, einmal im fortlaufenden Text, dann aR 118, 4. 5 Über das Schweizerische Panorama, das der Grossherzog aus der Schweiz mitgebracht hatte, vgl. Goethe an Knebel 9. October 1817 (Briefwechsel 2, 237). 119, 3. 4. G. Zoëga, Abhandlungen, herausgegeben mit Zusätzen von F. G. Welcker, Göttingen 1817. 7 Lady Caroline Lamb, Glenarvon, erschien anonym London 1816; der Roman, gegen Byron gerichtet, ist ein Racheact der von Byron einst Geliebten, dann Verlassenen (vgl. auch Annalen a.a.O. S. 128). 13 „Urworte. Orphisch" (Werke 3, 95 f.; vgl. auch Annalen a.a.O. S. 126). 16 Die fünf Stanzen „Urworte". 22 Sartorius Abreise üdZ 120, 5 Großes nach Sartor 12 Über die Reise nach Rudolstadt vgl. Annalen a.a.O. S. 124. 121, 2 Entianarten aus Gentianarten. 2. 3 Byrons Manfred hatte Goethe von einem Amerikaner zum Geschenk erhalten (vgl. Brief an Knebel vom 13. October, Briefwechsel mit Knebel 2, 238 f.). 20 Färber—22 mitgegeben aR 122, 2. 3 vgl. Burkhardt, Unterhaltungen mit Kanzler v. Müller S. 17. Madame Vohs war 1793—1804 Schauspielerin in Weimar gewesen. 15 Chr. Karl Barth, Deutschlands Urgeschichte, Hof 1817—1820 (vgl. Annalen a.a.O. S. 129). 19. 20 vgl. zu 61, 27. 28. 123, 18. 19 in Belvedere aR für zu drey 26. 27 Hofbildhauer Kaufmann aR 28 Mr. nach zu 124, 2—4 Über V. Cousins Besuch vgl. dessen Bericht in Fragments et souvenirs par V. Cousin, 3me édition, Paris 1857 S. 152 ff. (auch bei Biedermann, Goethes Gespräche 3, 288 ff.). 16 das aus die 17 Die kalte Küche hiess ein Theil des unteren Parks. 25 Das Wartburgfest, das am 18. in Eisenach stattgefunden hatte (vgl. Annalen a.a.O. S. 131 und D. G. Kieser, Das Wartburgfest am 18. October 1817. In seiner Entstehung, Ausführung und Folgen. Jena 1818). 125,4 2000 aus 4000 10 „Urtheilsworte französischer Kritiker" zog Goethe aus der Correspondenz des Baron von Grimm aus (vgl. Annalen a.a.O. S. 126); gedruckt in Kunst und Alterthum 1. Band 3. Heft (1817) S. 56 ff. mit einem Nachtrag 2. Band, 2. Heft (1820) S. 117 ff. (Hemp. 29, 736 ff.) 17 Brocchi's — 18 Blöde aR Brocchi, Mineralogische Abhandlung über das Thal von Fassa in Tirol, mit Zusätzen. Aus dem Italien. übers. von K. A. Blöde. Dresden 1817 (vgl. Annalen a.a.O. S. 119). 19 „Klaggesang. Irisch" (Werke 3, 211 f.; vgl. Annalen a.a.O. S. 126). 23 Kritiker g^1 über Fabeln 126, 1. 2. J. Mawe, Abhandlung über die Diamanten uud andere Edelsteine. Aus d. Engl. von C. G. Kühn. Leipzig 1816 (vgl. Annalen a.a.O. S. 120). 18 Thomas Stamford Raffles, The history of Java, London 1817, 2 Vol. (vgl. Annalen a.a.O. S. 129). 25 „Naivität und Humor" ist eine Reihe von Aphorismen über bildende Kunst überschrieben (Kunst und Alterthum 1. Band, 3. Heft, 1817, S. 66 ff.; vgl. auch Hemp. 19, 149 ff.). 129, 9. 10 Über die Ordnung der Jenaischen Bibliothek vgl. Annalen a.a.O. S. 116 ff. und Vogel, Goethe in amtlichen Verhältnissen S. 68 ff. 15 Über das Reformationsjubiläum vgl. Annalen a.a.O. S. 131 f., Goethe an Zelter 16. December (Briefwechsel 2, 415 f.); über Goethes Plan einer Cantate zu diesem Jubiläum vgl. Werke 16, 570 ff., vgl. auch Goethes Gedicht „Dem 31. October 1817" (Werke 3, 140). 26 bis nach zu

November.

130, 1 Jacobskirche, die Hofkirche anf dem Jacobsplan. 8 Über die Regenbogenschüsselchen genannten Goldmünzen vgl. Goethes Aufsatz „Münzkunde der deutschen Mittelzeit. Auf Anfrage." (Kunst und Alterthum 1. Band, 3. Heft, 1818, S. 92 ff. und Hemp. 28, 452 f.; vgl. auch Annalen a.a.O. S. 126). 9 „Schinkels große bewunderungswürdige Federzeichnungen" (Annalen a.a.O. S. 125). 131, 16 Unter den eingegangenen Briefen befindet sich ein Brief von Ludw. Ferd. Schnorr von Carolsfeld (Wien 18. September) an Heinrich Meyer mit der Bitte, über ein von Rahl gestochenes Porträt Goethes, das dieser zum Geschenk für Frankfurt a. M. bestimmt hatte, sein Urtheil abzugeben. 132,6 Gegen — 135,20 von Färbers Hand. 25 Voigt *g* aus Bobe 133,1 Löbenstein-Löbel, Grundriss der Semiologie des Auges für Ärzte. Jena 1817. 134,5 Dr. Roux gab die Anregung zur Errichtung einer Zeichenschule in Jena; bei derselben wurde er als Lehrer angestellt. Die darauf bezüglichen Verhandlungen befinden sich in den Ministerialacten (Fasc. Grossherzogl. S. Ober-Aufsicht für Wissenschaft und Kunst. Die Anstellung eines Lehrers der Zeichenkunst in Jena betreffend 1817—19). 3 Stöchometrie in freigelassenem Raum. 5 Konopack *g* aus Konoback 25 Die Vorzeit, ein Journal für Geschichte, Dichtung, Kunst und Literatur des Mittelalters, herausgegeben von Chr. A. Vulpius, Erfurt 1817. Von diesem Journal erschienen nur 4 Bände (bis 1821). Was Goethe im 1. Stück des 2. Bandes interessirte, wird wohl eine Biographie von Sankt Rochus gewesen sein mit Nachbildung eines auf der Grossherzogl. Bibliothek in Weimar befindlichen Rochus-Bildes. 135,21 — 137,28 von Kräuters Hand. 27 Lieber — 28 Zeichnungen aR 136,6 und 11 Bossi *g*¹ aus Brossi 6 Die Durchzeichnungen aller vorhandenen Copien von Leonardo's Abendmahl, um darnach das stark verdorbene Original wieder herzustellen. Diese Durchzeichnungen hatte Carl August in Mailand erworben. Über sein Verfahren hatte Guiseppe Bossi Aufschluss gegeben in seinem Werk Del cenacolo di Leonardo da Vinci, Milano 1810 (vgl. Goethes Aufsatz darüber in Kunst und Alterthum 1. Band 3. Heft, 1818, S. 113 ff., Hemp. 28, 502 ff. und Annalen a.a.O. S. 125). In einem Fascikel „Das Abendmahl zu Mayland November 1817" befinden sich zwei Entwürfe zu Goethes Aufsatz, Briefe von Cattaneo an Carl August (Originale und Auszüge), und unter anderm auch die von Goethe durchcorrigirte französische Übersetzung des Aufsatzes von Lavés (vgl. 133, 17. 18). 11 Hofbildhauer Kaufmann aR 137,3 St. Schütze, Versuch einer Theorie des Komischen. Dresden 1818. 9 Jenaischen Bibliotheks aR für Museums 12 vgl. Denkwürdigkeiten und vermischte Schriften von K. A. Varnhagen von Ense 1. Band, Mannheim 1837 S. 427 ff. (auch Biedermann, Goethes Gespräche 3, 291 ff.).

138, 1 — 153, 27 von Färbers Hand.   139, 11 Chlorine *g* in freigelassenem Raum.   18 „Aufsatz von Mawe" vgl. zu 126, 1. 2. 140, 10 von Bobey *g* über bey Moway   11 Byrons *g* aus Beyrons (ebenso 22)   12. 13 J. Clarks, Anmerkungen zu dem Hufbeschlage der Pferde und zu den Krankheiten an den Füssen der Pferde. Aus dem Englischen. Leipzig 1777.
  demselben *g* aus denselben   27 feinem *g* aus seinen   28 eine — seine *g* aus Unterhaltung seiner   141, 5 zu *g*³ aus zur   5. 6 Kunst und Alterthum *g*³ unterstrichen   13. 14 Friedr. Ludw. Bührlen, Erzählungen und Miscellen 1. Bändchen, Tübingen 1817, war Goethe vom Verfasser überschickt worden.   14. 15 Friedr. v. Raumer, Die Herbstreise nach Venedig, 2 Theile, Berlin 1816.   22 Bouqoy *g*³ in freigelassenem Raum. Gemeint ist wahrscheinlich die 1817 erschienene Schrift: „Erläuterung einiger eigener Ansichten aus der Theorie der Volkswirthschaft, nebst tabellarischer Übersicht des Zusammenhangs der wesentlichen Gewerbe untereinander" (vgl. auch Annalen a.a.O. S. 127).   26 dem *g*³ aus der   28 Mawe's *g*³ unterstrichen   J. Mawe Reisen in das Innere von Brasilien, vorzüglich nach dem dortigen Gold- und Diamantdistricten, nebst einer Reise nach dem La-Plata-Flusse und einer historischen Auseinandersetzung der letzten Revolution in Buenos-Ayres. Nach dem Englischen, mit Anmerkungen begleitet, deutsch herausg. von E. A. W. Zimmermann. 1816.   142, 3 Gedicht — 7 Frommann *g*   3 „Meinem Freunde von Knebel zum 30. November 1817" (Werke 4, 44). 3. 4 Brief — Abendpost zusammengezogen aus Brief an StM v. Voigt und v. Voigt mit der Abendpost aR   8 Herr nach Auch   11 Byrons *g*³ aus Beyrent

December.

142, 19 einen Theil der *g*³ aR für die Acad. *g*³ üdZ 26 Brocchis *g*³ aus Broccis   143, 8 „Prachtwerk indischer Jagden, besorgt von Howett" (Annalen a.a.O. S. 129).   144, 3. 4 Leonardo da Vinci's Aufsatz über die Ursache der blauen Farbenerscheinung an fernen Bergen und Gegenständen (vgl. Annalen a.a.O. S. 123) findet sich im Trattato della Pittura di Lionardo da Vinci, der nach einer Vaticanischen Handschrift 1817 in Rom neu erschien (vgl. Kunst und

Alterthum I, 3, 188 und Hemp. 28, 530). 13 **bemfelben** g^3 **aus bemfelben** 14 **baš** g^3 **aus baß** 15 **beŋ ben** g^3 **aus beŋm** 145, 15 **St. M.** — 18 g aR 146, 1 ff. Über die meteorologische Höhentafel vgl. Annalen a.a.O. S. 127. 147, 12 **Döbereiner nach Güld bem** g^3 **aus ben** 148, 24 **allem** g^3 **aus allen** 28 **bem** g^3 **aus ben** 149, 16. 17 Traug. Wilh. Krug, Etwas das Adam Müller gesagt hat über Etwas das Goethe gesagt hat, und noch Etwas das Luther gesagt hat. Zur Nachfeier des Reformazions-Jubiläums. Leipzig 1817. 150, 5 Gi. Paolo Lomazzo, Trattato dell' Arte della Pittura, Scottura et Architettura. In Milano 1585; von demselben, Idea del Tempio della Pittura, Bologna s. a. 6 Maler Müllers Aufsatz in den Heidelberger Jahrbüchern. December 1816 (vgl. Kunst und Alterthum I, 3, 187; Hemp. 28, 530). 7 **ben** g^3 üdZ 8 **Lucibi**: die von Bossi gemachten Durchzeichnungen des Abendmahls von Leonardo da Vinci (vgl. zu 136, 6 und Goethe an Carl August 14. December, Briefwechsel zwischen Goethe und Carl August 2, 115). 12 **befeŋen** g^3 **aus gefeŋen** 21 **vom** g^1 **aus von** 22 **bem** g^3 **aus ben** 151, 21 **Frü̈h nach Briefe bem** g^3 **aus ben** 22 Kurt Sprengel, Geschichte der Botanik. Neu bearbeitet 1. 2. Th. Altenburg und Leipzig 1817. 152, 1 **ba Vinci's** nach an (g^3 gestrichen) 7 Thomas Stamford Raffles, History of Java, London 1817 (vgl. Annalen a.a.O. S. 129). 153, 2 **Prof.** — 4 **Weltgegenben** aR

1818.

Die Einzeichnungen dieses Jahres schliessen sich denen des vorigen Jahres unmittelbar an; auf demselben Blatte, wo 1817 schliesst, beginnt 1818. Schreiber dieses Jahrganges sind zumeist Färber in Jena und Kräuter in Weimar.

Zu dem Jahre 1818 gehört ein Zettel, auf dem Goethe eigenhändig mehrere Ereignisse aus verschiedenen Zeiten dieses Jahres zusammengestellt hat:

Traifinenlauf [vgl. 164, 18] **Bauchr. Alexander** [vgl. 223, 13 und 226, 3. 4]
Kaleidoſcop

Nachrichten von München

Geburt des Enckels b. 9 Apr.   Taufe 21. Röhr
Geb. des j. Prinzen 24 Juny   Taufe 5. Juli
Frſtl. Kind in Jena.

Catholische Capelle
Vereinigung der Luth. und Ref. [vgl. 230, 26—27]

Jagem. mein Portrait. [vgl. 230, 25]

Januar.

154, 1 — 155, 5 von Färbers Hand.   155, 5—13 *g*   17. 18
Gerhardt von Reutern, der später als Maler sich einen
Namen machte; die Basreliefs des Grafen Tolstoi, Scenen
aus der jüngst verflossenen Geschichte Russlands — nicht
aus der Odyssee, wie in Reuterns Biographie steht — darstellend, hatte er auf dessen Wunsch Goethe zu überbringen
(vgl. Gerhardt von Reutern. Ein Lebensbild, dargestellt
von seinen Kindern und als Manuscript gedruckt zur hundert-
jährigen Gedächtnissfeier seines Geburtstages. St. Petersburg 1894 S. 33 und Annalen a.a.O. S. 147, sowie die Beschreibung eines Basreliefs in Kunst und Alterthum 2. Band
1. Heft, 1814 S. 177 ff.; über die Verfasserschaft dieses Aufsatzes vgl. P. Weizsäcker Kleine Schriften von Heinrich
Meyer S. CXXXIV).   22 Zelter, K. F. C. Fasch, königl. preuss.
Kammermusikus. Berlin 1801.   28 Zeitschwingen oder Weimarisches Unterhaltungsblatt erschien 1817 und 1818 in Jena.
156, 1 Über Ferdinand Johannes Witt gen. von Dörring, der
als Jenaischer Student am Wartburgfest theilgenommen
hatte (vgl. über ihn Goedeke Grundriss ¹ 3, 264 f.), und
seinen Besuch bei Goethe vgl. Döring, Schiller und Goethe.
Reliquien, Charakterzüge und Anecdoten. S. 150 f. (auch
Biedermann, Goethes Gespräche 3, 296).   5 dem g^s aus den
16 dem g^s aus den   157, 4 vom g^s aus von   12 Über den
Student Rödiger, der sich beim Wartburgfest als Redner
hervorgethan hatte, vgl. F. J. Frommann, Das Frommannsche
Haus und seine Freunde, 2. Aufl. S. 145 f.   14. 15 Aus
Behrischens Nachlass, der 1809 gestorben war, kam in

Goethes Besitz ein Heft, in welchem Goethes Briefe an Behrisch, die Oden an ihn und die Gedichte: Der wahre Genuss, Der Schmetterling, Die Nacht, An Venus zusammenlagen. 158,1 Goethes Gedicht vgl. zu 142,3; vgl. auch Zelter an Goethe 9. Januar (Briefwechsel 2, 427). 10 „Die (angeblichen) Bulletins des Herrn von Kotzebue. Ein Beitrag zur Kenntniss der Zeit" erschienen im 11. Bande der Nemesis, 1. Stück S. 140 ff. Die Bogen befinden sich in Goethes Nachlass mit einem vorn aufgeklebten Blatte mit der Aufschrift g: Luben contra Kotzebue. 16 A. G. von Werners Letztes Mineralsystem. Aus dem Nachlass herausgegeben von J. K. Freiesleben, mit Erläuterungen von Breithaupt und Custos Köhler. Freiberg 1818 (vgl. Annalen a.a.O. S.139). 17. 18 aR g^2 unterstrichen, ebenso die anderen gesperrt gedruckten Bemerkungen bis S. 163. 159,4.5 vgl. zu 113,17 und den Brief Goethes an Boisserée vom 16. Januar, S. Boisserée 2, 208; Annalen a.a.O. S. 129). 17 Veterinärschriften] schriften über geschäften 27 Gigas aR 160,9 Den bei 158,10 genannten Bogen liegen auch die beiden Nummern des von L. Wieland redigirten Volksfreundes bei; Nr. 13 enthält einen Abdruck der angeführten Bulletins, Nr. 14 den „Auszug der Ludenschen Nachschrift zu dem angeblichen Bulletin des Hrn. von Kotzebue; nebst einem Vor- und Nachworte des Herausgebers". Ferner liegt bei eine Abschrift der auf die Angelegenheit sich beziehenden Tagebucheintragungen bis zum 22. incl. Unterm 21. heisst es: Erschien ein Anschlag am Schwarzenbret auf leuchtendgelbes Papier:

In der Cröferschen Buchhandlung ist zu haben, Wielands Volksfreund 13. u. 14. Stück Kotzebues Bulletin enthaltend, Preis 4 gr.

Jedermann verschaffte sich selbiges wie sie zum Wahrzeichen hiebey liegen. Und unterm 22: Setzte Otten seine Isis fort, und versprach die verbotenen Nummern nachzuliefern. Darunter: Abgesandt *eodem* und g: *in fidem* G 161,4.5 In Goethes Nachlass hat sich ein Blatt erhalten, mit folgender Aufzeichnung von Färbers Hand:

„Allgemeine Schaubühne der Welt. 1615.

In Holland ging es mit Verbietung der allzu gemeinen Pasquillischen Bücher und Schmähkarten, wie in Deutsch-

land mit der Münz, dass es immer verboten und doch immer fortgetrieben wurde. Ist also das unnütze Bücherschreiben eins von denen Dingen, die jedermann tadelt und jedermann gern hat, kauft und lieset, sonst würde es des Druckens nicht verlohnen."
Darunter *g*:
Renovatum Jena 1818 G (vgl. Goethes Briefe an Chr. G. v. Voigt S. 392.)   5 Fr. Kohlrausch, Deutsche Geschichte. Elberfeld 1816.   17. 18 Schloß — Isis *g* aus Setzte Osen seine Isis fort   162, 28 Les métamorphoses d'Ovide en rondeaux imprimées et enrichies de figures, par ordre de Sa Majesté et dediées à monseigneur le Dauphin, par M. de Benserade. Paris 1676.   163, 21 Dr. Boehr und *g* in einer freigelassenen Zeile.   164, 7 Jussieu geordnet *g*² aR für Divier   9 Christ. Wilh. v. Dohm, Denkwürdigkeiten meiner Zeit von 1778—1806. Der dritte Theil erschien 1817.   14 Professor — 16 übergeben aR   18 Damals kamen die Draisinen auf (erfunden 1817); Goethe an seinen Sohn 3. Februar 1818: Es ist mir sehr viel daran gelegen nicht retarbirt zu werden, denn das Leben lauft doch schneller unter uns weg als das neuerfundene Räderwerk unter dem Hintern der Studenten (ungedruckt).   165, 13. 19 Bey Boses *g* üdZ   21 Bey — Weimar *g*

Februar.

165, 22 abgesendet — 23 Botanicus aR   168, 9 Scheibe *g* über Gläser   169, 7 J. Ph. Gabler, Academische Gedächtnissrede zur Säcularfeier der Reformation in Jena gehalten. Aus dem Lateinischen mit einer Abhandlung von F. A. Klein. Jena 1818.   170, 4. 5 Johanna Schopenhauer, Ausflucht an den Rhein und dessen nächste Umgebungen, im Sommer des ersten friedlichen Jahres. Leipzig 1818.   6. 7 Der Kunsthändler Artaria in Mannheim hatte auf Goethes Bestellung eine Sammlung altitalienischer Kupferstiche, besonders aus der Schule Marc Antons geschickt (vgl. auch Annalen a.a.O. S. 146).   8 im nach und   11 Aufmunterung nach auch   17 Paquet — 20 Catalogs aR   20 Helmina v. Chézy hatte Goethe geschickt: Emmas Prüfungen. Eine Geschichte. Heidelberg 1817.   25 Unter dem Basrelief ist hier wohl die reliefartige Zeichnung des Phigalischen Frieses gemeint, die Luise Seidler nach den Abgüssen in München in Originalgrösse gemacht und an Goethe geschickt hatte; dieser nennt die Zeichnung Basrelief (vgl. Erinnerungen und Leben der Malerin Louise Seidler, 2. Aufl. S. 152; vgl. auch Annalen a.a.O. S. 145).   171, 1 Briefe nach früh   5 bey Knebel über für mich   7 Abends nach]Zu K   24 Um Mitternacht g vgl. Werke 3, 47 und Annalen a.a.O. S. 137.   172, 18 „Der Abwesende dem Maskenfest zum 16. Februar 1818" vgl. Werke 4, 59.   20 Bote — 21 Müller aR   173, 7 Lichterzebbel aus Quittungszebbel   17. 18 morgenbliche aus morgenbe 18. 19 C. G. Carus, Lehrbuch der Zootomie, mit 20 von ihm selbst radirten Kupfertafeln, Leipzig 1818.   25 kamen an. g 26. 27 vgl. zu 144, 3. 4.   174, 13]— 182, 20 Abreise von Kräuters Hand.   175, 23 Mittag nach Nach   176, 1. 2 A. Bartsch, Le Peintre graveur, Vol. 21, Vienne 1802—21 (vgl. auch Annalen a.a.O. S. 146); Band 14 und 15 hat Goethe am 25. Februar der Bibliothek entliehen.   21. 22 James Riley, Schicksale und Reisen im Innern von Afrika in den Jahren 1815 und 1816. Aus dem Englischen. Jena 1818.]   177, 1—3 vgl. Unterhaltungen mit dem Kanzler von Müller, S. 18 (auch Biedermann Goethes Gespräche 3, 299).   Vor 5 aR Expedition nach Jena: 12 Jn nach Die beyden

März.

177, 23. 24 Wilh. Ludw. v. Eschwege, Journal von Brasilien. 2 Hefte, Weimar 1818. 1819.   178, 8 An nach Paquets: An Schadow Sendung der 12 rh., An Staatsr. Schad Bücher zurück, nach Berlin. Briefe: An Artaria nach Mannheim.   9 an nach letztern   22. 23 acquirirten üdZ   27. 28 „Selbstvertheidigung des Hofraths Fries über die ihm öffentlich gemachten Beschuldigungen wegen der in und bei Eisenach begangenen Feier des 18. Octobers 1817 mit kleinen Bemerkungen von einem seiner grossen Verehrer. Im Jahre des Heils 1818, auf dem Turnplatze geschrieben" (vgl. darüber sowie über Fries' Betheiligung am Wartburgfest E. L. Th. Henke, Jakob Friedrich Fries S. 173 ff. und Unterhaltungen mit Kanzler v. Müller S. 18, auch Biedermann, Goethes Gespräche 3, 300).   180, 2 Oels üdZ   27. 28 J. Cushing, Der exotische Gärtner oder die Art und Weise wie die Engländer die Pflanzen in den Gewächshäusern behandeln und vermehren. A. d. Engl. mit Anmerk. und einem Anhang vermehrt von G. F. Seidel. Dresden 1817. 181, 2. 3 Der im November 1812 geschriebene Aufsatz „Myrons Kuh" (vgl. Tagebücher 4, 344, 24. 25) wurde erst jetzt gedruckt im 1. Heft des 2. Bandes von Kunst und Alterthum S. 9 ff. Daran schliesst sich „Philostrats Gemälde". 182, 20 Unterwegs — 195, 15. 16 Anschläge von Färbers Hand. 183, 15. 16 Jean François Georgel, Mémoires pour servir à l'histoire des évènements de la fin du dix-huitième siècle, depuis 1760 jusqu'à 1810, par un contemporain impartial. Avec la gravure du fameux collier. Paris 1817. 17. 18 vgl. zu 136, 6 und Brief an Zelter 19. März (Briefwechsel 2, 456). 184, 8 Brief fehlt. 185, 1 Hadr. Reland, Von der Türkischen Religion. A. d. Franz. Hannover 1717. 10 das zweite bem g über das 186, 2 Durchsicht nach Die Arbeit 12 sich auf die g über über, die nach über ist bei dieser Correctur übersehen worden. 25 Jacksons Blätter vgl. Annalen a.a.O. S. 146. 187, 13. 14 Hammers Brief über die Heilsberger Inschrift vgl. zu 62, 7. 22. 23 Gautiers g aR für Bodinus 24 Die Gräfin Reden aus Schlesien war in Weimar gewesen und hatte für Goethe ein Packet zurückgelassen, das ihm sein Sohn August am 25. nach Jena schickte; es ist dieselbe Gräfin Reden die 5, 205, 4. 5 erwähnt ist. 188, 2 daselbst aus dann 14 Dr. Weller wurde bei der Jenaischen Bibliothek angestellt (vgl. Annalen a.a.O. S. 142). 189, 1. 2 John Malcolm, The history of Persia, from the most early period to the present Time. London 1815. 11. 12 Über die Abhandlungen von Sömmering, welche dieser an Goethe geschickt hatte, vgl. Annalen a.a.O. S. 139 und R. Wagner, Samuel Thomas von Sömmerings Leben und Verkehr mit seinen Zeitgenossen 2, 161 f. 14 durchgegangen nach Capitel

April.

192, 6—8 A. G. Werner, Neue Theorie von der Entstehung der Gänge mit Anwendung auf den Bergbau, besonders den Freybergischen. Freyberg 1791; Freiesleben schrieb über Zinnformation in den Beiträgen zur mineralogischen Kenntniss Sachsens, 1817 (vgl. Annalen a.a.O. S. 139 und Biedermann, Erläuterungen S. 188). 22 Friedrich—24 Hessen auf einem auf dem Rande aufgeklebten Zettel, wahrscheinlich von den beiden Studirenden selbst niedergeschrieben. 193, 2 Die Mailänder hatten zur Erinnerung an den Aufenthalt Carl Augusts in Mailand und im Hinblick auf seine Theilnahme an Bossi's Arbeiten eine Münze prägen lassen. Eine Beschreibung der Münze, eines Werks von Putinati, findet sich in Kunst und Alterthum 2. Band 2. Heft S. 60 f. (vgl. auch Annalen a.a.O. S. 147 und Goethes Brief an Noehden vom 6. März 1820, Grenzboten 1864, I S. 487). 194, 8. 9 Am 9. April wurde Goethes Enkel Walther Wolfgang geboren. 195, 16 Mit—196, 7 g 196, 8—26 Belege von Färbers Hand. 22 Ferpentfel vgl. Chronik des Wiener Goethe-Vereins 20. Febr. 1889. 27 Nach—202, 1 Reise von Kräuters Hand. 197, 8 „Wiegenlied dem jungen Mineralogen Walter von Goethe. Den 21. April 1818" (Werke 4, 46 f.) 9 A. Kirchner, Ansichten von Frankfurt a. M., der umliegenden Gegend und den benachbarten Heilquellen: Wiesbaden, Schlangenbad etc. Frankfurt 1818. 10 Primavesi, Der Rheinlauf von den verschiedenen Quellen bis zu seinem Ausflusse. Nach der Natur gezeichnet und geätzt, nebst einer Leitung bei diesen Reisen, kurzen Erklärungen, Einzeldarstellungen in deutscher und französischer Sprache. Mit 24 Kupfern und 4 Karten. Frankfurt a. M. 1819. 11 J. G. Martini, Die Ruinen Thüringischer Klöster und Burgen nach der Natur gezeichnet, nebst hist. Nachrichten von L. F. Hesse. Rudolstadt 1816—18. Die zwei ersten Lieferungen enthalten das Kloster Paulinzelle; sie waren von Hesse an Goethe geschickt worden. 12 Stieler, Hand-Atlas über alle Theile der Erde nach dem neuesten Zustande und über das Weltgebäude. Gotha 1817. 26 An— 27 zurück g aR 198, 26. 27 zusammengezogen aus Brief und Brief an Dr. Weller, academische Bibliothek betreffend. 200, 9 Tom and William Daniell, A pictoresque voyage to India; by the way of China. London 1810. 27 Vorher aR 28 Egloffstein nach Graf 201, 16 und andere üdZ 20. 21 Albert van Everdingens aR für Waterloos 25. 26 Das—Stammbuch aR 26. 27 Mémoires de Mad. Manson explicatifs de sa conduite dans le procès de l'assassinat de M. Fualdès. Ecrits par elle-même. 7. Edit. Paris 1818. 202, 1 Gegen—206, 4 be=

schäftigt von Färbers Hand. ₅ Über Egertons Sendung vgl. Annalen a.a.O. S. 143 und dazu Biedermann, Erläuterungen zu den Tag- und Jahresheften S. 190.   203, ₁ Über diese Fahrt vgl. Unterhaltungen mit Kanzler von Müller S. 20 ff. (auch Biedermann, Goethes Gespräche 3, 303 ff.) s. ₄ Untersuchung der Lage des Cölestins vgl. Annalen a.a.O. S. 139.   ₁₁ nächfte nach Abficht des

Mai.

203, ₂₁ — ₂₃ vgl. Annalen a.a.O. S. 139.   205, ₂ Jos. von Hammer, Geschichte der schönen Redekünste Persiens vom 4. Jahrhundert der Hedschira, d. i. vom 10. der christl. Zeitrechnung bis auf unsere Zeit. Wien 1818. (vgl. Annalen a.a.O. S. 136.)   7. ₈ Über Behramgur und Dilaram vgl. Hammer a.a.O. S. 35 und Goethes Divan-Gedicht Werke 6, 180.   206, ₄ Mittag—7 Trebra von der Hand des Dr. Weller. ₈—207, ₁₈ von Färbers Hand.   207, ₁₀—208, ₁ gefallen von Wellers Hand.   208, ₁ Zeitig zu Bette g ₁ An—₃ Wellers Hand.   ₄—₁₃ Färbers Hand.   ₁₄—₂₅ von der Hand des Jenaischen Bibliotheksschreibers Ed. Aug. Baum.   ₂₃ Louis Claude Marie Richard, De orchideis europaeis annotationes dans les Mémoires du Muséum IV 1818.   ₂₆—209, ₁₇ Färbers Hand.   209, ₆ Jul. Bilderbeck, Historische Anecdoten zur Characteristik der Nationen, ihrer ausgezeichneten Regenten, Feldherren, Staatsmänner etc. 4 Bde, Leipzig 1812.   ₁₆. ₁₇ Börne lud Goethe (Brief vom 10. Mai) zur Mitarbeiterschaft an der von ihm herausgegebenen Zeitschrift „Die Waage" ein. ₁₈ — 200, ₁₆ von Baums Hand.   210, ₁—₃ aus den Memoiren der Mad. Manson (vgl. zu 201, ₂₆. ₂₇).   210, ₁₇ — ₂₄ Hercules von Wellers Hand.   ₂₄ Anderes — 211, ₉ von Baums Hand. 211, ₁₀ — ₁₆ Statuten von Wellers,   ₁₆ Noch — ₁₈ Herkules von Färbers,   ₁₈ vom — 212, ₄ von Baums Hand.   ₁₃ zu — Münchow aR   212, ₁₇. ₁₈ Gemeint ist wohl der Artikel Herkules in Hederichs bekanntem Mythologischen Lexicon. ₁₈ Abends nach Im botanischen Garten. Gegen Winzerle gefahren.   19 Jung-Stilling, Der graue Mann, eine Volksschrift, erschien Nürnberg 1795 — 1816 in 30 Heften.   212, ₅ — ₁₃ arrangirt von Wellers,   ₁₃ Dr. — 213, ₁₇ brennen von Färbers Hand.   213, ₈ Nach nach An   10. 11 Gemeint ist

der in den Memoiren der Mad. Manson erzählte Mordprocess.
17 — 214. 21 von Wellers Hand.   27. 28 Über Seb. Bourdon
vgl. Annalen a.a.O. S. 147 und Goethes Aufsatz „Antik und
Modern" in Kunst und Alterthum 2. Band. 1. Heft S. 157 ff.
(Hemp. 28, 327 ff.)

Juni.

214, 22 — 215, 2 Baums, 3—10 Wellers, 11 — 217, 4 Baums
Hand.   215, 19 Karl Ernst Schubarth, Zur Beurtheilung
Goethes.   Breslau 1818 (vgl. den zu 213, 27. 28 angeführten
Aufsatz).   216, 21 Hiob Ludolf, Schaubühne der Welt-Geschichte des 17. Jahrhunderts. Frankfurt a. M. 1699 u. 1701.
27 Achim von Arnim überschickte W. Müllers Übersetzung
vom Faust, zu der er eine Vorrede geschrieben hatte.
22 vgl. zu 213, 27. 28.   217, 5 — 218, 14 Gebrüder Wellers Hand.
21. 22 Parker Cleaveland, An elementary Treatise on Mineralogy and Geology. Boston 1816.   218, 4 natürlichen über
bezüglichen   9 Madame — Abschied g zwischen den Zeilen.
14 Barberini g nach Barini   14. 15 Mit — gearbeitet g   16—24
Seebeck von Färbers, 24 Gegen — 219, 19 von Baums Hand.
23 Rohr g aR für Roth   219, 20—22 Ungarn von Färbers,
Zu — 220, 23 von Baums Hand.   22 Zu nach Sonntag den
21sten Juni   220, 20 Joh. Jac. Boissard, Romanae urbis
topographia. Frankfurt 1597—1602.   24 — 221, 8 referirend
von Wellers, Abends — 21 von Baums, 22 — 24 von Färbers,
25 — 222, 2 von Baums Hand.   221, 17 Geburt des regierenden
Grossherzogs Carl Alexander.   222, 3 — 9 besorgt von Wellers, Abends — 11 von Baums, 12 — 223, 2 von Färbers Hand.
222, 25 Cogswell g in freigelassenem Raum.   223, 3—28 von
Baums Hand.

Juli.

224, 1 — 230, 24 zurück von Kräuters Hand.   225, 10 Taufe
des am 24. Juni (vgl. daselbst) geborenen Prinzen; vgl.
Suphan, Die Taufe unseres Grossherzogs, Weimarische Zeitung
24. Juni 1889.   226, 2 Basil. Hall, Account of a Voyage of
Discovery to the west coast of Corea and the great Loo-Choo Island. London 1818.   16. 17 F. W. Bessel, Fundamenta
astronomiae pro anno 1755 deducta ex observationibus
viri incomparabilis James Bradley in specula astronomica

Grenvicensi per annos 1750—62 institutis. Königsberg 1818.
20 Fräulein über Gräfin   227, 3 Über die Abtragung des Löberthors vgl. Annalen a.a.O. S. 144 f. und Vogel, Goethe in amtlichen Verhältnissen S. 408 f. Ein Actenfascikel des Grossherzogl. Staatsministeriums „Acta die Abtragung des Loeberthors zu Jena betr. 1818. 1819." zeigt, wie eingehend sich Goethe mit dieser Angelegenheit beschäftigt hat.
6 De regio Persarum principatu libri tres: Ex adversariis Barnabae Brissonii, senatus parisiensis praesidis 1595.   228, 3 Gemeint ist der Abschnitt „Ältere Perser" aus den Noten und Abhandlungen zum Divan.   3 Carln — 5 Jena aR 7 Herr — Mayland aR   229, 3. 4 Zend-Avesta. Ouvrage de Zoroaster. Traduit en Français sur l'original Zend, avec des remarques par M. Anquetil du Perron. Paris 1771 (vgl. Annalen a.a.O. S. 136).   11 Voigts nach Fuß in   230, 19 J. M. üdZ   24 von g üdZ   Nach — 232, 7 von Färbers Hand. 232, 8 — 239, 17 Metternich g   232, 17 Über Goethes Aufenthalt in Karlsbad vgl. Hlawaček, Goethe in Karlsbad, 2. Aufl. von Russ S. 95 ff.   18 Zusammen: mit Hofmedicus Rehbein. 22 „Frau Gräfin von Corneillan, k. preuss. Kammerherrnsgemahlin nebst Tochter aus Koburg" (Curliste).   23 „Se. Durchl. der regier. Fürst Reuss LIV von Lobenstein mit Frau Gemahlin, Ihre Durchl. die verwitw. Fürstin Reuss-Köstritz, Ihre Durchl. die Prinzessin Karoline Reuss-Köstritz" (Curliste).   28 Reibniz über Miltiz   233, 1 „Herr Joh. Skell, Garteninspector aus Weimar" (Curliste).   8 „Herr Christ. Martin, geh. Justiz u. Oberappellationsgerichtsrath in grossherzogl. und herzogl. sächs. auch fürstl. reuss. Diensten, aus Jena" (Curliste).   „Herr Joh. Gottl. Marezoll, Doctor der Theologie, Konsistorialrath und Superintendent aus Jena" (Curliste).   10. 11 Wahrscheinlich gemeint der Abschnitt „Orientalischer Poesie Ur-Elemente" in den Noten und Abhandlungen zum Divan.   12 Der Orientalist Joh. Christian Wilh. Augusti war mit Goethe bekannt aus der Zeit seiner Jenenser Lehrthätigkeit 1798—1811 (vgl. Bertha Augusti, Erinnerungsblätter aus dem Leben einer deutschen Frau). 20 „Frau Auguste Brede, k. württembergische Hofschauspielerin aus Stuttgart" (Curliste).   21 Die berühmte Sängerin Frau v. Catalani aus Paris; vgl. Goethes Gedicht „Auf die

Sängerin Catalani. Karlsbad, zum goldenen Brunnen am 14. August 1818" (Werke 4, 252).

August.

234, 2. 3 Das Programm des Concerts hat Goethe in sein Tagebuch eingeklebt. 6 „Se. Durchl. Fürst Wilh. v. Bentheim, k. k. Generalmajor aus Prag" (Curliste). 19 „Se. Exc. Graf von Bombelles, k. k. ausserordentl. Gesandter am k. sächs. Hof" (Curliste). 25. 26 Über diese Scene vgl. Hlawaček a.a.O. S. 101 und Aus dem Nachlass Friedrichs v. Gentz 1, 52 (auch Biedermann, Goethes Gespräche 3, 315 f.). 235, 4 „Herr J. S. C. Schweigger, k. bairischer Akademiker und Professor aus Erlangen" (Curliste). 5 Kifte — 6 Weimar aR 6 Bey nach Sonnabend d. 8. Aug. 12 — 13 Saaz aR 12 Maschau] Marscha Poberjam] Bobesan 13. 14 „An Gräfin O'Donell. Carlsbad den 8. August 1818" (Werke 4, 13; vgl. auch Werner, Goethe und Gräfin O'Donell S. 167). 14 „Herr Wilh. Deny, Schauspieler aus Weimar" (Curliste). 22 Sch.: Schwarzenberg. 236, 1 Paar aus Palm 5 Paar nach Palf[y] 8 Merkw. — 9 Curiositäten aR 9 „Freiherr v. Odeleben, k. sächs. Rittmeister ausser Dienst aus Waltersdorf" (Curliste). 16. 17 vgl. das Gedicht an Graf Paar (Werke 4, 21 und 78). 19 „Herr Gordon, bevollm. Minister Sr. Maj. des Königs von Britannien am k. k. österr. Hofe zu Wien" (Curliste). 20 „Se. Exc. Graf v. Capodistrias, russ. kais. Staatssecretär" (Curliste). 24 Loeben] Löwen Das Gedicht ist überschrieben: „Herrn Grafen Loeben. Karlsbad den 18. August 1818" (vgl. Werke 4, 252). 237, 4. 5 Fürst Metternich schickte aus Franzensbad die zwei ersten Quartalhefte der Wiener Jahrbücher für Litteratur, besonders hinweisend auf den Aufsatz von Gentz über die Pressgesetze in England. 8 „Herr von Schütz, Ritterschaftsdirector und Landrath aus Ziebingen" (Curliste). „Herr Franz Fritsch, k. k. Kreiskommissär aus Chrudim" (Curliste). 11 „Herr Dr. Weiss, Professor der Universität zu Berlin" (Curliste); vgl. über ihn auch Annalen a.a.O. S. 140. 14 — 15 Alterthümer aR; das Folgende schloss sich erst unmittelbar an 13 an. 16 „Herr Karl Solger, Dr. und Professor aus Berlin" (Curliste). 20 Reupel] Reipel vgl.

Annalen a.a.O. S. 139; er hiess vielleicht Riepel — wie auch 239,3 geschrieben ist — (vgl. J. C. Laube, Goethe als Naturforscher in Böhmen, S.-A. aus den Mittheilungen des Vereins für Geschichte der Deutschen in Böhmen 1879/80 S. 11 f.). 238, 2—4 vgl. Annalen a.a.O. S. 139 f. 10 Hr. Haibinger aR 239,3 Reupel] Riepel 15 Wenzel Tomaschek, Tonsetzer beim Grafen Georg Bouquoy, hatte ein Heft mit 6 von ihm componirten Goethischen Liedern geschickt (vgl. auch Hlawaček a.a.O. S. 99 f.). 17 *Ondine* — 240, 20 von Rehbeins Hand. Ondine, französische Übersetzung von Fouqué's Undine, die ihm Frau von Jaraczewska geliehen hatte.

September.

240, 2 *Spiritus* nach Emulsion 11 „Herr Graf v. Nostitz, k. preuss. Oberst und Adjutant des Fürsten Blücher v. Wahlstatt, aus Schlesien" (Curliste). 21 — 242, 13 *g* 22. 23 mit dem Gedicht „An Gräfin Jaraczewska. Karlsbad den 5. September 1818" (Werke 4, 23). 23 Tisch] T. 28 Commerzienrath nach Pr. 241, 1 des üdZ 11 „Herr And. v. Pobok Trczinsky, Domherr zu Krakau u. emerit. Professor der Universität" (Curliste). 17. 18 „An Fürst Biron von Curland. Karlsbad den 8. September 1818" (Werke 4, 24) zum Dank für eine Zeichnung Peter Vischers, eine Allegorie zu Ehren Luthers darstellend (ibid. S. 79). 242, 1 Die sieben persischen Hauptdichter: Firdusi, Enweri, Nisami, Dschelal-ed-din Rumi, Saadi, Hafis, Dschami, vgl. Noten und Abhandlungen a.a.O. S. 51 ff. 16 — 256, 10 von Kräuters Hand. 243, 11 Mit üdZ 13 Kupfer zum 2. Band von Kunst und Alterthum. 244, 9 Das erste Erlaß aus Erlasse 19 Fr. W. v. Trebra, Zwölfjähriges Bergmeisterleben und Wirken in Marienberg vom 1. Dec. 1767 bis August 1779. Freiberg 1818. 23 jungen üdZ 245, 12 Kam — an aR 18 vgl. zu 213, 27. 28. 24 Erfurt aR für Frankfurt 246, 5. 6 P. J. Redouté, Les Liliacées, Paris 1802—1816. 10 d'Herbelot, Bibliothèque orientale, Paris 1697, nouv. èdit. 1781—83, entlieh Goethe der Bibliothek am 24. September. 25 Hofrath nach König

October.

248, 25 Fiffel — wohnhaft aR   249, 13 Conte Dandolo, Storia dei bachi da seta, governati coi nuovi metodi nel Regno Lombardo-Veneto nel 1817 e 1818. Milano 1818. und Dell arte di governare i bachi da seta. 2. Ediz. Milano 1818. 19 Mein nach Mittag zu drey 21 Saadi, Persianisches Rosenthal, von Ad. Oleario übersetzt, Schleswig 1654, entlieh Goethe der Bibliothek am 28. September. 250, 27. 28 „Klassiker und Romantiker in Italien, sich heftig bekämpfend" in Kunst und Alterthum 2. Band, 2. Heft, 1820 S. 101 ff.   252, 12. 13 vgl. zu 155, 17. 18.   22 Wilh. Chr. Müller, Paris im Scheitelpunkte oder flüchtige Reise durch Hospitäler und Schlachtfelder zu den Herrlichkeiten in Frankreichs Herrscherstadt im August 1815. 2 Bändchen Bremen 1816, 1818.   254, 15 Maskenzug „bei allerhöchster Anwesenheit Ihro Majestät der Kaiserin Mutter Maria Feodorowna in Weimar", aufgeführt am 18. December (Werke 16, 233 ff.; vgl. Annalen a.a.O. S. 137). 21 Manuscript zum aR für den   255, 13 italiänischen aR   19 Kam — 21 worden aR 256, 11 — 12 Bergmeisterlebens von Johns Hand.   12 Mit bis 262, 5 Schluß-Manuscript von Kräuters Hand.   257, 5 Joh. Christian Aug. Grohmann, In Memoriam Christo. Daniel. Ebelingii. Hamburg 1818.   258, 13 vom über dem Germar über Seebach 20 durchreist nach und Asien   259, 8 „Grosser Aufruhr des Adels und der Bürgerschaft gegen die Studenten zu Heidelberg, 1406" in der Zeitung für die elegante Welt 1818 Nr. 185—189.   21 aus — 22 Auction aR'

November.

260, 17. 18 des Rebouten-Aufzugs   20 Wahrscheinlich in dem Werk von Carlo Lasinio, Pitture al fresco di Campo santo (vgl. Annalen a.a.O. S. 147 und Dehio, Altitalienische Gemälde als Quelle zum Faust, Goethe-Jahrb. 7, 263).   261, 14 Die erste Aufführung von Grillparzers Sappho in Weimar hatte am 5. September stattgefunden.   19: 20 vgl. Riemers Gedichte 1, 59 ff.   262, 6 An — 11 lassen von Johns Hand. 11 Am — 264, 6 von Kräuters Hand.   23 Expedition aus Expeditionen   263, 5 Jac. Golii, Lexicon Arabico-Latinum.

Lugd. Bat. 1653.   264, 7 — 265, 3 bringend von Färbers Hand.   264, 19 Der Brief des persischen Gesandten, vgl. Werke 7, 78 ff.   26 Gemeint ist wohl Joh. Dav. Michaelis, Arabische Grammatik und Chrestomathie. 2. Aufl. Göttingen 1781.   26. 27 Freytag, Carmen arabicum perputuo commentario et versione germanica. Göttingen 1814 (vgl. Annalen a.a.O. S. 136).   28 Alex. v. Einsiedel, Feierstunden und Erzählungen, Chemnitz 1810.   265, 3 Auf — 16 von Wellers Hand.   15. 16 vgl. zu 119, 21.   17—26 Durchlaucht von Färbers Hand.   26 Nachmittags — 266, 1 Abreise von Wellers Hand.   266, 1 Prof. — 268, 2 Reboute von Kräuters Hand. 267, 22. 23 Mittag zu vieren üdZ   24 Darauf nach Mittag zu vieren   268, 2 Um — 269, 26 g   268, 5 Brief — 6 aR von Kräuters Hand.   8. 9 Marperger, Der vollkommene Capellmeister gibt es nicht (vgl. auch Briefwechsel mit Zelter 3, 5. 13. 17). Gemeint ist wohl: Johann Mattheson, Der vollkommene Capellmeister, das ist, gründliche Anzeige aller derjenigen Sachen, die einer wissen, können und vollkommen inne haben muss, der einer Capelle mit Nutzen vorstehen will; zum Versuch entworfen. Hamburg 1739. (Mittheilung Dr. Max Friedländers.)   269, 2 Jn — 3 Uhr aR von Kräuters Hand.

December.

269, 16 Die vorläufige Anzeige des Maskenzugs, die prosaische Beschreibung desselben enthaltend, erschien selbstständig gedruckt, Weimar 1818 (vgl. Werke 16, 469). 270, 12. 13 Die zwei Knaben im Prolog zum Maskenzug treten mit Reisetafeln auf.   13. 14 Über diesen Besuch des Archäologen und Philologen P. O. Brøndsted, der Goethe bereits 1806 mit Oehlenschläger besucht hatte, vgl. Goethe-Jahrb. 8, 106 f.   27. 28 von Riemer (vgl. zu 261, 19. 20).   271, 2 Holbermann nach Auf's   272, 6 Wahrscheinlich im 3. Band, 2. Abth., von J. G. Eichhorns Geschichte der Literatur von ihrem Ursprunge bis auf die neuesten Zeiten. Göttingen 1805 ff.   17 Ol. Dapper, Asia oder Beschreibung des Reichs des grosen Mogols p. it. Mesopotamien p. aus dem Niederländischen übersetzt von Joh. Christ. Beer. Nürnberg 1687 und Asia oder Beschreibung des ganzen Syrien und Gelobten Landes. Amsterdam 1681. 273, 9 Von über nm bis — Uhr aR 20 Gräfin Julie Egloffstein aR 21. 22 Carolina über Julie 274, 15—20 g 15 Gemeint wahrscheinlich Güldenapfels Jenaischer Universitäts-Almanach. Jena 1816. 21 — 277, 8 von Kräuters Hand. 275, 7 Jones. Poeseos asiaticae commentariorum libri sex. London 1774. Dieses Werk hatte Goethe schon 1814 eifrig studirt (vgl. III 5, 141 f.) 276, 1—3 Dieser (ungedruckte) Aufsatz ist erhalten in den Concept-Briefheften als Beilage zu einem Briefe an die Grossherzogin. Er ist nicht identisch mit dem im 9. Band der Nachgelassenen Werke gedruckten Aufsatz „Glasmalerei" (Hemp. 28, 549). 4. 5 Moritz v. Kotzebue, Reise nach Persien mit der kais. russischen Gesandtschaft im Jahre 1817. Weimar 1819.

Im Texte zu berichtigen.

10, 22 Authographa lies Autographa
13, 16 vor Bezahlung fehlt Die
14, 27 ben lies bem
15, 22 ber „ bas
20, 19 Mittwochsstücks lies Mittwochstücks
21, 11 Vorbereitung „ Vorbereitungen
32, 28 Irrthümern, „ Irrthümern
94, 2 Raumer „ Raumer,
111, 18 Concept „ Concepten
112, 4 Affistensrath „ Affistenzrath
115, 1 Popp „ Poppe
146, 12 Von „ Von
176, 19 Trebra „ von Trebra
204, 10 Serenissimum „ Serenissimam

Anhang.

Nachtrag zu III, 2, 314.

1800.

Kurzgefaßtes Tagebuch von dem, was bey des Herrn Professor Gentz hiesigem Aufenthalt geschehen.

November.
28. Kam derselbe hier an.
29. Besuchte mich derselbe früh und ging darauf mit Professor Meyer und Baumeister Steiner in's Schloß, um sich das Geschäft im allgemeinen bekannt zu machen. Nachmittags um 3 Uhr besuchte er mich wieder. Einleitendes Gespräch.
30. Früh Serenissimo aufgewartet. Mittags Gesellschaft bey mir.

December.
1. Anfang die Zimmer des kleinen Flügels aufzunehmen. Wir durchgingen das Schloß, beredeten manches. Darauf in die Möbelkammer, nachher noch mit Serenissimo auf kurze Zeit in's Schloß. Sodann in's römische Haus, ferner nach Belvedere, um die Meublen zu sehen. Herrn Mounier besucht.

2. Fortsetzung der Ausmessung. Lämmerhirt und Müller wurden zugegeben. Abends brachte ich Herrn Genz zu Gores, sodann zu mir, wo er in kleiner Gesellschaft zu Nacht speiste.
3. War Herr Genz morgens bey mir; Thourets Risse wurden durchgegangen und überhaupt das ganze Geschäft besprochen.
4. Gingen wir früh das ganze Schloß nochmals durch und wurden mehrere Puncte wiederholt besprochen und in's Klare gesetzt.
5. Früh Vortrag der Commission bey Serenissimo. Herr Professor Genz war gegenwärtig. Nachmittag besuchte derselbe Herrn Hofrath Wieland in Oßmannstedt.
6. Brachte derselbe den Hauptplan zu mir. Nähere Bestimmung der Decoration des kleinen Flügels. Mittag bey Herrn Geheimde Rath Voigt.
7. Setzte Herr Professor Genz nach den bisherigen Verabredungen und seinen Überlegungen ein Promemoria auf, welches ich Abends erhielt.
8. Brachte Professor Genz einige Stunden des Vormittags bey mir zu; die Hauptpuncte des Promemorias so wie verschiedenes, was sonst auf den Bau Bezug hat, wurden durchgesprochen. Nach Tafel legte ich gedachtes Promemoria Serenissimo vor.
9. Setzte ich die Note dagegen auf und communicirte sie meinen Herren Mitcommissarien. Sodann

in das Schloß, wo sich Herr Gentz und Herr von Wolzogen einfand. Nachdem auch Serenissimus gekommen waren, wurde verschiedenes durchgegangen und durchgesprochen.

5 10. Die Note an Serenissimum zur Approbation eingesendet. Die Reisekosten berichtigt. Mit Desportes wegen der seidnen und Sammt=Tappeten.

Lesarten.

Vorstehendes von Geist niedergeschriebene Tagebuchfragment, welches die Lücke Ende November und Anfang December 1800 einigermassen ausfüllt, fand sich in einem Fascikel der Schlossbau-Acten des Grossh. Sächs. Geheimen Haupt- und Staats-Archivs, B. 9017: „*Acta* Des Herrn Professors, *Gentz*, aus Berlin, Anstellung zur Direction des Architektonischen bey dem Schloßbau allh. betr. Weimar 1800 bis 1804." 1,3 Über den Anlass der Berufung Heinrich Gentz' vgl. Weim. Ausg. IV, Band 15, S. 140 und 331. Zwar hatte Carl August in seinem Brief an Faudel gewünscht, dass der für Thouret zu Berufende „wenigstens 6 bis 8 Monathe oder wohl Ein Jahr anhaltend" in Weimar bleibe, doch kann Gentz, der Oberhofbauinspector ist, wegen seines Lehramts an der Kgl. Bauakademie nicht auf längere Zeit von Berlin abwesend sein. Er sagt indessen zu, alle 2 oder 3 Monate auf acht Tage mit königlichem Urlaub zu kommen. 6.7 Er übernahm „die noch fehlenden Zeichnungen zu den Apartements der *Belleetage* und zwar dergestalt, daß solche, von dem kleinen Flügel an, nach und nach verfertigt werden. Die ersten sendet derselbe innerhalb Monatsfrist, die übrigen würden allenfalls Ostern bei dessen zweyter Anherkunft mitgebracht". Im März 1801 schickt er dieselben durch den

Grafen Brühl (vgl. IV, Band 15, S. 194) und trifft selbst am 10. Mai (vgl. III, 3, 13) zum zweiten Mal in Weimar ein, diesmal auf ein halbes Jahr. Sein Urlaub wird, auf Ansuchen des Herzogs, alljährlich von Friedrich Wilhelm III. erneuert. Bis zum 8. August 1803 ist er beim Schlossbau thätig und kehrt dann reichbelohnt nach Berlin zurück. 2, 2. 3 vgl. IV, 15, S. 155. 5 Thouret, der schwäbische Baumeister, dessen Lässigkeit (vgl. IV, 15, S. 77) Carl August Anlass zu Gentz' Berufung gab. 18—20 Das Promemoria vom 7. December bei den Akten Fol. 9—12. 27. 28 Diese Note (Weimar den 10. December 1800) befindet sich ebenfalls bei den Akten Fol. 13—15 und ertheilt dem Gentzischen P. M. „die vollkommene Zustimmung".

Ferdinand Heitmüller.